現代フランスの新しい右翼

―― ルペンの見果てぬ夢

畑山敏夫
Hatayama Toshio

法律文化社

はじめに

　日本では右翼勢力といえば，強面の男性が軍服のような服装を身にまとい，大音響でアルカイックな音楽を鳴らしながら街宣車を走らせ，日教組大会に押しかけて騒擾を引き起こす光景を思い浮かべてしまう。「国体護持」「北方領土返還」といったスローガンを百年一日のごとく繰り返し叫んでいる時代遅れの運動といったイメージが強い。そのような周辺的政治勢力というイメージは，日本だけのものではなかった。

　ヨーロッパ諸国と同様，フランスでも，極右勢力は，第二次世界大戦後は周辺的な政治勢力にすぎなかった。戦前には，王党派のアクション・フランセーズやラロック大佐の率いるクロワ・ド・フといった極右団体が活発に活動を展開し，1934年2月6日の大規模なデモによる国民議会周辺での騒擾事件を引き起こしている。また，元社会党のM・デア（Marcel Déat）や元共産党のJ・ドリオ（Jacques Doriot）が結成したファシズム団体が，他の極右勢力とともにヴィシー政権下でナチス・ドイツとの協力を担った。だが，第二次世界大戦後，極右勢力は，対独協力の烙印を押されて政治的には周辺へと追いやられていた。

　1950年代には商人や手工業者の不満分子を糾合した反税的運動である「プジャード運動」やアルジェリア独立反対運動として極右勢力は束の間の復活を遂げるが，いずれの運動もまもなく退潮して政治の舞台から消えていった。1968年の「5月革命」から1981年のミッテラン政権の成立へと左翼勢力が影響力を強化していくのとは対照的に，フランスの極右勢力は長い「不遇時代（traversée du désert）」を送っていた。

　ドイツでも同様に，第二次世界大戦後，極右勢力は不遇な時代を経験していた。1966年にドイツ国家民主党がバイエルン州で7.4%，ヘッセン州で7.9%を獲得し，1968年にはバーデン・ヴェルテンブルク州で9.8%にまで得票を伸ばしている。国政選挙でも，1969年連邦議会選挙では4.3%と，議席獲得に必要な5%の得票にあと一歩と迫った。しかし，その後，ドイツ国家民主党は勢い

を失い，ドイツの極右勢力は分裂と低迷の時代にもどっていった。イタリアでは，イタリア社会運動（ＭＳＩ）が比較的健闘していたが，党内対立と分裂をくり返し，1990年代初めには大きく影響力を低下させてしまった。

　そのような極右勢力の低迷にピリオドを打ったのは，1984年欧州議会選挙でのフランスの国民戦線（ＦＮ）の躍進であった。約11％という，極右にとっては驚異的な得票で，極右政党であるFNが突如として政党システムへの参入を果たした。そして，FNの選挙での成功が特殊フランス的な現象でないことは，まもなく明らかになる。1990年代に入ると，フランスだけでなく，オーストリアやオランダ，ベルギー，イタリア，ノルウェー，スイスと，多くのヨーロッパ諸国で極右勢力は選挙で得票を伸ばしていった。

　各国での突然の極右勢力の伸張を前に国民は戸惑い，政治家や政治研究者，ジャーナリストにとっても，そのような政治現象は理解を超えるものであった。というのは，1980年代以降のヨーロッパにおける極右政党のかつてない規模での台頭は，イデオロギーの終焉やポスト産業社会の到来，脱物質主義的価値の上昇といった学問的主張と矛盾するものであり，油断していた多くの政治家や世論のリーダーの虚をつく現象であったからである［Jackman and Volpert (1996)：501］。

　極右政党の台頭に対抗して組織されたデモや集会では，その政治現象はファシズムの再登場としてしばしば糾弾されている。研究者のなかでも，少数ながらそのような解釈が提示されている。だが，世紀末から新世紀にかけて，ヨーロッパ先進社会に生起している新しい極右運動の波は，かつてのファシズムや伝統的な極右運動の再来と解釈していいのだろうか。そうでないとすれば，この新しい政治現象をどのように理解するべきであろうか。本書は，そのような問いかけから出発している。結論をいっておけば，本書は，ヨーロッパでの極右の台頭を現代代社会の変容と困難に由来するきわめて現代的な政治現象として理解すべきであり，過去のファシズムや伝統的な極右政党の復活現象として解釈すべきではないと考えている。本書で，「極右」ではなく，あえて「新しい右翼」という呼称を使用しているのも，そのような現象の新奇性と独自性を強調するためである。

さて，ヨーロッパでの新しい右翼現象を解読するのが本書の主要な目的であるが，それを，フランスの新しい右翼政党である国民戦線（Front national＝FN）を題材として考えてみることが，本書の中心的な課題である。1990年代以降，フランス以外の国でも新しい右翼政党が台頭してくるが，国ごとの独自性を示しながらも，各国の新しい右翼政党の掲げている中心的な争点や支持者構成を含めて，多くの共通性がみられる［Givens（2005）: 20］。その点から，FNのイデオロギーや言説，組織や行動スタイルなどを考察することは，ヨーロッパの新しい右翼を理解するうえで有益な視点や情報を提供するはずである。というのは，FNは，1984年欧州議会選挙で他国の新しい右翼政党に先駆けて躍進し，現在まで無視できない票を選挙で集めつづけてきたが，そのような実績から，FNは他国の新しい右翼政党にとってもモデルとなる存在であると同時に，その長い活動歴のなかで，カリスマ的リーダーのもとに強固な組織を築き，ユニークなイデオロギーや政策を発展させてきたからである。また，周辺的な極小政党から脱却して政党システムに参入し，既成政党にとっても無視できない存在にまでなっているFNの「成功物語」は，周辺的勢力を脱却できない諸国（ドイツ，スペイン，スウェーデン，ポルトガル，イギリスなど）の新しい右翼政党との比較研究にとっても有益な材料を提供するはずである。

　本書では，20世紀の末から新世紀にかけてのFNの動向を中心的に扱っている。筆者は，『フランス極右の新展開――ナショナル・ポピュリズムと新右翼』（国際書院，1997年）のなかで，FNを扱った1章を設けて，党首 J - M・ルペン（Jean-Marie Le Pen）の経歴やFNの結成から政党システムへの参入・定着までを，ナショナル・ポピュリズム運動の成功例としてすでに紹介している。本書は，その続編として，前作で十分扱えなかった1990年代から今世紀初めの時期のFNを中心的な対象としている。その時期は，1993年プログラムに象徴されるように，FNがネオ・リベラリズム色を薄めて国家による経済社会への介入の肯定へと路線を転換し，アメリカ主導のグローバル化への対決姿勢を強めることを特徴としている。同時期に，FNは，グローバル化を推進する支配的エリートに対抗して，国民の利益とアイデンティティを防衛する反グローバリズムとポピュリズムの運動イメージを鮮明にしている。また，移民問題を梃子にし

て泡沫政党からの脱却を果たしたFNにとって，1990年代は組織とイデオロギーを整備し，選挙における得票安定化を達成したという点でも重要な時期であった。

1999年初頭に分裂を経験して深刻な打撃を受けたFNは，2002年大統領選挙で，突然に政治の舞台で脚光を浴びることになった。大方の予想を裏切って，党首ルペンが，社会党候補L・ジョスパンを破って第2回投票へと進出したのだった。フランス国民にとっても，そのことは相当な「ショック」であった。だが，1990年代にFNが築きあげた知的・組織的財産と安定的な支持層の獲得という実績を

国民戦線（FN）のカリスマ的党首 J.-M・ルペン

前提にすると，そのような現象は十分に理解可能なものである。つまり，現在のFNを理解するためにも，この時期のFNについて知ることはきわめて有益である。

さて，本書は，フランスとヨーロッパでの新しい右翼現象を理解することを主要な目的としているが，それは次のような構成を通じて追究されることになる。

第1章では，新しい右翼としてのFNの結成から現在までを，持続と変容の視点から分析する。1972年の結成から1970年代の伝統的極右の性格が強い低迷期，1980年代中葉の躍進を可能にした「右翼権威主義政党」の時期，1990年代以降に本格化するナショナル・ポピュリズム路線の時期と，FNの路線転換に即しながら，その持続と変容を紹介する。

第2章は，1980年代中葉に，新自由主義的主張と権威主義的主張を結合するという「右翼権威主義」路線が効を奏して躍進を果たした後，支持者の社会職業的構成が変化していくことに注目してFNの変容に焦点を当てる。すなわち，躍進時は職人や商人といった旧中間層が優位であったものが，1990年代には労働者，事務職従事者や失業者といった勤労者大衆層が比重を増していく。その

ような「プロレタリア化」と形容される現象は，1990年代以降に本格化するFNの路線転換の理解を容易にするはずである。

第3章では，支持者構造の「プロレタリア化」を背景にFNのなかで進行する興味ある変化を取り扱う。それは，従来の極右政党のイメージからは考えられない変化であるが，FNは，社会運動や社会的権利に理解を示し，社会的弱者の支援活動や労働組合運動への浸透に乗り出す。このような「社会的右翼」の新しいイメージは，FNのポピュリズム運動としての成功をもたらすことになる。

第4章では，第2章で扱った変化が，「新右翼」と呼ばれる極右の思想的革新を追求してきた集団からFNに加入してきたメンバーによって担われたこと，彼らによって，FNの思想と組織面での整備が急速に進められたことを明らかにする。1990年代以降に本格的に展開されるFNのナショナル・ポピュリズムの新しい路線は，有権者へのアピール力の向上をもたらすが，一部の有権者に発揮されるFNのイデオロギーと言説の魅力は，「新右翼」の貢献を抜きには理解できない。

第5章では，「新右翼」の党内での積極的な活動が，FNの組織・イデオロギー面でのバージョンアップをもたらす一方で，彼らの影響力の強化が党内で激しい確執を生み出していく過程を扱う。そのような確執は，ルペンと「新右翼」派リーダーのB・メグレ（Bruno Mégret）との激しい対立として表現される。そして，その到達点として，1999年初頭にFNはついに分裂に至る。第5章では，党内対立の激化から分裂に至る過程を分析する。

第6章では，分裂によって終焉に向かうかと思われたFNが華々しい復活を遂げることになる2002年大統領選挙に焦点を当て，2002年以降のFNについて分析する。そこから，FNの突然の復活と思われた現象が，実は，1990年代に築かれた運動の基礎体力によって分裂を克服した結果であること，そして，2002年以降現在まで，FNが運動の基本的な力量を維持していることが理解されるだろう。

第7章では，グローバル化時代に，FNの有力なイデオロギー的武器となる新しいナショナリズムについて考察する。グローバル化が進行する一方で，そ

れに対するリアクションも活発化するが，FNは，アメリカ主導のグローバル化に対抗して国民国家の復活と国家による国民利益の擁護を唱えて，「右からの反グローバリズム」の旗手的役割を演じている。第7章では，FNによる反グローバリズムの主張を検証してみたい。

　第8章では，脱産業社会化する時代的文脈のなかで，新しい右翼が表現している本質的意味を解読する。そして，本書では，その運動の本質的意味を「ポストモダン・モダニズム（脱近代的近代主義）」と規定して，新しい右翼の新しさとユニークさについて仮説として提示している。すなわち，脱産業社会化とグローバル化のもとで，国民国家を枠組みとする経済社会が変容するというポストモダン状況のなかで，安定した近代の国民国家の枠組みと経済社会を維持することを指向する政治運動として，新しい右翼の時代的意味を提示してみたい。

　本書を通じて，日本ではなじみの薄いヨーロッパの新しい右翼の台頭という政治現象が，西欧デモクラシー危機，より広くは，先進社会の脱産業社会化がもたらしている近代という時代の危機に由来するものであることが明らかにされるであろう。そして，たんなる過去の遺物の復活や，過激で奇をてらった政治的フラストレーションの受け皿であるといった理解を超えて，そのような政治現象が現代社会と政治にとって深刻な課題を突きつけていることを理解していただければ，本書の目的は果たされたことになる。

　　※本文中の文献注は，著書と論文の場合は［筆者名（発行年）：頁数］，新聞記事
　　　の場合は［掲載新聞名（発行年月日）］と表記している。また，掲載の写真は筆
　　　者が撮影したもの，もしくは，FN本部で入手した写真と資料を使用している。

畑山　敏夫

目　次

はじめに

第1章　フランスの新しい右翼の持続と変容 ── 1

1　新しい右翼としての国民戦線(FN)　1
（1）新しい右翼の台頭　1
（2）ナショナル・ポピュリズム政党へ　11

2　FNの成功と党内対立の表面化　20
（1）権力への2つのシナリオ　20
（2）保守との協力をめぐる対立から分裂へ　26

第2章　1990年代における国民戦線(FN)の変容 ── 43
── FN支持層の「プロレタリア化」

1　1990年代の選挙とFN　43
2　FN支持層の変容──「プロレタリア化」の進行　52
3　1990年代の政党システムとFN　59

第3章　国民戦線(FN)の組織とイデオロギーの整備 ── 67
──「新右翼」の加入とその影響

1　「新右翼」の加入とメグレ派の形成　67
（1）「思想の実験室」から政治へ　67
（2）メグレ派の形成とFNの組織改革　73

2　党組織の整備とメグレ派の台頭　80
（1）組織改革とメグレ派の台頭　80
（2）メグレ派の思想的貢献　85

第4章　国民戦線（FN）の戦略的変化 ── 95
──「社会的右翼」へ

1　労働者の組織化へ　95
2　「社会的右翼」への変身　102
3　「自国民優先」と反グローバリズム　107
4　FNの戦略転換　113

第5章　分裂に向かう国民戦線（FN） ── 123

1　ルペン対メグレ　123
　（1）メグレ派の台頭と党内対立の激化　123
　（2）分裂への最後の闘い　128
2　2つのFNへ　134

第6章　2002年大統領選挙の衝撃 ── 143
──国民戦線（FN）の復活

1　FNの新世紀──分裂を超えて　143
2　2002年のルペンとFN　146
3　フランスの新しい右翼の復活　151

第7章　新しい右翼とナショナリズム ── 161
──「閉じた社会」への誘惑

はじめに　161
1　グローバル化時代におけるナショナリズムの復活　162
2　グローバル化時代のナショナリズムの論理　165
3　国民のアイデンティティと利益の防衛　168
おわりに　171

第8章　ヨーロッパでの新しい右翼現象を考える ── 175

　　はじめに　175
　　1　ヨーロッパ政治の変容と新しい右翼　178
　　2　「脱近代的近代主義」としての新しい右翼　182
　　おわりに　187

終　章　フランスの新しい右翼の新世紀 ──────── 193

　　1　不安の時代を養分として　193
　　2　FN現象をどう考えるのか？　195

　参照文献　203
　おわりに　217

　事項索引
　人名索引

第1章
フランスの新しい右翼の持続と変容

1 新しい右翼としての国民戦線（FN）

(1) 新しい右翼の台頭

　フランスでの国民戦線（Front national＝FN. 以下，FNという）の台頭現象を考える場合，1980-1990年代に，ヨーロッパ諸国でみられる同様の現象と関連づけて理解する必要がある。すなわち，新しい右翼政党[1]の台頭はフランスだけで生じた現象ではなく，各国の独自性をともないながらも，ヨーロッパ諸国に共通の諸要因を背景として生起している現象である。

　ヨーロッパ各国で伸張している新しい右翼政党については，その性格をめぐって多くの研究者によって活発な議論が展開されてきた。H‐G・ベッツ（Hans-George Betz）は，既成の文化や社会・政治システムの拒絶，個人的業績や自由市場の肯定，国家の役割のドラスティックな縮小を唱える点でラディカルで，国民の不安や苦悩の感情の利用，コモンマン（常識人）のコモンセンス（常識）に訴える面でポピュリストである運動として，1980-1990年代の新しい右翼を「ラディカル・ポピュリスト右翼」と性格づけている［Betz(1993): 413-414］。

　Ch・T・ハズバンズ（Christopher T. Husbands）は，排外主義を基準として，①ポピュリスト―ナショナリスト政党（デンマークやノルウェーの「進歩党」，オーストリアの「自由党」，スウェーデンの「新民主主義」，イタリアの「ロンバルディア同盟」），②ネオ・ファシスト（フランスの「国民戦線」，ドイツの「共和党」と「ドイツ民族同盟」，「イタリア社会運動」（＝現「国民同盟」），オランダの「中道民主主義者」と「中道党86」），③特殊なナショナリズムをもったタイプ（ベルギーの「フラーム

ス・ブロック」），④伝統的外国人ぎらいに立脚したタイプ（「スイス民主主義者」）に分類している［Husbands(1992)：268-269］。また，P・イニャーツィ（Piero Ignazi）は，イタリア社会運動やドイツ国家民主党，イギリス国民党などを「古い伝統的極右政党」，オーストリアの自由党（FPÖ），ベルギーのフラームス・ブロック，フランスのFNなどを「新しい脱産業的極右政党」と分類している［Ignazi(1997)：52-59］。

　その他にも，1980年代以降に先進社会を中心に台頭する新しい右翼の共通性と多様性について多くの研究者が分析と解釈を提示しているが，それがたんなる過去の極右運動の再現でもファシズムの現代版でもなく，経済社会的な危機（経済不況，伝統産業の衰退・空洞化，失業の増加と雇用の不安定化，社会的格差や「排除」現象の拡大，労働運動の後退，都市とコミュニティの荒廃，外国人の増加，治安の悪化など），政治的正統性の危機（既成政党・政治家への不信，棄権の増大，伝統的な政治的対立構造の後退，政党支持の流動化など），国民的アイデンティティの揺らぎ，文化の変容といった現代的な諸要因に根ざす現代的な政治現象であるという点では，多くの研究者が一致している[2]。

　フランスの新しい右翼である国民戦線の台頭も，そのようなヨーロッパ・レベルの文脈において理解されるべきである。FN現象は，運動の停滞と不振によって追いつめられた「古い極右」[3]が起死回生策として結成した運動が，有利な時代状況と主体的な努力によって勢力を伸ばしていく成功物語であった。

　さて，FNの運動は，「古い極右」からの脱却の時期，「権威主義的右翼」として新自由主義的要素を摂取しながら移民問題を中心に「異議申し立て政党」として成功する時期，「ナショナル・ポピュリズム（national-populisme）」として定着する時期といった3つの時期に区分することができる。

　正確な時期区分は困難であるが，第1期は，1972年の結成から1980年代初めまでの「古い極右」からの脱却に苦しむ時期である。第2期は，1970年代末から1980年代後半にかけて，J-M・ルペン（Jean Marie Le Pen）の主導権が確立され，合法路線のもと「異議申し立て政党」として成功を収める時期である。第3期は，1980年代末以降，「新右翼派」（第3章参照）主導のもとに党組織の整備・拡充とイデオロギーや政策の洗練化が進行し，ナショナル・ポピュリズ

ムの路線が鮮明になる時期である。もちろん,「古い極右」の要素や「異議申し立て政党」の要素は,ナショナル・ポピュリズムの時期にも存続し,消滅してしまうわけではない。ゆえに,このような運動の性格づけの変化は,支持層の社会的性格,イデオロギーや言説,政策の内容や強調点の置き方,政治戦略などから判断した運動の本質的な性格づけの問題であることは断っておかなければならない[4]。

　［第1期］　1960年代後半からの左翼運動の攻勢と対照的に,分裂とマージナル化に苦しむ極右勢力の起死回生の結集運動として1972年に結成されたという経緯をもつFNは,人的・イデオロギー的な面で,フランス極右の伝統の延長線上に結成された団体であった[5]。

　初期のFNの執行部をみても,副党首にF・ブリニョー（François Brigneau）,書記長にA・ロベール（Alain Robert）,会計にP・ブスケ（Pierre Bousquet）と,FNの母胎となった「新秩序（l'Ordre nouveau）」などの党内急進派に属するメンバーが執行部を占めていた。また,1978年の死去までFNの中心的なイデオローグで急進派のリーダーであったのは戦前のファシズムへの親近感を公然と示していたF・デュプラ（François Duprat）であった［Soudais(1996)：182, Camus(1996)：28-30, Renouvin(1997)：48］。ほかにも,FNには,対独協力の経験がある人物が数多く参加していた[6]。会計を担当していたブスケは,第二次世界大戦中は武装親衛隊のシャルルマーニュ大隊に所属していたし,ルペンの側近のL・ゴルティエ（Léon Gaultier）は武装親衛隊の情報将校であった。1994年まで政治局員だったA・デュフレース（André Dufraisse）,1981年まで中央委員だったJ・カストリヨ（Jean Castrillo）,1973-1978年に書記長を務めたV・バルテルミ（Victor Barthélemy）は,J・ドリオ（Jaquues Doriot）が率いるフランス人民党（Parti populaire français）に所属していた。また,古参幹部のR・オランドル（Roger Holeindre）,イル＝ド＝フランス地域圏議員のP・M・デルマス（Pascal-Michel Delmas）,政治局員のP・セルジャン（Pierre Sergent）のように,アルジェリア独立戦争時からの極右活動家も参加していた［Soudais(1996)：221-224］。

　1972年10月のFN第1回大会に提出された文書によると,FNの結成は,1968年10月に解散を命じられた急進的極右団体「新秩序」の活動家の受け皿をつく

り，潜在的な支持者の結集によって運動を拡大し，選挙戦への参加によって極右のプロパガンダが届かなかった社会層にまで影響を拡大することを目的としていた。そして，彼らのめざす国民的で民衆的な革命を実現するために，すべての闘争方法を有効に利用することが明言されていた。初期の指導部を掌握していた「新秩序」派にとって，民主主義制度の利用は，将来の暴力的な闘争の土壌を準備するためでしかなかった。初期のFNのイデオローグであるファシスト知識人デュプラも，「ゲットー脱出」に不可欠のチャンスと手段をFNにみており，民主主義的ゲームへの参加は保守支持層を獲得するためであり，根本的な思想を放棄することは問題外であると繰り返し説いていた［Guiland(2000)：21-22，39］。

1974年大統領選挙に際してのFNの選挙プログラムは，コミュニズムの破壊活動から祖国を防衛する「強い国家（l'État fort）」の建設を説き，家族と伝統的諸価値の擁護者を自認していた。反共産主義を前面に掲げ，強権的で権威主義的な国家を求め，伝統的な価値と社会を擁護する「古い極右」の姿がそこにはあった［Renouvin(1997)：23］[7]。1980年代には，徐々に移民問題とナショナル・アイデンティティの危機へと主張の力点を移していくが，1980年代半ばまで，FNのプログラムの主旋律は反共産主義であった［Hainsworth and Mitchell(2000)：444］。

FNは極右運動の再建を期して選挙への参加を戦術的に選択したが，その基本的主張は極右の伝統的な路線を越えるものではなかった。古いタイプの行動主義的で急進的な革命的ナショナリストがヘゲモニーを掌握し，さまざまな諸潮流が雑居していた1970年代は，その政治的影響力が狭隘な極右陣営から外に拡大することはなかった。ようやく，70年代末に，J‐P・スティルボワ（Jean-Pierre Stirbois）を筆頭とするソリダリスト派の加入とルペンへの肩入れもあって，ルペン派と急進派の激しい内部闘争による分裂という代償を払いつつ，ルペンの党内支配がようやく確立することになる。

［第2期］　FNを取り巻く環境は，1980年代に入って急速に変化する。1981年大統領選挙で左翼統一候補のF・ミッテラン（François Mitterand）が勝利して，フランス政治は政権交代を繰り返す変化の時代に入る。そのような環境の変化

のなかで，1983年の自治体選挙や国民議会の再選挙で，FNは突如として躍進をみせはじめる。そして，1984年の欧州議会選挙で約11％の票を集め，FNはフランスの政党システムへの参入を果たすことになった。左翼政権の登場に危機感を強め，保守政党の不甲斐なさに業を煮やした一部の保守有権者の投票によって，FNは右翼陣営の一角を占めることに成功した。過去のプジャード運動のように一時的な現象に終わるとの予想に反して，その後も，FNは各種選挙を通じて安定性と強さを発揮することになる。

FNが，これまでのフランス極右に比べて目ざましい成功を収めたのは，多様な要素の所産であることはいうまでもない。それは，一言でいえば，左翼政権の成立と深刻な経済・社会・政治的危機を背景とした「体制内の異議申し立て政党」としての成功であった。ここで，その背景となった諸要因を簡単に概観しておこう。

第1には，フランスの抱える経済的・社会的危機と，そのことによる既成政治の正統性の揺らぎが，FNが躍進する最大の要因であった。それは具体的には次のように説明できる。

①FNにとってプロパガンダの切り札であった移民問題が有効性を発揮したことである。失業，犯罪の増大，社会保障財政の逼迫，学校の荒廃，都市環境の劣悪化，エイズ・ドラッグの蔓延といった諸問題と移民の存在を巧妙にリンクさせた点に，成功の鍵があった。この点に関しては，多くの研究者の間でコンセンサスが成立しているが，当時の危機的な社会経済状況を抜きにしては，FNの急速な台頭を理解することはできない。

②1970年代以降，脱産業社会の非分配的な新しい政治的争点が重要性を増していたことである。新しい右翼の台頭との関係でいえば，グローバル化の進展とともに深刻さを増していったナショナル・アイデンティティの危機とそれに由来する不安が移民問題と連動することで，彼らの成功の土壌が準備されていった。1980年代以降の「アイデンティティ・ポリティクス」の流行は国民国家の役割とアイデンティティへの国民の関心の高まりを示していた。フランスでも，大量のアラブ系移民の存在が人口論的危機感やイスラムという異質な宗教への反発や不安と結びついて，国民共同体の防衛を唱える排外主義的ナショナリズ

③既成政党が，山積する課題への応答能力を欠き，民主主義への信頼性が低下し，政治的な不満が高まっていったこと。とくに，1981年に成立する左翼政権が国民の熱い期待を受けて発足しただけに，経済社会的危機の深化は深い失望を招いた。

　保守と左翼間での相次ぐ政権交代によっても危機状況に改善の兆しがみられないことは，既成政党・政治家に対する国民の信頼を傷つけ，政治への幻滅と不信，不満は高まっていった。社会党も保守政党も同じような経歴をもつエリートによって支配され，国民の多様な声を反映する応答性は低かった。そのような，指導者層のリクルートと再生産の排他的で画一的なシステムは，政治エリートへの国民のルサンチマンと不信を高めていった。そのようなときに，民主主義の空洞化と民衆を裏切っているエリートを激しく糾弾し，「護民官的役割」を演じるFNのポピュリスト的言説が，一部の有権者に不満の「はけ口」を提供することになった［Taube(1998)：11-13, Winock(1997)：88-89］。

　さて，体制内の異議申し立て政党として成功した第2の要因であるが，左翼―右翼という伝統的な対立構図が揺らぎ，政党への有権者の忠誠が希薄化していることが，新興政党であるFNには有利に働いた。

　これまでは左翼―右翼のイデオロギー的対立構造が政党システムを規定し，有権者の投票行動を枠づけてきた。しかし，既成政党間の政策距離の接近によって政党のアイデンティティは希薄化し，繰り返される政権交代によって問題解決能力の欠如を露呈することで，有権者の投票行動はいっそう流動化することになった。また，左右の政治的対立軸にそった安定した政党支持構造が社会の階級構造の揺らぎによって流動化することで，世代を超えて継承されてきた党派的一体感による投票が政党システムの連続性と安定性を保証する構造が崩れつつあった。結果として生じた政党支持の脱編成は，新興政党であるFNが政党システムに参入するには有利な環境を提供した［Mény et Surel(2000)：155-254］[8]。

　だが，上記のような客観的諸要因が，自動的にFNの台頭をもたらしたわけではなかった[9]。「古い極右」から脱却する，FNの側からの主体的な適応の努

力を抜きに，その成功は理解できない。

　第1に，その適応努力の最大のものは，過去の極右運動のイメージ転換にあった。1970年代後半には「手段としての穏健化」[Marcus(1995):19]が急速に進むが，FNは，政党システムに参入するために，極右の急進的で暴力的なイメージを払拭すること（「適応戦略」）と，政党システムのなかで埋没しないように彼らの独自性をアピールすること（「区別化戦略」）という一見矛盾した戦略を展開する。そのような2つの戦略を巧妙に使い分けることで，彼らは「体制内の異議申し立て政党」として有権者を動員することに成功する。

　運動の合法的・穏健的イメージへの転換は1977-1981年に成功裏に進行する。そして，党内の急進派を駆逐して革命的な社会転換の路線を放棄し，現行の議会制民主主義のルールと共和制の制度的枠組みを前提として，選挙への参加を活動の中心とする合法路線が確立される。ルペンの周囲に再編された指導部は，党の政策や言説を婉曲化し，経済政策を中心に当時台頭しつつあった新自由主義の方向性を採用し，保守支持者が安心して投票できる政党という外観を整えていった。1985年のプログラムで，国営企業を民営化し，官僚主義的規制を排除し，国家の役割を限定するという「真の自由主義革命」[Front national(1985):62]を掲げたFNは，経済を国民的利益に従属させる伝統的極右の介入主義的国家観からの脱却を印象づけている。

　また，1984年の欧州議会選挙と1986年の国民議会選挙で，保守政党や社会経済諸団体に属する名望家的人物を候補として大量に取り込んだことも，穏健なイメージを演出する戦略の一環であった[Kitschelt(1995):119][10]。そのようなイメージ転換の一定の成功とともに，1980年代には，移民問題を前面に掲げたポピュリスト的アピールが効を奏して，一連の選挙で予想外の躍進を実現するのであった（第2章 表2-1参照）。

　第2に，移民問題に絞ったキャンペーンを積極的に仕掛けて，従来の反共運動というイメージから転換できたことである。既成政党がその問題について沈黙し，有効な問題解決の処方箋を提出できないなかで，彼らは移民問題を政治的争点として前面に掲げ，フランスの抱える社会経済的諸困難を移民問題に集約して，それに対する既成政治党の責任を追及するキャンペーンを精力的に展

開した。移民をめぐる問題がフランス国民の関心を集めていただけに,移民—犯罪—失業のトリアーデを核とした積極的なキャンペーンは有権者のなかに浸透していった[11]。

1978年の国民議会選挙で,FNは左翼連合政権の構想への批判とともに移民問題を選挙キャンペーンの中心的テーマに設定し,「百万人の失業者,百万人の移民」という失業者数と移民数を等置したキャンペーンを展開した。だが,その選挙の時点では,移民問題は争点化することはなかった [Bresson(1994):385][12]。状況の変化は,1980年代に入ると顕著になった。1983-1984年の一連の選挙において,大都市部,より正確には,移民人口が多く犯罪の多発する大都市近郊の地域でのFNの勢力伸張は,彼らの政治的判断の的確さを証明することになった [Martin(1995):20, Le Gall(1997):19]。

伝統的に極右思想は,白人優位主義や生物学的人種主義として,途上国や移民に対する排外主義的ナショナリズムを恒常的要素としてきた [Taguieff(1994):12-13]。その伝統の延長線上に,移民問題を果敢に取り上げ,危機の原因を可視的な「スケープ・ゴート」である移民の存在に転嫁し,その問題を核に積極的なキャンペーンを展開したことが,新興政党であるFNに大きな政治的成果をもたらした。1990年代には,移民問題への世論の関心と政治生活における争点化はさらに昂進し,FNにとっていっそう有利な環境が整っていくのだった [Perrineau(1997):65]。

第3に,ポピュリスト的イメージの付与に成功したことである[13]。フランス社会を襲う諸困難は,国民の間に救済者の待望と権威主義的な政治的解決法に傾斜する雰囲気を醸成し,FNが台頭する環境を準備した [Dorna(1999):28-29]。FNは有権者の既成政治への「抗議の器」として機能し,社会的不安とアイデンティティの不安のなかで,「護民官的役割」をフランス共産党に代わって果たすことになる [Dorna(1999):50-51, Taguieff(1991):25, Mény et Surel(2000):277][14]。

FNは,人民を「純粋な」民族としてのナシオンであると同時に,民衆的なデモスと措定していたが [Taguieff(1997a):23],彼らは,ナショナル・アイデンティティの危機と民衆の生活と,労働上の諸困難を結合したキャンペーンを意

識的に展開していた。1985年に出版された党首ルペンの著書では,「真の人間の大群によってわれわれが追い払われつつあるのは街路や空港,学校,社会サービス,病院をみるだけで十分である。事実上,そのようなシステムを擁護している連中が,ヨーロッパとフランスの破壊と水没の企ての共犯者」であり,それに対して,「FNは,この国の土着民 (indigènes) の団体である」[Le Pen (1985):50, 52]と,フランスを破壊の淵に追い込んでいる既成エリートに対して,移民の流入によって脅かされている民衆の利益と国民的・文化的アイデンティティを防衛する役割をアピールしていた。第3期に党の公式プログラムとして体系的に展開されることになる排外主義的ナショナリズムとエリート挑戦的なポピュリズムを結合したナショナル・ポピュリズムの原型は,この時期にすでに形づくられていた。

第4に,過去の極右運動とは異なって,FNが組織化と政策の充実の面で,多大な努力を払ったことである。地方も含めて組織の整備・拡充と,理念と政策の充実への努力は,FN躍進の後に,ルペンの片腕であるスティルボワのもとで軌道に乗り(「スティルボワ・システム」)[Moreira Monteiro(1986):125],1988年のスティルボワの自動車事故による死亡後は,B・メグレ (Bruno Mégret) たち「新右翼」出身者の手に引き継がれることになった(第3章参照)。

その成果は,政策・イデオロギー面では,1985年と1993年に出版された2つのプログラムに結実している。組織面の改革では,地方での組織網の拡充と研究,宣伝,研修などを担当する組織(「全国代表部」)の設置などに表れている。結果として,FNの国政選挙での得票は全国化し,1990年代の地方選挙での成功による地方議員の増加と首長の獲得をもたらした。当初の一時的な現象という予想を超えて,FNがフランスの政治生活の安定的な構成要素として定着したのは,「普通の政党化」の努力を抜きには理解できない。

ただ,政党システムへの「適応戦略」によって,FNは極右の伝統から完全に離脱したわけではない。極右の感性や思想的伝統は維持しており,極右の伝統によって強く刻印されている[15]。すなわち,彼らは,極右の伝統的な歴史意識や解釈,伝統的制度や諸価値の擁護,反ユダヤ主義,権威主義的秩序観,強力な国家の希求,国民共同体の防衛とその敵の糾弾を核としたナショナリズ

ム，既成エリートへの攻撃，陰謀理論，反マルクス主義，階級闘争の否定，デカダンスの告発といった，フランス極右の伝統的なテーマを継承している[16]。

そのような極右の伝統的テーマを踏襲した言説は，FNが完全に「普通の政党化」することへの歯止めとして作用し，政党システムへの埋没を防いでいる。党の内外において，その独自性と固有のアイデンティティをアピールするための「区別化戦略」の手段として活用されている。政党システムに参入する新興政党として，FNは，一方で有権者を動員するために穏健で合法的なイメージを振りまきつつ，他方で，他の政党から区別される急進的政治運動としてのアイデンティティを保つという微妙なバランスに立脚した戦略を展開した[17]。

結局，そのような戦略は，1980年代に「体制内の異議申し立て政党」としての成功をFNにもたらすことになった。社会職業的属性や政治的立場を超えて，有権者が現行の経済・社会への不満を政治的な場で表現する「抗議の器」としてFNを利用しはじめたとき，FNは不満と怒りを浮力として政党システムへと参入していくことになる[18]。

以上のように，第2期のFNを特徴づけ，その成功の鍵となったのは，マージナルな存在から脱却するための適応戦略，とりわけ，「右翼権威主義政党」モデルの特徴である新自由主義的ポジションの選択と，他の政党とは違ったポピュリズム的なイメージの演出のための「区別化戦略」，とりわけ，移民問題の利用と権威主義的・伝統主義的主張の結合であった。

この時期のFNの戦略を典型的に表現しているのが，1988年大統領選挙でのキャンペーンであった[19]。彼らは，一方で，「信頼性の獲得（crédibilisation）」と「敬意を払われるべき存在化（respectabilisation）」をめざした言動を展開しながら，他方で，デカダンスと衰退の責任者として左翼候補と同様に保守候補に激しい攻撃を加え，既成政治の「アウトサイダー」としてのイメージを強調していた。そこには，人民の利益を防衛し，人民に発言権を保障する唯一の政党という「ポピュリスト」的メッセージが込められていた。移民問題を核に，「反フランス」であるとして既成政党を徹底的に批判し，国民の不満と抗議をあおり，「ルペンとともにフランス人をエリーゼに」と訴えるキャンペーンは，予想外の14.4%の高得票へと結実した。

少数精鋭の前衛的組織による体制の暴力的転覆という伝統的極右の路線を脱却したFNは，経済的自由主義の肯定によって反資本主義的で反体制的イメージを払拭することで既成保守に失望した有権者を糾合する一方で，移民問題を有効に利用したポピュリズム的アピールによって失業や治安の悪化に悩む有権者の支持を動員することに成功したのだった[20]。

(2) ナショナル・ポピュリズム政党へ

「新しい極右の誕生」と表現されているように［de Saint Affrique et Fredet (1998)：23］，FNは古い極右とイデオロギー的・人的連続性をもってはいたが，反共を旗印とした過去復帰的でノスタルジックな極右運動でも，ファシズムの復活現象でもない[21]。ポピュリズム的手法によって既成政治への不満を動員する「体制内の異議申し立て政党」としてフランスの政党システムへの参入・定着に成功したのである。それは，先進国の脱産業社会でみられる今日の諸問題に対応したまったく新しいタイプの政党であり［Konopnicki(1996)：335］，新しい政治現象である［Hainsworth(2000)：1-2］。伝統的な極右政党から「右翼権威主義政党」へと脱皮を遂げたFNは，第3期には，新しい右翼の性格を鮮明に示しはじめる。

　［第3期］　1980年代中葉からのFNにおける変化は，1990年代から本格的に明らかになっていく。民衆の利益の擁護をナショナルなアイデンティティと利益の防衛に結びつける方向で言説と政策を精緻化し，体系的に展開すること，1980年代以上に民衆的社会層の動員に成功することで，ナショナル・ポピュリズムとしてのFNの性格がより鮮明になることが，この時期の特徴といえる。

　フランスの政治学者，歴史学者の多くは，FNをファシズムとは異なった権威主義的ポピュリズムの特殊なフランス的伝統に連なるものと解釈し，「ナショナル・ポピュリズム」という性格づけを採用している[22]。その用語の定義を確認しておくと，『ラルース小辞典』（1995年版）によれば，ナショナル・ポピュリズムは「指導者階級に対して，人民の利益を擁護することを宣言する外国人ぎらいで人種主義的なナショナリズムに立脚した政治的教義」と簡潔に表現されている。フランスの歴史のなかで具体的にいえば，ナショナル・ポピュ

リズムは，フランス極右運動の伝統においては，19世紀末のブーランジスムや戦間期の諸リーグ運動，戦後のプジャード運動によって体現されている民衆の動員に成功したナショナリズム運動である。

すなわち，ナショナル・ポピュリズムは異議申し立ての長い伝統に属している極右のモデルで，鋭い危機の状況（1870年の独仏戦争の敗北，1930年代の経済不況，1950年代の近代化への不安，1980年代の危機）にそのバイタリティの源泉を見いだすことが中心的な特徴のひとつであり，デカダンスに対する伝統的価値の守護者，閉鎖的で排他的なナショナリズムの使徒，苦しむ民衆的社会層の護民官として自己を提示する運動である［Buzzi(1991)：42］。

FNは，人民に発言権を与えることを約束し，人民の利益を擁護する唯一の存在であることを宣言し，人民と権力の間の断絶を告発している。そして，フランスの独立，栄光，主権の再建を約束することで，現行の諸問題を解決できる唯一の勢力として自己を提示している［Habbad(1998)：187］。また，彼らは，外国人ぎらいの感情や人種主義的偏見を動員して，国民共同体に災いをもたらしている「侵略者」であると移民を告発してきた。以上のように，ナショナル・ポピュリズムの伝統にそった主張をふまえて，グローバリズムの時代に国民共同体の利益とアイデンティティの防衛という観点からの立論を展開しているところに，現代版のナショナル・ポピュリズム運動であるFNの特質がある。

さて，FNのナショナル・ポピュリズム路線が1990年代に確立していくという場合，次のような運動における変化を念頭に置いている。

第1に，運動の支持者における民衆的要素の強化と，それに対応した運動の方向性における変化である。

すなわち，有権者レベルでみた場合，第2章で詳しく確認するように，1984-1988年の時期は，FNの支持基盤は政治的には既成の保守勢力に失望した，社会職業的には自営業を中心とした伝統的中間層に大きく依存していた。しかし，1980年代末から，政治的には支持なし層や旧左翼支持層で，社会職業的には労働者，事務職，失業者といった民衆的社会層の比重が大きくなっていく[23]。とくに，労働者層での支持の伸張は著しく，時にはFNは労働者から最大の得票を集めるまでになる。経済的・社会的・都市的危機によって直撃されていた

表 1-1 政党支持者別ポピュリズム度（％）

ポピュリズム度 政党	低い	少し高い	かなり高い	きわめて高い
フランス人全体	17	26	35	22
左　翼	17	27	37	19
共産党	14	25	40	21
社会党	19	27	37	17
エコロジスト	14	24	38	24
右　翼	20	30	30	20
フランス民主連合（UDF）	24	32	31	13
共和国連合（RPR）	20	31	31	18
国民戦線（FN）	3	10	23	64

出典：[Le Gall（1996）：200] SOFRESによる「ほとんどの政治家は腐敗している」など8つの設問への回答に基づいて作成した表から，支持政党別の結果だけを抽出して筆者が作成。

地域での「民衆的有権者の全般的右傾化」が，1980年代後半以降のFNの強さを支えていたのである［Matonti(1997)：199-201］（第2章参照）。

FNに動員されていった有権者は，最もポピュリズム的な感性と体質をもっていた。表1-1から明らかなように，他党の支持者と比較して，FN支持層におけるポピュリズム度は群を抜いている。FNのポピュリズム的アピールが受容される条件は確実に存在していたわけである。

第4章で詳述するように，支持層での変化を反映して，FNの政策や言説においては，保護主義と反グローバリズム，社会的な諸権利や利益の擁護といったポピュリズム的要素が目につくようになる。そして，その活動においても，社会運動への理解ある姿勢や労働組合への浸透の努力といったように，それまでのFNの社会運動や労働運動への否定的姿勢を大きく転換していくことになる。

第2に，「新右翼派」の加入によって，新しいナショナリズムとポピュリズムの結合がこれまでよりも自覚的に接合され理論化される条件が整ったことである。

1970年代における党内闘争を通じて，急進派を排除して選挙への参加による合法的な路線が勝利したこと，新自由主義の主張を取り込んでイデオロギーの

穏健化を図ったこと，そして，スティルボワのイニシアティブによって移民問題を核としたポピュリズム的プロパガンダが成功したことが，FNの伝統的極右からの方向転換には重要な要素であった。だが，組織として意識的に新しい路線を鮮明化するのは，党内での「新右翼派」の貢献が決定的であった（第3章参照）。

FNの理念や政策が再編され，新しい路線が党の方針として本格的に整備されていくのは1980年代中葉からであった。彼らの加入以前からFNは新自由主義的方向に舵を切りはじめていた。経済面では，「小さな政府」の路線が堅持されつつ，政治面では，右翼革命的な路線が完全に放棄されて，共和政体制を前提とした権威主義的国家がめざされることになった［Buzzi(1991)：38-39］。そして，1990年代には，明らかにメグレたちのイニシアティブのもとで運動が民衆的社会層に浸透するとともに，ウルトラ・リベラルな色彩が緩和されて，新しいナショナリズムと護民官的ポピュリズムが結合されたナショナル・ポピュリズム路線へと向かっていく。

第3に，1980年代末からの，EU統合に象徴されるグローバル化の急激な進展へのFNのリアクションである。彼らのナショナリズムは，グローバル化に対抗して国民共同体の防衛を優先課題とすることで反グローバリズム運動の側面を強めていく。

FNの支持者は，近代化のプロセスへの怨念や全体主義へのアスピレーションによって突き動かされているのではなく，グローバル化の帰結への拒絶，既成エリートへの告発によって動員されていると指摘されているが［Cambadélis et Osmond(1998)：482-483］[24]，グローバル化時代のなかで，国民国家とそのアイデンティティの危機を感じ取り，外国人の存在に厳しい視線を投げかける有権者は確実に存在している（表1-2参照）。ゆえに，伝統主義的で反体制的な伝統的極右の路線から転換して，国民の排外主義的で外国人ぎらいの意識や気分を背景に，グローバル化のなかで脅かされている国民的文化や価値，伝統を防衛し，国民共同体に属している構成員の生活や権利を擁護するという意味での「社会的諸テーマを詰め込んだナショナル・アイデンティティへのアピール」［Wieviorka(1993)：12］が有効性を発揮している。

表1-2 有権者と排除のナショナリズム（%）

	支持政党						
	全体	共産党	社会党	緑の党	UDF	RPR	FN
「出身国での迫害が認められた外国人はフランスに政治的亡命ができます。そのことに関して、あなたはどの意見と最も近いと感じますか」							
フランスは難民を受け入れるべきだが、出身国で経済的問題を抱えていた難民を拒否することでしっかり区別するべき	27	24	36	38	56	40	10
フランスは受け入れの地であるべきで、出身国で迫害されている人々に扉を開けるべき	24	51	32	28	14	15	9
フランスはあまりにも多くの移民を抱えており、難民の受け入れを全面的に中止すべき	36	22	29	30	29	47	88
「あなたは人種差別主義と見なされるような言動をとったことがありますか」							
はい	27	15	22	22	21	40	70
「あなた個人について、自分自身はかなり、もしくは少し人種差別主義者であると思いますか」							
はい	41	13	38	33	49	58	89
「職場や企業において労働者がその出身を理由に差別されることに関して、あなたはどう考えますか」							
まったくもしくはかなり正当化される	17	8	15	15	16	20	51
まったく正当化されない	68	81	72	74	74	65	31
答えない	15	11	13	11	10	15	18
「この先20年のフランス人口の将来についてどう思いますか」							
さまざまな集団（ヨーロッパ系、黒人、アラブ人）は仲良くいっしょに生活できるだろう	8	23	10	9	4	2	0
さまざまな集団はいっしょに生活できるが緊張は生まれるだろう	44	27	54	41	50	51	23
さまざまな集団は別々に生活して緊張は生じないだろう	5	6	6	10	8	4	3
さまざまな集団は別々に生活して緊張と危機が生じるだろう	38	38	24	37	37	40	67
答えない	5	6	6	1	1	3	7

出典：[Perrineau (1995)：175]

　次に，第3期のFNの言説や教義をより詳細に確認しておこう。まず，FNのナショナリズムであるが，彼らのナショナリズムの核心はグローバル化に抗しての国民共同体を防衛することにあった[25]（第7章参照）。1990年代のFNは，

国民的利益とアイデンティティの擁護者としての側面を強めていくが，それは自由・平等・博愛というフランスの国家原理の読み替えを通じてであった。すなわち，自由の原理は経済的な自由へと限定され，平等の原理は「自国民優先」という排除と差別の原理に転換され，博愛の原理はフランス人に限定した連帯の原理へと転換されていった。それによって，彼らは，フランス国家を基礎づけている根本的価値を再編することで，フランスが新しい栄光と繁栄の時代を回復することを求めている［Renouvin(1997)：101］[26]。

ベルリンの壁の崩壊，社会主義陣営の解体を決定的な契機として反共の信条が後景に退いていき，FNの想定する世界の対立の構図は従来のマルクス主義的社会主義と自由主義的資本主義の対立から，コスモポリタン陣営とナショナルな陣営の対立へと組み換えられていった。今や，地球的規模での画一化と個性と差異を尊重するパティキュラリズム（特殊主義）との間に，新しい政治対立軸が設定されている［Soudais(1996)：11-12，Viard(1997)：48］。

そのような対立の時代にあって，FNにとっての最大の敵は「カフェオレのパラダイスというユートピア」であり，人種の混交は国民共同体を危機に陥れるがゆえに拒絶されるべきものであった。「もし，外国人がフランス人のもっているすべての権利と恩恵を手にするならば，国民とそうでない者との間の差異はどこにあるのか。そして，もし，いかなる違いもないなら，フランス人の共同体の存在には何が残るというのか」［Front national(1993b)：37］という問いかけに，彼らの根本的な危機感が表現されている。

グローバル化の進展と国民国家の危機について，ルペンは1998年5月1日のジャンヌ・ダルク祭で象徴的な発言をしている。「今日の新しい奴隷制，それは新世界秩序である。新しい奴隷売買業者は，国民の破壊を望む匿名で流浪する国際金融資本を大立者にしている。そのような新しい奴隷制は，全世界の民衆を従属させている。新しい律法の石板はシカゴの証券取引所やダウ指数であり，新しい司祭はGATT，IFM，OECDであり，新しい予言者はCNN，『ワシントン・ポスト』である。そのようなほの暗い勢力は，われわれのもとに，彼らのトロイの木馬であるブリュッセルのユーロクラットを差し向けている」と，グローバル化の「陰謀」を告発し，国民国家の「奴隷化」に警鐘を鳴らしてい

る [Mény et Surel (2000): 145]。

　ゆえに，FNの最大の任務は，脅かされ，消滅の危機に瀕した国民共同体の防衛にある。彼らは，超国家的統合の促進や国境の廃止，反国民的政策，大量の移民や帰化による国家破壊の企て，フランス国民を新しい世界秩序に従属させるコスモポリタンな「陰謀」を告発している [Habbad (1998): 186]。そのような「陰謀」に対する彼らの処方箋は，国民の利益とアイデンティティの防衛であり，具体的には，対外的にはグローバリズムに対抗する「新しい保護主義」であり，国内的には外国人に対してフランス国民を優遇する「自国民優先」の体系的な実施であった。

　次に，FNのポピュリズム的色彩の主張であるが，その矛先は，フランスを道徳的・知的・政治的破産に向かわせている既成政治家や政党をはじめとした売国奴的な国家指導層へと向けられている。たとえば，1992年1月，社会党をはじめとして政界で相次いだ政治腐敗事件を受けて，ルペンは，社会党を「ギャングと盗賊，脅迫者，汚職者の集合体」と批判し，同年11月には，FNの地域圏議会議員のPh・コロンバニ（Philippe Colombani）は，血液製剤事件の責任者である社会党元首相L・ファビウス（Laurent Fabius）を風刺した戯画を週刊『ミニュット=ラ・フランス』に寄稿している [Camus (1996): 66]。そのような腐敗した政治エリートに対して，FNは，ポピュリズムの常として激しい批判を投げかけ，民衆の利益を代表し，その利益を擁護する存在として自己を対置している。

　FNは，1990年代には社会的な要求を熱心にサポートし，労働組合運動への浸透を図るが(第4章参照)，そのような行動の背景には，移民，治安に続く第三の柱として，有権者に対して社会的配慮と経済的対案をもっている運動というイメージを与える意図があった。そこには，具体的問題を解決することを重視し，地域社会でもフランス人の擁護者であるというメッセージが込められていた [Darmon et Rosso (1998): 59-60]。

　政治家が民衆の抱えている問題に無関心で，自己や党派の利益を優先しているといった政治不信が渦巻くなかで，FNは民衆の声を政治に届けるために，民衆のイニシアティブによるレフェレンダムによって民意が反映される「民衆

的共和制」の実現を唱えていた［Cuminal, Souchard, Wahnich et Wathier(1997)：135-140］。

また，1995年大統領選挙のキャンペーンのなかで，ルペンは，フランスを救済するための「ポピュリスト戦線」に言及し，「ポピュリスト」という表現を意識的に使いはじめている［Habbad(1998)：192-193］。そのような用語の使用には，FNの民衆的性格を強調し，最も恵まれない社会層の代弁者としての自己をアピールする意図が読みとれる。

以上のように，フランスを襲うグローバリズムの波から国民国家を防衛することと民衆の利益とアイデンティティの擁護が結合されて，FNのナショナル・ポピュリズムの教義の骨格が形づくられている。

そのようなFNの新たな路線の確立は，そのプログラムへと結晶している。1992年ブルジェ（セーヌ=サン=ドニ県）大会で採択された「統治プログラム(programme de gouvernement)」と銘打たれた新プログラムは，ナショナル・アイデンテイテイと自国民優先の2つの原理によって貫かれている［Soudais (1996)：110］[27]。

以上のようなナショナル・ポピュリズムの路線の明確化は，フランスの国民共同体を脅かすグローバリズムを推進する勢力に対抗する新しいナショナリズムの質と，グローバリズムの進行がもたらす弊害から国民を防衛する現代的な運動の質を表現している[28]。すなわち，現代のポピュリズムをきわめて特殊なものにしているのは，包摂（l'inclusion）と排除（l'exclusion）を正当化し，ナショナリズムの理論と実践に明確に結びつける点にあると指摘されているが［Mény et Surel(2000)：308］，危機にある祖国と民衆を防衛するポピュリズム運動というイメージは，グローバル化というポスト・モダンな時代状況のなかで，たんなる異議申し立て運動を超えたイメージをFNに付与することになった。

結局，そのような極右の新しい顔は，1980-1990年代の状況をふまえた伝統的な極右運動のモデル・チェンジであったといえよう。1989年のベルリンの壁の崩壊に端を発する社会主義陣営の消滅は，極右の最大の敵を壊滅させ，反共というレーゾン・デートルを奪ったが，そのような状況の新しい展開に対応する新たな国民共同体の敵が設定される必要があった。その意味で，反グローバ

リズムと自国民優先を基盤に据えたFNの路線は，ベルリンの壁崩壊から社会主義陣営の解体，コミュニズムの後退と，他方での，グローバル化とアメリカの経済・軍事・文化的ヘゲモニーが支配する新しい世界秩序の時代を反映する変化であった。それは，領土と文化—民族的共同体の領域的一体性を回復することを課題とする現代的なナショナリズムの運動であるといえる［Hainsworth (2000):27-28, Viard(1997):53］。

　そのような点をふまえて，FNの運動を総括すれば，FNは極右の「復活現象 (un phénomène résurgent)」ではなく，現代的な文脈において登場した「新規現象 (un phénomène émergent)」である。つまり，いかにFNの幹部たちがフランスの古いナショナリズムの思想家やテーマに言及しているとしても，彼らのナショナリズムは過去のフランス・ナショナリズムの政治的伝統の再現，すなわち，対独復讐のナショナリズムでも冷戦時代の反共ナショナリズムでもない[29]。それは，経済とコミュニケーションのグローバル化と国民国家の弱体化，国境を越えた大量の移民の流れ，雇用の不安定化と長期失業，宗教・民族を基盤にしたアイデンティティもしくは「原理主義」の台頭といった現象が顕著になってきた時代のナショナリズムであり，その点からFNは，グローバル化が失業，都市の荒廃，都市郊外の治安悪化をともなって破壊的影響を生み出している時代に，ナショナリズムを武器として不安に駆られた国民の救済を唱えて出現してきた運動であるといえる［Taguieff(1996):53-76］。

　さて，第3期においては，メグレたち「新右翼派」のイニシアティブによって，FNはナショナル・ポピュリズムの主張を精緻化し，民衆的社会層への働きかけを活発化し，選挙での安定した支持を動員することに成功するが，そのような運動の到達点に，運動にとっての陥穽が秘められていた。すなわち，1990年代後半には激しい党内対立が表面化し，FNは存亡の危機に見舞われることになる。

2　FNの成功と党内対立の表面化

(1) 権力への2つのシナリオ

　1990年3月31日-4月1日に開催されたFNのニース大会（第8回大会）は，彼らにとっての新段階を表現しており，そこでは「与党の使命をもつ信頼できる政党」という目標が打ち出されている。それは，「権力の征服」への意思表示であり，保守からの流入組の排除が象徴するような急進化のプロセスからの転換を意味しているかにみえた［Buzzi(1991)：41-42］。だが，同年8月，湾岸戦争への介入を拒絶し，11月にはルペンがイラクを訪問するなど，FNは急進的な相貌もみせていた。保守勢力からの協力の拒絶による政界での孤立は，現行体制への包括的なオルタナティヴとしてFNを位置づけるルペンの立場を強化したからである［Camus(1996)：62-63］。信頼できる責任政党への脱皮による権力への接近と急進的な路線の維持という相反するベクトルのせめぎ合いが，1990年代のFNで表面化することになる。

　1980年代の後半以来，順調に選挙での支持を伸ばしてきたFNであったが，現行の選挙制度の壁と政界での孤立といった状況のなかで，運動の限界に直面していた。1993年国民議会選挙では12.52％を得票しながら議席獲得はならず，1994年県会議員選挙でも保守との協力が不調に終わり，同年の欧州議会選挙では10.5％（前回11.7％）と得票に陰りがみられた。小選挙区制度の壁に阻まれて国民議会選挙や県会議選挙では得票が議席に結びつかず，政界での孤立状態からも脱却できず，FNは突破口を探しあぐねていた[30]。

　「抗議の器」としての役割を超えて，どのような方向にFNの運動の活路を求めるのか。世紀末のFNについては，5つの可能なシナリオがP・ペリノー（Pascal Perrineau）によって提示されている［Perrineau(1997)：235-242］。

　第1のシナリオは，経済・社会・政治の危機が突然に悪化し，そのような混乱状況に乗じてFNが権力を掌握するというものである。

　第2のシナリオは，FNの主導する「ポピュリスト戦線」の勝利というものである。1992年にマーストリヒト条約をめぐって新しい対立軸が生まれ，欧州

統合反対派と賛成派が保守と左翼を横断して対立を繰り広げた。そのような文脈のなかで，S・マレシャル（Samuel Maréchal）など何人かのFN幹部は，統合賛成派である「コスモポリタンなフランス」に対抗する陣営をFNを核として形成することをもくろみ，それは一定の実現性があるかにみえた。

第3のシナリオは，1980年代の躍進時から基本的に彼らが追求してきたものであるが，FNも含めたすべての右翼陣営が連合するというシナリオである。メグレは，政権への道を開くために，この方向を発展させようとしていたが，それはFNのアイデンティティを希薄化させ，保守のなかに埋没させるリスクがあるだけに，党内からの反対は根強かった。

第4は，FNの衰退というシナリオである。ルペンの引退，死去による党の不安定化，内部抗争の再燃，党の分裂という可能性が考えられた。

第5に，現状維持のシナリオが考えられる。FNは，15％内外の得票で比較的強力な野党にとどまることになる[31]。

ペリノーの想定した第1のシナリオは戦前の記憶から想起されるものではあるが，実際には可能性はないし，第4のシナリオは可能性としてはかなり高いが，FNの望むところではなかった。FNにとって第2のシナリオが望ましいとしても，反グローバリズムの陣営を形成するための戦略的判断をめぐってルペン派とメグレ派は対立することになる。すなわち，究極的には第2のシナリオが望ましいと考えていたとしても，第3のシナリオを通じて右翼陣営のなかでのFNの影響力を強化していくのがメグレ派の選択であった。他方，ルペン派は，FNの独自性の喪失を警戒して第3の選択肢を基本的に拒絶するが，そのような主張は，現実には第5の選択肢に帰結してしまう可能性が高い。それは，右翼陣営でのヘゲモニーの強化と権力への接近を重視するメグレ派にとっては，展望のない現状維持の選択肢であった。

FNは，極右の急進的な極小政党として出発したが，前述のように，FNのそのような遺産は他の既成政党に対する独自性として自らを際だたせる「区別化戦略」の手段として利用されてきた。他方で，政党システムへの参入・定着のために，信頼され責任ある政治的アクターとして自己を提示する「適応戦略」として穏健化が追求されてきた［Camus（1996）：59，Birenbaum（1985）］。1970年代

に，選挙や議会をたんなる運動の手段と考えていた革命的ナショナリスト派を放逐し，ルペンの党内支配を確立して，選挙での支持拡大を最大の目標とする方向性が確定した後も，党内での路線対立は消えなかった。

1980年代の躍進以降は，書記長のスティルボワをリーダーとする「強硬派」と保守陣営からの移籍組と新右翼出身者からなる「穏健派」の対立が表面化する[32]。「強硬派」は，急進的な異議申し立て勢力にFNがとどまることを基本的に望んでおり，「穏健派」は，保守勢力との接近・協力や既成政党への失望者を動員する戦略を支持していた。たとえば，スティルボワは，1988年の大統領選挙では第2回投票に際して，左翼候補に投票することで，保守を敗北に追い込む「革命的投票 (vote révolutionnaire)」を提唱していた [Hameau (1992)：67][33]。

1980年代末には，「新右翼派」の貢献によってFNは政党としての体裁を整え，FNの各種選挙における得票も順調に推移していった。だが，そのような運動の上昇期に新たな，そして深刻な対立が表面化する。いや，その時期だからこそというべきであろう。FNにとって予想外の成功を受けて次のステップを考えたとき，メグレたちにとって，ルペンの存在が障害として立ちはだかることになる。

ルペンとメグレの対立は2つの異なったパーソナリティの衝突という次元を孕みながらも，じつは，創立時からFNのなかで存在してきた戦略的対立を体現していたのであった。すなわち，ルペンは運動のラディカルなオプションを体現してイデオロギー的純粋性の保全を優先し，メグレは「改良主義」のオプションを代表して運動を政治システムへのさらなる統合と権力に導くために闘っていた [Darmon et Rosso (1998)：136-137, Mouriaux, Osmond et Picquet (1999)：367]。つまり，政党システムへの参入を図ってきた急進的運動の宿命として，「適応戦略」と「区別化戦略」を使い分けて来たFNは，党の成長によって政権参加の可能性を意識したとき，そのような戦略の間で決定的な選択を迫られることになり，2人の指導者によってそれが体現されることになったのである。

といっても，その対立は，ナショナル・ポピュリズムとしてのFNの基本的な運動像や世界観をめぐる争いではなかった。既述のように，もともと，FNの方向転換を可能にしたのは，メグレたちも共有していた反介入主義的で新自

由主義的な理念であったし［Camus(1996):59］，メグレは，1980年代半ばから，FNのイデオロギーの生産・普及装置を掌握し，党のプログラムや政策を支配してきたからである。ルペンの切り開いた「体制内での異議申し立て政党」の財産を管理し，社会的なテーマや政策をつけ加え，反グローバリズムと「自国民優先」の原理にそったナショナリズムの理論を体系化してナショナル・ポピュリズム政党の内実を整備したのは彼らのイニシアティブによるものであった。ゆえに，運動の基本的イデオロギーをめぐる争いというよりも，両者の根本的な対立点は，一定の成功は収めながらも膠着状態に陥っている運動が選択するべき方向性にあり，FNの政界における孤立状態を打開し，権力への道を開くための戦略の次元にあった。

ただ，メグレの戦略は，信頼性付与戦略にもとづく政権政党へのイメージ転換と同時に，右翼陣営の再編戦略が組み合わされていた点が問題であった。彼らは，左翼，保守，FNが対峙する状況のなかで政党システムが不安定化し，最終的には，共和国連合（RPR），フランス民主連合（UDF）がマージナル化もしくは消滅していくというシナリオを描いていた［Dély(1999):148］。だが，その過程では保守との戦術的な協力が必要であり，新しい右翼政党としての独自性を優先するのか，政党競合のゲームを優先するのかという，FNにとって古くからの対立が再燃することになる。すなわち，運動のイデオロギー的純粋性を守って異議申し立ての路線にとどまるのか，責任ある政党へのイメージ転換を進めて保守との協力の道に入り，運動を権力に導くのかという選択であった［Mouriaux, Osmond et Picquet(1999):9-10, Soudais(1996):236-237］[34]。前者は，FNが保守勢力との選挙協力を拒み，その勝利を妨害する「邪魔者（trouble-fête）」としての役割に徹するというルペンの非妥協的路線であり，後者は，保守との選挙協力を追求し，政権への接近のために連合ゲームに参加するというメグレの柔軟路線であった。

そのような戦略的相違の背景には，両者の政治に対するスタンスの違いが横たわっていた。メグレは，イデオローグというより戦略家で，それが具体的に適用可能な場合のみ理念に関心を示す傾向があった［Dély(1999):17］。そのような指向性から，メグレの最大の関心は権力に向けてのFNの戦略的転換にあ

り[35]，異議申し立ての不毛な役割から党を脱却させ，統治の責任を担える「政権政党（Parti de gouvernement）」へのイメージ転換を優先していた［Perrineau et Ysmal(1998)：249］[36]。ゆえに，メグレは，ヴィトロールでの統治の実績[37]を背景に，現実の制度の枠内で「断絶戦略（la stratégie de rupture）」を行使し，自治体で政権を担っているFNが将来は国政でもそれが可能であることを示そうとしていた［Bihr(1992)：227］[38]。

毎年5月1日に開催されるジャンヌ・ダルク祭の集会風景

メグレは，1990年代中葉の，民衆的有権者の支持増大による国政や地方選挙での伸張や労働運動への浸透をはじめとした運動の社会的広がりに「発展の新しい局面」をみていた。第1期の組織化，第2期の成熟の段階を経て，「権力の征服」に向けた第3期が始まっていると考えていた[39]。彼にとって，FNを「政権政党」「対案提起勢力（force de proposition）」に変えることで，FNへの「悪魔視（diabolisation）」をやめさせ，全国的なレベルだけでなく，地域社会においてもフランス人の擁護者，弁護人へとイメージ転換を図ることを望んでいた。つまり，既成政治へのオルタナティブとしてのイメージを獲得することを期していたのである［Darmon et Rosso(1998)：10, 59］。

他方，ルペンを支持する勢力は，1995年大統領選挙の好成績に自信を得ていた。FNの支持層の民衆化とグローバル化の進行という状況を受けて，FNをナショナル・ポピュリズムの党として純化していく路線を支持していた。民衆的有権者の支持の増大と既成政党への不信の高まりのなかで，FNの幹部のなかからは急進的な言説が発せられるようになり，革命的なアスピレーションが息を吹き返していた［Ivaldi(1995)：14］[40]。

1996年5月1日のジャンヌ・ダルク祭でルペンは，「匿名的で流浪の資本の利己主義的な利害」「大資本家とコミュニズムの構造的同盟に依拠した，フリーメーソン的色合いのグローバルな陰謀」を告発し，「フランスの労働者よ，

君たちはだまされている。フランスの失業者よ，君たちは裏切られている。(中略) 四人組の政治家（左右両翼の既成政党の政治家＝筆者）を議会から追い出せ」と扇動的な演説をしている [Dély(1999):100]。彼は，伝統的極右の古典的レトリックをまぶしながら，グローバリズムの犠牲者である民衆の側に立った革命的運動としてFNイメージを演出していた。

また，メグレの保守との協力路線は，ルペンたちとって，ナショナル・ポピュリズム政党の護民官的アピールを損なう恐れがあった [Hainsworth(2000):30]。ルペンは，1995年7月の党内機関紙『J‐M・ルペンからの手紙』で，「今日，選択肢は権力にある社会民主主義のさまざまな代表者とわれわれとの間にある。(中略) FNは右翼でも左翼でもなく，フランスである」と発言しているが，政党システムでの孤立を恐れずに，FNを体制へのオルタナティブと位置づけ，「第六共和制」への転換を唱える彼の発言は急進的な体制転換を呼びかけるものであった [Cambadélis et Osmond(1998):441][41]。

また，1995年5月1日のジャンヌ・ダルク祭でも，ルペンは「FNは，右翼であることも，左翼であることも望んでいない。FNはフランスの党である」と発言しているが [Dély(1999):85]，それは，彼の女婿であるマレシャルが考案した「右でも左でもなく，フランス人」というスローガンに由来するものであった。ルペンの女婿であるマレシャルは，1994年の欧州議会選挙で，B・タピ（Bernard Tapis）によるポピュリズム的なキャンペーンへの対抗策として「ポピュリスト戦線」を打ち出していたが [Dély(1999):87]，1995年の青年国民戦線（FNJ）の夏期大学で「右でも左でもなく，フランス人」というスローガンを発し，既成政治と全面的に対決する路線を打ち出した。ルペンもそれに呼応して，同夏期大学で「FNは体制へのオルタナティブである。体制の転換を準備しなければならない。われわれはFNJ夏期大学の『右でも左でもなく』というスローガンを正当化する立場にある」[Dély(1999):88] と，マレシャルのイニシアティブを追認している。

そのようなスローガンは，保守勢力に対してFNの独自性を強調する立場を意味していた。それは，フランスのナショナル・アイデンティティと独自性（spécificité）を防衛するFNとコスモポリタン勢力という新しい対立構図を前面

に掲げ，政界再編を展望するものだった［Camus(1996)：255-256］[42]。そのような急進的スローガンは，反資本主義的で急進的な青年活動家を魅了したし，FNの古参党員の間では好評であった［Dély(1999)：87］[43]。右でも左でもない「第三勢力」路線は，政党システムを揺るがすFNの能力を最大限に発展させ，まだ政権のなかで試されていない唯一のオプションとして，フランス人が自然にFNに向かう状況をつくりだすことを期待するものであった［de Saint Affrique et Fredet(1998)：227］。

それは同時に，FN内部の対立から採用された路線でもあった。そこには，メグレの保守との協力路線に対抗して，彼の力を殺ぐ意図が隠されており［Marcus(1996)：316］，FN内部でルペンの急進的路線を支持する反メグレ連合が形成されていった。

(2) 保守との協力をめぐる対立から分裂へ

異議申し立て政党から政権参加への展望を開くために，FNは決定的な次の一歩を踏み出さなければならなかった。政党システム内のたんなるトラブルメーカーの存在から，保守を分裂させてその一部をもぎ取り，左翼とFNの2極対立構造へとフランス政界を再編することが彼らの究極的課題であった［Bihr(1992)：221-223］。そのための必要なひとつのステップとしての保守勢力との協力をめぐって，メグレとルペンのせめぎ合いが本格化していく。

メグレ派がめざしていたのは，有権者の15-25%を獲得することのできるプログラムと戦略を備えた政党への変身であった。それは，急進的な「異議申し立て政党」から「政権政党」への転換であり［Cohen(1997)：287］，現行の秩序に対抗する広範な国民運動に依拠しようとするルペンの戦略とは違って，右翼陣営の再編の中心的なアクターになることであった。その背景には，得票率15%の壁を超えるためには保守の一部との協力が不可欠であるという，メグレの現実主義的な政治判断が働いていた［Cohen(1997)：289］。

1995年4月24日，大統領選挙第1回投票の翌日，政治局会議でメグレは第2回投票に向けてJ・シラク（Jacques Chirac）に与することを主張したが，ルペン派の古参幹部D・シャボシュ（Dominique Chaboche），オランドル，M-F・

スティルボワ (Marie-France Stirbois), C・ラング (Carl Lang), J‐C・マルチネーズ (Jean-Claude Martinez) たちは，社会党のL・ジョスパン (Lionel Jospin) を支持する「革命的投票」を主張した。結局，最終的には自主投票に落ち着いたが，多くのFN幹部はジョスパンの側を選択した。水面下で進行していた2つの戦略の対立は，この大統領選挙をきっかけに公然化することになり，メグレのルペンからの自立化過程が急速に進むことになる [Dély(1999):74-79]。

1996年3月18日，政治局のコミュニケは，「追放や反民主主義的な攻撃を続けるならば，RPRとUDFの議員たちを徹底的に懲らしめる」と，保守陣営に宣戦を布告した。数日後のボルドーでの地域圏議会議員の集会で，ルペンは保守勢力への宣戦布告を次のように再確認する。「これまで，伝統的な教育に囚われていたわれわれは，RPRやUDFよりも，社会党，共産党を選択することに一定の困難を感じてきた。すべての補欠選挙で，厳粛な警告の意味を込めて，われわれは保守候補の敗北に向けて指令を発することにする」と，左翼の勝利よりも保守勢力への打撃を優先する方針が鮮明にされている。ルペンにとって，本質的なことは，保守を選挙で敗北に追い込み，政界を混乱に落とし込める「大いなる秩序壊乱者 (le grand perturvateur)」の役割に徹することであった [Dély (1999):98]。

他方，メグレは，1996年4月，「RPR, UDFの中には，A・マドラン (Alain Madelin) が体現しているような，FNとの相互理解が可能な保守的で反エタティズム的な右翼が存在している」と，保守の一部との協力の可能性を擁護していた [Dély(1999):98]。メグレにとっては，保守勢力との連携によって政権参加が可能なポジションを占めることが優先的な課題であった。

1997年の国民議会選挙が近づくと，両派の対立のボルテージは上がっていった。同年5月13日のテレビのインタビューで，ルペンは「私は，保守的な国民議会より左翼的な国民議会を好んでいる」と発言し，ジョスパンはシラクほどヒステリックなヨーロッパ主義者ではない」と，シラクへの敵意をむき出しにしている[44]。

それに対してメグレは，5月19日の党本部での記者会見で，「左翼がグローバル化とマーストリヒト条約を先導し，フランスを毒している政治腐敗の原因

である以上，左翼への投票は問題外である」と反論している。また，地方のFN候補からは，「それはカタストロフィーだ。支持者によって市場で罵られた。左翼を勝利させるのかと非難されている」と，ルペン発言に対する抗議電話が党本部に殺到している。ルペンの反保守の選択には，党内から不満の声が高まっていた。

　最終的には，ルペンは左翼への投票を指示することはなかったが，彼の「革命的投票」という方針は，明らかに，保守に与して，左翼を優先的な敵と見なすメグレの立場とは食い違っていた。国民議会選挙時の内紛は，メグレとルペンの戦略上の不一致を改めて表面化させることになった［Dély(1999)：127-128, de Saint Affrique et Fredet(1998)：233］。

　1997年国民議会選挙後の全国評議会の場では，メグレの方針にそった決定が下される。次期選挙での保守—FN間での政策合意なしのデジストマン（一方的候補取り下げ）の提案が承認されたが，そこでは，自国民優先やヨーロッパ統合反対といったFNの原則的立場への同意を協力の前提としないという柔軟な立場が示されていた。メグレは，イタリアで推進された，イタリア社会運動（MSI，現「国民同盟」）を政治ゲームに組み入れて中道右派連合政権に参加する道を切り開いた方法をフランスでも踏襲することを望んでいた［Dély(1999)：138, Darmon et Rosso(1998)：249, de Saint Affrique et Fredet(1998)：236］。それに対して，ルペンを支持するB・ゴルニッシュ（Bruno Gollunisch）は「FNをRPR，UDFの補完勢力にするもの」と批判し，マレシャルは，そのような方針を時期尚早と批判して，メグレの行く手を遮ろうとした。また，ルペンは，現時点での保守勢力との協力を否定して，その解体過程で敗走する残党をFNに結集するという方針を表明していた。

　1997年のFNの夏期大学は，メグレと反メグレの両陣営の公然たる衝突の場となった。M・ルイドー（Martine Lehideux），M-F・スティルボワ，マレシャル，ゴルニッシュといった反メグレ派の幹部が次々と登壇し，口々に保守との協力路線を攻撃した。それに対して，メグレの片腕のJ-Y・ルガル（Jean-Yves Le Gallou）は，フランスの政界がFN—左翼—保守の3極構造になっている現状では，社共連合を退けるためにも保守との強力をアオプリオリに拒絶せずに

FNの側に引き寄せることを主張していた［Darmon et Rosso（1998）：213，Dély（1999）：138］。

　保守の内部から，メグレへの援護射撃が始まる。1997年夏には，国民議会選挙での敗北を受けて，保守陣営の内部からFNとの協力を拒む従来の方針への不満の声が高まっていた。旧閣僚経験者のJ-P・ソワソン（Jean-Pierre Soisson）は，FNの「行きすぎ（excès）」と党首のパーソナリティを嘆き，そこに協力の障害があることを指摘した。また，UDFの書記長C・ガースゲン（Claude Goasguen）は，イタリア社会運動（MSI）のようにFNを穏健化させるために，FNに対する「破門」と「悪魔視」を止めるように訴えた［Dély（1999）：135-136］。それらの発言は，ルペン抜きのFNとの協力可能性を示唆し，メグレのもとで「穏健な」FNに変身することを期待するものであった。

　他にも，RPRのセーヌ=エ=マルヌ県選出の上院議員であるA・ペルフィット（Alain Peyrefitte）も『フィガロ』紙上で，ミッテラン政権下の社会党とフランス共産党の協力を例に，保守とFNとの接近の正当性を説いていたし，1997年10月には，セーヌ=サン=ドニ県のRPR活動家の集会でFNとの協力問題が議論されたが，出席した115名の活動家のうち95名がFNとの協力に賛意を示した［Darmon et Rosso（1998）：245］。

　1998年地域圏議会選挙では，多くの地域圏議会の指導者のなかからFNとの協力を望む声があがってきた。UDFのJ・ブラン（Jacques Blanc）—ラングドック=ルシヨン，Ph・ヴァソール（Philippe Vasseur）—ノール=パ=ド=カレ，Ch・ボール（Charles Baur）—ピカルディはFNとの協力を模索し，地域圏レベルからFNとの「交渉」や「協力」を求める声が勢いを増していった［Dély（1999）：161-162］。結局，後に批判を受けて断念する地域圏議会がでてきたものの，いくつかの地域圏議会ではFNの協力で保守系の議長が誕生することになった。保守系の地方政治家が中央の方針に公然と反旗を翻すことで，孤立状態にあったFNはやっと活路を見いだすことに成功した。そのことは，メグレの戦略の正しさを証明しているかのようにみえた。

　各種選挙で，15％内外の安定した集票力を見せつけるFNに対して，世論の非難を覚悟で同党と協力するのか，それとも，選挙での敗北を甘受するのかと

いう困難な選択を保守勢力は迫られ，多くの保守政治家は，FNへの包囲網を解除すべきであると考えていた［Darmon et Rosso (1998) : 246］。

そのようなメグレ派にとって有利な状況のなかで，ルペン派からの反撃が本格化していった。ルイドーは，移民に好意的な政策を望み，コスモポリタンでグローバリストのロビー勢力に従属していると保守勢力を攻撃し，彼らとの協力の時代は過ぎ去ったと断言した。他方，ゴルニッシュは，FNは体制へのオルタナティブを体現すべきで，保守との協力はFNをその補完勢力にするものだと批判した。M-F・スティルボワも，フランスを社会主義者の手に委ねている腐敗した保守政治家との協力からは何の利益も得られないと説き，ルペン自身も，「短期的ないくつかの閣僚ポストのために魂を売り渡した」と，イタリアやオーストリアでの新しい右翼政党の政権参加を批判し，フランスにおける同様の選択を否定している［Dély (1999) : 138-143］。

以上のように，世紀末のFNが選択すべき方向性をめぐる対立は，保守勢力との協力という具体的な課題をめぐって非和解の対立へと発展していった。ルペン派の独自路線とメグレ派の協力路線が党内を二分し，FNは分裂への階梯を急速に駆けのぼっていった。その後の分裂までの詳細な過程は第5章で紹介するが，たぐいまれなカリスマ的指導者であるルペンのもとで，長期間にわたって雑多な党内の諸潮流をまとめ上げ，フランスの極右運動史上においてユニークな存在であったFNは分裂という大きな試練に向かうことになる。

1) 本書では「新しい右翼」という用語を使っているが，山口定・高橋進編『ヨーロッパ新右翼』（朝日新聞社，1998年）では，1980年代中葉以降の極右勢力の台頭がたんなる従来の極右勢力の延長線上に生起した現象ではないという意味を込めて「ヨーロッパ新右翼」と命名されている。ヨーロッパにおける新しい右翼についてのわが国で唯一の本格的な研究書である同書を通じて，各国における運動が相違点を示しつつも，新しい時代状況を背景とした新しい現象であることが理解できる。
2) ヨーロッパの新しい右翼現象を扱った文献としては，Ivaldi (1995)，Merkl and Weinberg (1988)，Hainsworth (1992)，Ignazi (1992)，Kitschelt (1995) を参照。H・キッチェルト（Herbert Kitschelt）が指摘しているように［Kitschelt (1995) : 35］，ファシズムが農業社会から産業社会への移行期に出現した現象であるのに対して，現代ヨーロッパの新しい右翼は産業社会から脱産業社会への移行期に出現している現象であり，その点で，新しい右翼は，グローバル化が進む脱産業社会の諸問題に対応し，国民国家の防衛

と強化を指向する新しい質をともなった運動であるといえる。
3)　A・Ch・ダポロニア（Ariane Chabel d'Appolonia）は，フランス極右についての研究書のなかで，極右研究のむずかしさに言及している。政治のボキャブラリーのなかで，「極右」という用語くらい曖昧な概念もめずらしく，それは，その言葉が複雑であるだけでなく，時として，矛盾する現実をカバーしてるからだと述べている。つまり，変化する多様な現実を包含するにはあまりに一般的で，その潮流の本質的特性や性格を抽出するには厳格すぎるのである［d'Appolonia（1996）:9-11］。また，P・ヘインズワース（Paul Hainsworth）も，「極右の簡潔で自己充足的で反論の余地のないモデルを提供することは困難である」と，同様の指摘をしている［Hainsworth（2000）:4］。要するに，極右運動は多様な個性を刻印された存在であり，極右運動を考察する際には，特定の政治的・社会的・経済的・文化的文脈において，それが何を拒絶の対象としているのか，そして，どのような秩序構想を抱いているのかを考察することが重要である。

　ところで，FNは，自らが「極右」というカテゴリーに括られることを拒絶している。ルペンは，1984年に出版した『フランス人第一（Les Français d'abord）』以来，そのようなレッテルを貼られることに抗議しつづけている。1995年秋にも，FNに対して「極右（extrême droite）」もしくは「過激主義者（extrémiste）」という言葉を記事の中で使用した場合，1981年7月29日法第13条に基づく「反論権」を紙上で行使させるように各新聞社に要求している［Soudais（1996）:147-151，Cuminal, Souchard, Wahnich et Wathier（1997）:225，Simmons（1996）:228-230］。ただ，そのような姿勢は，FNだけの特異なものではなく，過去においても，フランスの極右団体は「極右」のレッテルを貼られることをきらってきた。しかし，FNのそのような拒絶の言説にもかかわらず，FNはフランスにおける極右の伝統の延長線上に位置づけられ，極右の歴史的遺産の継承者であることは確かである。問題は，時代の変化とともに，言説と戦略を変えて現代的な相貌のもとに現れ，異なった時代的意味を帯びて登場していることである。ゆえに，1980年代以降に台頭する新しい極右政党について，それまでの極右運動とは異質な性格に着目して，本書では「極右」という名称を使わないで，「新しい右翼」という呼び方を採用している。

4)　第二次世界大戦後のフランスにおける極右運動と1972年のFN結成，1983-1984年にかけてのFN躍進までの歴史の詳細については，畑山（1997）を参照。

5)　党首ルペンの政治的経歴自体が，戦後のフランス極右の政治的軌跡を体現している。彼は，対独協力者への行きすぎた粛清への反発による反共意識への目ざめを政治生活の起点にしていた。そして，パリの大学での極右系学生団体の指導者，プジャード運動の若き代議士，アルジェリア独立反対運動の闘士，1965年に実施された最初の大統領選挙での極右統一候補 J−L・ティクシエ=ヴィニャンクール（Jean-Louis Tixier-Vignancour）の選挙キャンペーン責任者と，戦後のフランス極右の主要な運動に参加している。ルペンの経歴の詳細は，畑山（1997）を参照。

　現在も，極右の伝統はFNのなかで息づいている。たとえば，1995年4月13日にパリで開催された集会では，ホールの入り口には，L−F・セリーヌ（Louis-Ferdinand Céline）やÉ・ドリュモン（Édouard Drumont）といった反ユダヤ主義的著者の文献が並べられ，ペタン元帥やOAS（秘密軍事組織）を正当化している団体のスタンドが人目を引いてい

た［Dély(1999):95］。また，FNの「三色旗祭り」の会場を歩いても古色蒼然たる極右団体の姿が目につき，王党派，カトリック伝統主義派，ネオ・ファシストなどが大挙して参加していた［Hunter(1997):18］。
6) 党首であるルペン自身が，ヴィシー政権を肯定するような歴史観を色濃く引きずっている。たとえば，ヴィシー政権に関して，「私はペタン元帥が裏切り者であったとは決して考えていない。ドゴール将軍とペタン元帥は，フランス人の圧倒的多数がそうであるように馬鹿正直だったかもしれないが誠実に，一方は楯として，他方は剣として，愛国的な努力においては一致していた」と述べており，ヴィシー政権とペタン将軍の過去を肯定的に評価していた［Cuminal, Souchard, Wahnich et Watheir(1997):15］。
7) I・キュミナル（Isabell Cuminal）らのルペンの言説分析の研究によれば，言語，血の絆，宗教，歴史的遺産を共有するものとしての国民共同体，フランスの植民地経営の正当化，ギリシャ，ローマ，ケルトの美徳を融合した所産としてのフランス人民の至高性，労働・祖国・家族に連なる価値の重視，陰謀論的発想，カトリック信仰の擁護，伝統的女性観など，フランス極右の伝統的価値が，ルペンの言説にも強く反映されている［Cuminal, Souchard, Wahnich et Watheir(1997)］。
8) キッチェルトは，左右両翼の政党間でのイデオロギー的収斂度によってヨーロッパ諸国を5つのグループに分類し，イデオロギー的距離の大きい，2極対立構造の強い国では強力な新しい右翼政党が不在で（たとえば，イギリスとスウェーデン），逆のケースでは伸張している（たとえば，フランス，オーストリア，イタリア）と結論づけている［Kitschelt(1995):53-57］。
9) そのような条件の他に，FNの躍進をもたらした背景として，①欧州議会選挙や地域圏議会選挙などの比例代表制選挙という制度的に有利な条件が存在したこと。とくに，欧州議会選挙が国内の権力の帰趨に直接関係しないので，有権者が政治への不満を気軽に表現する機会として利用されたこと。②マスメディアでの党首ルペンの露出が，宣伝手段の限定された新興政党にとって大きな政治的リソースになったこと，③雄弁と大衆性を備えた指導者としてのルペンのカリスマ的資質といった条件も指摘できる。

なお，新興政党が政党システムに参入する容易性や定着・勢力拡大の程度は，社会・経済的条件や制度的条件，既成政党側の対応能力，争点構造や世論の布置状況などの与件によって決定され，政党システムにおける既成政党と有権者の戦略的投票や選挙制度の制約も，各国での新しい右翼政党の成功を左右する。

フランスのもうひとつの新興政党である緑の党（Les verts）も，1980年代末から伸張をみせ，政党システムに定着している。もちろん，両者の間には躍進の条件や時期などで相違がみられるが，FNにとっての移民問題を緑の党の環境問題に置き換えると，既成政党の政治的正統性の低下や既成政党からの有権者の回収の試みまで，両者の間には新興政党が政党システムに参入・定着する過程に関して多くの共通点も確認できる。フランス緑の党の政党システムへの参入・定着については，Sainteny(2000)，畑山(2004)を参照。
10) FNが，狭い極右の人脈以外から人材をリクルートできるようになったのは，1984年欧州議会選挙で運動が上昇局面を迎えてからであった。同選挙では，既成政党からの移籍

候補として，フランス民主連合（UDF）から6名，農民自営全国センター（CNIP）から4名，共和国連合（RPR）から1名がFNのリストに掲載されている［Camus(1996)：53］。だが，そのようなFNの「穏健化」が党内からの抵抗もなく進行したわけではなかった。ルペンは，1985年の県議会選挙でも，保守候補のためにFN候補の辞退を主張した。それは，FNを極小集団の行動形態から脱却させることを意図してのことであった。だが，地方の県連幹部から反対が出され，スティルボワも保守との対決路線を主張した［Bresson et Lionet(1994)：424］。1985年11月には，「名望家路線」に対する不満分子が離党し「国民的反対派戦線（Front d'opposition national）」が結成されている［Perrineau(1997)：43］。

　1970年代には，革命的ナショナリスト派との党内闘争でルペンに与し，党の脱急進化を進めた全国書記長のスティルボワであったが，1980年代中葉の，ルペンによる保守政治家や名望家たちへの党の開放戦略には必ずしも賛成ではなかった。彼は，保守勢力に対してFNの独自性を維持し，アイデンティティを守ることを重視していたからである［Konopnicki(1996)：213-215］。

11)　移民問題をキャンペーンの中心的テーマに設定したことがFNの躍進を可能にしたことは確かであるが，FNを「反移民」の単一争点政党とみるのは誤りである［Kitschelt(1995)：115, Eatwell(1998)：13］。むしろ，移民問題を含む広範な争点にわたって政策を展開できたことに，その成功の要因はあった［Marcus(1995)：104］。

12)　移民問題とFNの台頭について詳細は，畑山（1997）の第2章を参照。

13)　ポピュリズムは，19世紀末のアメリカ合衆国で現れた農民政党「人民党（Populist Party）」を指す通称として用いられたが，後に，左翼と右翼の民衆運動を基盤とする政治運動を性格づける用語として使われるようになってきた，曖昧で多義性を含む言葉である。「ポピュリズム現象の理解は困難で，ほとんどとらえどころがない」という文章で，A・ドルナ（Alexandre Dorna）は，彼の著書『ポピュリズム』を書きはじめている。P・タガート（Paul Taggart）も，その著書『ポピュリズム』の冒頭で，「ポピュリズムの理念や政治運動についての一般化された記述は根本的に困難」「ポピュリズムへの完全な適合を求めることは幻想であり，満足は得られない」と述べている。そのように断ったうえで，彼は，ポピュリズムにアプローチするために，その現象を貫く6つの側面を提示している。それは，①代議制政治に敵対するものとしてのポピュリズム，②自己をお気に入りの共同体内部の理想化された故国（heartland）と一体化するものとしてのポピュリズム，③核になる諸価値を欠落させたイデオロギーとしてのポピュリズム，④極端な危機感への強力なリアクションとしてのポピュリズム，⑤制度内でのアウトサイダーという根本的なジレンマを抱えたものとしてのポピュリズム，⑥周囲の色彩に合わせるカメレオンとしてのポピュリズムである［Taggart(2000)：2］。

　ドルナは，ポピュリズムは幻滅のシンドロームに立脚するものであり，人民の名において現状維持に異議申し立てをする運動であり，そのイデオロギーは，他の情緒的負荷をともなった観念（人民，国民，デモクラシー）と結びつき，神話的な伝統やシンボルを操作するという一般的性格づけをしている［Dorna(1999)：3-11］。ポピュリズムは「デモクラシーの空洞化」に抗して，民衆参加による地道な変革をめざす冷静で合理的・建

設的な改革政治の方向も含んではいるが［古矢旬(2001)］，本書では，エリート対抗的で，自己を民衆と一体化し，困難の原因を特定してシンプルな問題解決へと扇動することで既成政治への民衆の不満や怒りを誘導する異議申し立てのスタイルや運動手法，リーダーシップの形という意味で使用している。

14) ポピュリズム的イメージの形成に，シンプルで民衆的な言説を駆使するルペンが果たした役割は計り知れないものがある。扇動家として優れた才能をもつ党首ルペンの存在を抜きにして，FNのようなポピュリスト的運動の成功は理解できない。J・ハイダー (Jörg Haider)（オーストリア：自由党），C・I・ハーゲン (Carl I Hagen)（ノルウェー：進歩党），G・フィーニ (Gianfranco Fini)（イタリア：国民同盟），U・ボッシ (Umberto Bossi)（イタリア：北部同盟），P・フォルタイン (Pim Fortuyn)（オランダ：フォルタイン・リスト）といった扇動家的才能に恵まれた個性的リーダーの存在なしに，そのような政党の成功が考えられないのと同様である。その点では，ドイツの運動が低迷しているのは，カリスマ的資質を備えたリーダーの不在と無関係ではない［Heinisch(2003):94］。

15) 1990年にニースで開催されたFN大会に集まった代議員への調査（世論調査機関SOFRES, FNSPによって実施）によれば，「あなたにとってフランスで最も重要な祝祭は何ですか」という設問に対して，50％以上がジャンヌ・ダルク祭と回答している。7月4日の革命記念日という回答は4％にすぎなかった。また，理想の体制についての設問では，王政という回答も16％にのぼっている。FNの幹部，活動家レベルでの極右的感性の根強さが，以上のような結果からも確認できる［Camus(1996):79-80］。支持者レベルでも，SOFRES調査 (1988) では，ルペンの政治姿勢のなかで「伝統的諸価値の防衛」を評価する有権者は，1987年4月28％，10月25％で，FNの最大のテーマである治安と司法 (32％, 28％)，移民 (31％, 26％) と並ぶ積極的な評価を受けており［SOFRES(1988):134］，極右の伝統的な言説が有権者の少なからぬ部分にアピールしていることは確かである。

16) FNは，伝統的なフランス極右の思想的要素を一貫して保持しつづけている。たとえば，彼らは，フランスの歴史的なシンボルを喚起して，国民共同体の記憶に訴えようとしている。その代表的なシンボルがジャンヌ・ダルクであった。FNは，活動家の政治的・道徳的教化の素材として，イギリスの侵略に抗して祖国を防衛した殉教者であり聖者としてジャンヌ・ダルクをシンボルに祭りあげ，5月1日には労働者の祭典とジャンヌ・ダルク祭を合同して毎年大規模な集会を開催している。ジャンヌ・ダルクへの言及は，国民的アイデンティティに関する神話の創造を意図したものであった［Renouvin(1997), 62-64］。

伝統的・道徳的価値の回復というテーマは，FNの主張の重要な柱のひとつだし，その成功にとって大きな役割を果たしている。FNのプログラムでは，「自国民優先」の原則にそって，フランス人家族に限定した家族手当，フランス人女性に限定した子育て賃金など人口政策的視点からの家族政策が明記されており，妊娠中絶反対の運動において積極的な役割を果たしていることとあわせて，伝統的なフランス人家族の擁護を重視していることは明らかである。また，ホモセクシュエルとエイズへの嫌悪，反フェミニズムの

姿勢，女性の家庭役割の重視，法定婚の推奨，ポルノと麻薬への攻撃，死刑復活の要求，平等主義の否定，個人主義への批判など，彼らは，リベラルな社会的風潮に抗して，伝統的価値にそった家族・社会秩序の再建を擁護している［Lesselier et Venner（1997）］。

実際の活動においても，初期の中心的なテーマは移民問題ではなく，反共とともに「フランスの子どものジェノサイド」としての妊娠中絶問題が中心的テーマであった［Camus（1996）：23］。FNは「生命のためのリーグ（La Ligue pour la vie）」を組織し，妊娠中絶の合法化がフランス人民を破壊する政策であり，真のジェノサイドであると攻撃している［Hunter（1997）：53］。FN議員は，妊娠中絶手術を実施している病院への抗議デモの先頭に立っている。たとえば，1996年にヴェルサイユでは，イル=ド=フランス地域圏議会議員のM・バイヴェ（Michel Bayvet）が病院施設へのピケの先頭に立った［Konopnicki（1996）：311-312］。また，非合法な妊娠中絶への反対行動を引き受ける団体として「SOS胎児（SOS-Tout-petits）」が組織されている。

デカダンス論は極右の伝統的なテーマであったが，FNの思考の根底には現代社会を覆うデカダンス（退廃）への危機意識が存在している。彼らによれば，デカダンスは，家族，国民，社会，知性における規律の全般的弛緩に起因しているが［Lesselier et Venner（1997）：51］，デカダンスによって危機にある祖国というイメージは，FNの一貫したモチーフである。1996年の著書において，ルペンは，「ヨーロッパ・グローバリズム（l'Euromondialisme）」の制度的罠と大量の外国人移民の導入政策，道徳的・社会的・政治的諸力の解体によってフランスの現在と未来は脅かされ，失業，貧困，犯罪，公共財政の赤字，増税，政治腐敗，道徳的放任と，すべての面でフランスは弱体化しつつあり，デカダンスが超えてはならないレベルに達しつつあることに警鐘を鳴らしている［Front national（1996）：7-8］。デカダンスの責任者は，移民，目先の利潤に目を奪われた経営者，階級闘争を職業とする労働組合，テクノクラートたちであり，彼らによってフランスの家族は破壊され，国民は弱体化され，内部からのカオスと外部からの征服によって国民共同体の諸原理は浸食されつつあるのだ［Perrineau（1995）：167］。そのような「脅かされた祖国」という発想は，彼らの基本的なテーマを構成している。フランスという法治国家は党派やさまざまな圧力集団による寡頭制を隠蔽する隠れ蓑であり，それを背後で操っているのはフリーメーソンや国際的ユダヤ人の陰謀であった。ゆえに，FNは，「真のフランス」を体現するオルタナティブな主体であり，非国民（「ペーパー・フランス人」，移民のロビー，グローバリズムのロビー，反フランスの代弁者）と闘う勢力なのであった［Renouvin（1997）：89-90］。

ほかにも，極右思想に共通してみられる歴史修正主義的な見解もFNには根強く存在している。1987年のルペンの「ガス室発言」が代表的な例であるが，1992年地域圏議会選挙でも，ヴィシー政権下でのユダヤ人の強制連行について，ルペンは，ヴィシー政府の責任を否定する発言を繰り返している［Phillips（1993）：123］。また，1984年の欧州議会選挙での，保守統一リストを率いるS・ヴェーユ（Simone Veil）への反ユダヤ主義的表現を含む攻撃にみられるように，FNには常に反ユダヤ主義の影もつきまとっている。FNのなかに根強く存在する反ユダヤ主義については，Guiland（2000）に詳細に紹介されている。

17) 1987年9月13日には有名なルペンの「ガス室発言」が飛び出し、それまでの信頼性獲得の戦略から急進的戦略への転換かと思わせた。P・ブジー（Paul Buzzi）は、そのようなルペンの逸脱発言をオーソドックスな急進派の支持者である「強硬派」と党の名望化の支持者である「穏健派」の対立による党内抗争を反映したものと解釈している。つまり、ルペンの急進派を意識した発言という解釈である［Buzzi(1991)：40］。1980年代の末から1990年代初めにかけて、湾岸戦争でのフセイン支持発言など、FNの急進路線への回帰を思わせる言動が頻発するが、小選挙区二回投票制度に復帰した1988年国民議会選挙でFNの議席は消滅し、党のなかにフラストレーションが高まることで急進的路線の支持者に有利な環境が生まれていたのは確かであった。

ただし、党内に路線対立が恒常的に存在しているのは確かだとしても、それをブジーのように「穏健派」と「強硬派」の対立として解釈することには疑問がある。たとえば、1990年代にメグレ派がめざした方向性や戦略はけっして「穏健」なものではなく、「新右翼派」を「穏健派」と性格づけるのは誤解を招くものである［Fysh and Wolfreys(1992)：318］。正確にいえば、「穏健派」は、1984-1988年にかけて穏健なイメージづくりという戦略的配慮もあって、FNの成功に便乗して大量に流れ込んだ既成保守からの移籍組にふさわしい形容であろう。しかし、度重なるルペンの逸脱発言によっていや気がさし、そのような穏健なメンバーは次つぎと党を離れるか除名されることになった［Buzzi(1991)：132］。

18) 1980年代のFN票は、党のプログラムや救済者の待望よりは、現状への拒絶と移民や治安政策の変更の願望、とりわけ、移民問題と政治家への抗議票であり、経済危機とフランス社会の変化に帰因する不安を表現していた［Bréchon(1992)：47-48］。FNの台頭が、有権者のなかに高まっていた経済・社会・政治の現状への不満や失望に淵源していることは、多くの躍進期のFNを扱った文献で指摘されている［Plenel et Rollat(1984)：166, Vincent(1985)：1773-1778, Perrineau(1986)：36, Roussel(1985)：48-49, Mayer(1987)：905］。

19) 1988年大統領選挙のキャンペーンの詳細はHameau(1992) を参照。

20) FNは、広範な有権者を動員することに成功している点において、従来の極右運動とは根本的に異なっている。Y・メニー（Yves Mény）とY・シュレル（Yves Surel）によれば、ポピュリスト運動に動員される民衆のタイプとして、①経済のグローバル化と第3次産業化によって脅かされていると感じている社会職業的カテゴリー、とりわけ、「古い経済」に結びついていると感じている零細手工業者や商人、労働者、農民、②現行の社会経済的メカニズムから排除されていると感じている個人、本質的に失業者、③社会化の2つの領域である宗教的帰属と家族的帰属における社会化によって特徴づけられている個人、④世論調査や投票行動における棄権や白票、無効票によって表現される政治システムの機能に不満をもつアクター、という4つのカテゴリーが指摘されている［Mény et Surel(2000)：283-284］。FN支持層の分析は他にも試みられている。たとえば、Ch・ナドー（Christophe Nadaud）は、FNの投票者を①実存票、②アイデンティティ票、③同意票、④抗議票に分類し、経歴や社会的状況、習慣、感性を横断して有権者の動員に成功している点に、FNが「包括政党（parti attrape-tout）化」することに成功した要因をみ

ている［Nadaud(1996):234-238］。たしかに、社会経済的、もしくは、政治的な要因によって広範な有権者が動員されていることで、FNがある程度包括政党化に成功していることが説明できる。とくに、第2章で紹介するが、1980年代中葉以降、社会職業的には労働者や事務職、失業者からなる民衆的な社会層が大量にFNに投票する現象（それをペリノーのように「左翼ルペニズム」と性格づけるか、マイエルのように「労働者ルペニズム」と性格づけるかは別にして）が認められ、極右政党がそれまで動員できなかった社会層への浸透がFNの支持層の拡大をもたらしていることは明らかである。

21) たしかに、湾岸戦争時のように急進的路線への回帰を思わせるような時期もあるし、ルペンや他の幹部の口から歴史修正主義的な逸脱発言も絶えない。また、前述のように、ネオ・ファシストもネオ・ナチも党内に抱えていたが、その有権者の大部分はイタリアのファシズムやドイツのナチズムに共感しているわけではなく、FNをそのような潮流のフランスにおける継承者と見なすことはできない［Renouvin(1997):13］。

22) FNをファシズムとは異なった運動と性格づける意見が多数派ではあるが、ファシズム運動と見なす少数意見も存在する。たとえば、J-Y・ルガル (Jean-Yves Le Gallou) は、第二次世界大戦後は公然とファシズム的外観をとれなくなったが、FNをファシズムに現代的で洗練された形態を与える新種の運動と性格づけている。その理由として、①ファシズムとイデオロギーにおける中心的価値を共有していること。②FN組織の創設には明らかにファシスト的経歴をもつ人物が関与していること。③フランス人民党 (PPF) の組織モデルによって鼓舞され大衆組織を建設していること。④保守派から急進派まで多様な潮流を結合していることをあげており、FNは、戦間期のファシズムと基本的特徴を共有しており、その最も進んだ現代的形態を表現していると結論づけている［Le Gall (1996):273］。J・ウォルフレーズ (Jim Wolfreys) は、FNを、戦間期のファシズムと基本的特徴のコアを共有する、ファシズムの近代的でソフィスティケートされた新種の組織であると性格づけている［Wolfreys(1998):263-273］。

それに対して、「ナショナル・ポピュリズム」という性格づけは、FNをファシズムとは異なった運動として把握することを基本的立場としている。たしかに、ナショナル・アイデンティティの防衛や自国民優先の原理を掲げる1990年代以降のFNのイデオロギーには、共同体思想の急進化といったファシズム・イデオロギーを想起させる要素が看取できるし、1990年代の民衆的社会層へのアピールや社会的右翼への傾斜にはファシズム的な「疑似革命」イメージが喚起される。それにもかかわらず、FNが共和制的・議会制民主主義の枠組みを前提に活動を展開しているという現実は否定できない。

なお、FNをナショナル・ポピュリズムと性格づける代表的な研究者であるP-A・タギエフ (Pierre-André Taguieff) は、ナショナル・ポピュリズムの理念型を構成する5つの指標を提示しているが、それは以下のものである。①カリスマ的指導者による人民への個人的な政治的アピール、②国民国家への階級横断的な結集をめざす、階級、イデオロギー、文化の違いを超えた人民全体への政治的アピール、③前項と矛盾するが、「健全」「シンプル」「誠実」な「真の」人民への直接的アピール、④腐敗した既成システムの解体と望ましい新秩序の樹立を掲げる純化と救済に向けた現体制からの断絶のアピール、⑤エスニックな起源や文化的帰属に従った個人への差別の鮮明なアピールとさまざまな

烙印を押されて「同化不可能」と名指しされた民族─文化集団に対する多かれ少なかれ婉曲化された追放の要求［Taguieff(1997a):23-27］。本書では，タギエフの定義をふまえながら，FN現象を，本質的には，グローバル時代における社会経済的諸困難への体制内からのリアクションと考えており，ファシズムと共通する要素の存在は認めるとしても，ファシズムという性格づけは時代背景の違いも含めて困難であると考えている。

23) FNの支持基盤の変化に注目するA・ビール（Alain Bihr）は，FNの運動を2つの時期に区分している。第1期は，1980年代末までで，「プロレタリア的な」社会層より伝統的中間層で支持を調達している時期である。第2期は，1990年代以降で，FNが，労働者，事務職の「プロレタリア的」社会層で支持を伸ばす時期である［Bihr(1998):21-22］。

24) とはいっても，FN支持者の動員メカニズムの解明はそう簡単ではない。1980年代の投票者に関しては，党のプログラムへの期待票よりは移民と政治家への抗議票であり，経済危機と社会の変容に対する不安の表明を表現していたといわれている［Bréchon (1992):47-48］。だが，有権者の投票動機が変化し，1980年代末ごろから，FNの理念やプログラムへの加担票が増大していることが指摘されている。ただ，「加担」という場合，イデオロギーや信念に基づいてFNに投票するというニュアンスが強いが，怨念やインスピレーションといった感情的・非合理的な要素も無視することはできない。日常生活のなかでトラブルを直接・間接に経験し，心配の種が尽きない生活のなかで平穏なもうひとつの世界を夢見て，FNの言説と理念のなかにその不満のはけ口と同時に，現在とは違った社会の可能性を感じ取っている有権者の存在は，FNの成功を理解するうえで無視できない。彼らを「ルペン主義者」「人種主義者」「ファシスト」と片づけるのではなく，彼らの置かれている苦境と不安や怒り，FNの理念へと彼らを向かわせている現実を理解し，原因を緩和し改善することが何よりも必要である［Rojzman et Le Goaziou(1998)］。

25) FNの新しいナショナリズムは，グローバル化のなかで，アメリカや第三世界などからの脅威に対して，国民国家の国益とアイデンティティを防衛することを指向する「防衛的」ナショナリズムである［Davies(1999):70］。その点で，植民地時代の帝国主義諸国やファシズム国家の拡張主義的ナショナリズムとは異質なものである。

26) その意味で，彼らの共和制へのスタンスは共和制自体の否定ではなく，共和制の価値原理を彼らの視点から援用しつつ，その根本的な意味を転換させることにあった。フランス的で社会的な白人の共和制が彼らの究極的な理想であり，FNは，反フランス的人種主義（外国人の優先）やグローバルな画一化（フランス的価値の破壊）に抗して共和制的価値を防衛する国民的レジスタンスを担う勢力であると自己規定している［Davies (1999):86-87］。

27) 1985年に発刊された『フランスのために─国民戦線のプログラム』と1993年の『300の手段─フランスのルネッサンスのために』を比べてみると，FNのプログラム上の変化は明確である。前者では，「横領された民主主義（la démocatie confisqée）」から始まって，議会，税制，治安，家族，教育，雇用，国防，ヨーロッパなどの諸問題に対する見解と処方箋が展開されている。そこでは「自国民優先：フランス人第一」という節も設けられているが，グローバル化に抗して国民共同体とその成員の利益とアイデンティティを防衛するという発想は鮮明にはみられず，経済領域を中心に新自由主義的な発想によっ

て貫かれていた［Front national(1985)］。他方，後者は，全体の4分の1を割いた「アイデンティティ」という章で始まり，その冒頭は，「今日，フランスの将来を覆っている最も深刻な脅威は，グローバリズムである」という文章で始まっている。最初のプログラムに比べて新自由主義的主張は相対的に後景に退き，グローバル化の流れに抗して国民共同体の利益とアイデンティティを防衛し，国民の利益を優先して，フランスとその価値を再建するという主張が強調されている［Front national(1993b)］。

28) 「新右翼派」のメグレこそが，FNをグローバリズムに対抗するナショナルな利益とアイデンティティの擁護者と規定する中心的な理論家の一人であった。1989年11月1日付の機関紙『ルペンからの手紙』のなかで，メグレは「中心的な政治的対立は，もはやマルクス主義的社会主義と自由資本主義ではなく，コスモポリタン主義の唱道者とアイデンティティの価値の擁護者である」と述べている［Dély(1999):89］。そのようなテーゼは，彼の著作のなかでも詳細に展開されている。「フランスは，グローバリズムの攻撃にさらされている。その何千年の歴史や文明にもかかわらず，今日，フランスは守勢に回っている」という状況認識から出発して，メグレは，国民国家を否定し，国民的アイデンティティの確立を拒絶し，画一化を指向するグローバリズムの根元に，文化や民族の混交や経済のグローバル化をみていた［Mégret(1990):42］。

29) FNの新しいナショナリズムは，グローバル化の時代のなかで，フランス共和制の普遍主義的な統合モデルが問い直されていることの表現でもあった。普遍主義の要請と文化的アイデンティティの独自性の尊重との間の妥協的形態であり，公的空間と私的空間を分離することで，公共空間での普遍主義と私的領域での文化的アイデンティティの独自性とその表現を両立させてきた共和主義的原理が，今日において有効に機能していないことが問題の根底にある［Taguieff(1996):77］。ナショナル・アイデンティティと自国民優先を掲げるFNの新しいナショナリズムは，社会的・民族的マイノリティの排除によって，公私両空間を貫徹する白人でキリスト教のフランスの伝統的な文化とアイデンティティの支配を防衛するという解決法の提示であった。フランス共和制の普遍主義的な統合モデルが直面している問題については，中野(1996)を参照。

30) 小選挙区で実施される国民議会選挙では，いくら好調なスコアを達成しても国政の場に進出できないという制度的な壁があった。保守政党側の一部にはFNとの共闘に活路を見いだそうとする動きがあったが，保守政党との公式の協力のめどはなかった。また，世論のなかでも孤立は深く，1998年4月の調査でも，FNが民主主義にとって危険であるという回答は73%にのぼっていた［Ivaldi(1998):19］。選挙で安定した支持を動員できる政党としての地位を築いたとはいえ，政党システムでの孤立を打開するのは容易なことではなかった。

31) J‐Ch・カンバデリス（Jean-Christophe Cambadélis）とÉ・オスモン（Éric Osmond）も，①左翼─保守─FNの3極構造において，FNがコンスタントに伸張しつづけて絶対多数の議席を獲得する，②フランスの政治社会全体の全般的な崩壊と革命的状況の現出，③保守との同盟によるFNの孤立状態からの脱出と政権への参加という，FNが政権にアクセスする3つの可能性を描いている。第3のシナリオがメグレの望んでいるものだが，保守側に，FN支持者の回収は考えるが，連合のパートナーとしてFNを公式に受け入れ

るコンセンサスができていないことが障害として指摘されている［Cambadélis et Osmond（1998）:392-394］。

32) P・ブレション（Pierre Bréchon）は,「最近の10年間, 民衆的・社会的・国民的右翼のスポークスマンを自任する穏健で保守的潮流がより急進的な潮流を圧倒した」と述べているが［Bréchon(1992):44］, 保守勢力との協力を追求する点では,「新右翼派」は「穏健派」と性格づけることが可能である。ただし, そのイデオロギー的本質においては, メグレ派を「穏健派」と性格づけることには問題がある。彼らは, ルペン派とともに, ナショナル・ポピュリズム政党としての路線を追求してきた点においては共通しており, ただ, 権力に接近する方法論で対立していただけであった。既成政党からの移行組が離反していった後, メグレ派対カトリック伝統主義派とスティルボワ派の連合という2つのグループ間のヘゲモニー争いとして世紀末のFNの対立構図が浮かびあがってくる。

33) スティルボワにみられる, 極右の伝統的な価値観への執着と,「1986年世代」の「名望家」的人物への警戒的姿勢が, 保守移籍組やエリートの典型であるメグレ派との確執の根元にあった［Birenbaum(1992):161］。

34) といっても, メグレの路線は保守との融合をめざしていたわけではないことは銘記しておくべきである。メグレは, 左翼とFNを中心とした右翼陣営2極構造へと政党システムを再編しようと意図していたのであり, 両極にはさまれた保守勢力を分解, 解体することを究極の目標にしていた［Darmon et Rosso(1998):259-261, Ivaldi(1998):18］。その点においてルペンの究極の目標とは大差がなかった。両者を隔てていたのは, そこに至るプロセスをめぐる相違であった。

35) ゆえに, メグレは, 1990年代に入って, FNを極右のイメージから引き離すことに配慮をしていた。1992年10月7日の『プレザン』紙上で, 彼は, FNは既存の政治勢力の継承者ではなくて国民的運動であり, フランスの政治シーンにおける, まったく新しい政治表現であると主張していた。そのようなメグレの発言に対して, 戦時中はアクション・フランセーズの協力者であったJ・マディラン（Jean Madiran）は, フランス祖国同盟, アクション・フランセーズによって形成された国民的運動の歴史からFNは歴史的ルーツと正統性を継承していると反論している。メグレと伝統的極右派との間の軋轢を前にして, ルペンはマディランに軍配をあげて, 後者への加担を明らかにしている［Camus(1996):168-170］。ただ, メグレは, FNが新しい右翼のアイデンティティを捨てて保守政党へと脱皮することを説いていたわけではない。「FNのプログラムを脱色することは問題外」と彼は断言している［Dély(1999):148］。メグレには「われわれは趣味や道楽ではなく, 成功するために行動するのだ。FNは権力のために闘っている。われわれの価値を認めさせるのは権力によってである。歴史は善意を無視して事実しか考慮せず, 勝者しか正しいと認めない」という彼の発言にみられるように［Darmon et Rosso(1998):9］, 結果を重視するプラグマティックな発想が強く, それが保守との協力による権力への接近という判断につながったと考えられる。

36) 1998年10月16日の『プレザン』紙上のインタビューで, メグレは「裏切りの2つの方法」として, 第1に, 権力のために思想を捨てる裏切りをあげて, それを否定して彼への批判を切り捨てた後に,「時として忘れられているが, もうひとつのFNの理念の裏切

り方がある。それは，権力へのアクセスの道を求めることなく，野党として安住することである。というのは，野党として，たんなる証言者にとどまることはより安易だからである」とルペンの独自路線の過ちを批判し，政治行動についての2つのコンセプトの間での選択を説いている。「ひとつは，自分のコンセプトで，権力を，それゆえ，将来を指向するものである。もうひとつのルペンのコンセプトは，復讐主義的な無能さにとらえられ，結局，時代遅れの過去に固定されたものである」と［Dély(1999):240］，ルペンの異議申し立て政党の不毛な路線が否定されて権力への意志が明確に語られている。

37) FNが政権を掌握した自治体は，彼らの政策の有効性と統治能力を証明する格好のショーウインドーであった。「自国民優先」をはじめとした独自の政策の実施は激しい批判と反発を招いたものの，FNは自治体における政権担当能力を示している。FNの自治体での統治の実態については，畑山(1999) を参照。

38) メグレは「大統領選挙の時に，異議申し立て票について語ることが可能であったのと同様に，市町村議会選挙では具体的投票，理念への加担票が重要である。われわれは，FNの恒常的な定着（enracinement）を目にしている」と，党を取り巻く状況の変化を指摘している［Dély(1999):81］。とくに，自治体執行部の掌握は，FNが永遠の野党であることを運命づけられた政党ではなく，統治能力を備えた政党であることを示す絶好の機会であった。1995年9月のFNの大会では，責任ある政党に向けたイメージ転換が鮮明となる。そこでは，支持基盤を拡大するために，危険な存在でなく，権力の行使に適合した政党イメージや，ジャーナリストに対してもより協調的な外観を整える必要性が強調されている［Hunter(1997):16］。

39) 1992年11月4日，メグレは，10年の「不遇時代（la traversée du désert）」と10年間の躍進時代の後に，今や，FNには「権力征服の10年」が開かれていると発言している［Perrineau(1997):75］。

40) ルペン自身も，極右の伝統の継承者として，革命的な展望を捨ててはいなかった。「もし，国家の諸機関が人民の現実の意思を反映することをもはや許さない場合は，憲法の前文に規定されている蜂起の権利の行使は人民に属している」と，議会を通じない人民蜂起による解決法を示唆していた［Cambadélis et Osmond(1998):442］。それが，ルペンの真意から出た発言か，それとも，急進的なポーズかは別にしても，メグレの合法化路線とは真っ向から対立する運動イメージがルペンから発信されていたことは確かである。

41) ルペンの保守勢力との協力を拒絶するかたくなな姿勢の背後には，第五共和制とドゴール派への激しい敵意が作用していた。それは，長年にわたり，フランスの大儀を裏切り，ルペンの運動の正統性をけっして認めようとしない保守陣営に対する敵愾心を表していた［Darmon et Rosso(1998):251-252］。

42) 再確認しておけば，その点で，ルペンはメグレと不一致があったわけではない。メグレも，「政治的対立は，もはや，マルクス主義的社会主義とリベラルな資本主義の間にはない。今や，コスモポリタン主義の支持者とアイデンティティの価値の擁護者の間にある」と，「ナショナルな理念」と「グローバリズムの理念」という新しい対抗図式を打ち出していたからである［Cohen(1997):288, Guiland(2000):136］。

43) そのようなスローガンに対して，それがドリオのフランス人民党のものであり，ファ

シズムの刻印を帯びたものであると，CDHの会長であったH・ド・レカン（Henri de Lesquen）が『ナシオナル・エブド』紙上で批判し，同紙の編集長のM・ペルティエ（Martin Péltier）も，FNをファシズムと同一視する口実を政敵側に与えるものと批判している。その他にも，M・ルイドー（Martine Lehideux），B・アントニー（Bernard Antony）といった伝統的極右派やカトリック伝統主義派の幹部も，FNは保守も含めた右翼陣営に属していると「左翼でも右翼でもなく」というスローガンに批判的だった。しかし，彼らは，メグレ派の提唱する保守との協力路線を拒絶するという当面の戦術的配慮から，そのようなスローガンを容認していた［Soudais(1996)：172-177］。

44) ルペンの保守との対決路線は，FNの支持者には必ずしも支持されていなかった。1996年3月に実施された世論調査では，FN支持者のうち保守との対決路線を支持するものは14％で，42％が左翼―保守候補の対決では棄権を，38％が保守候補への投票を望んでいた。同じく，1997年3月の調査でも，46％のFN支持者はルペンによるシラクへの批判に賛同していなかった［Ivaldi(1998)：16］。

第2章
1990年代における国民戦線(FN)の変容
——FN支持層の「プロレタリア化」

1　1990年代の選挙とFN

　1990年代に入っても，産業再編や失業問題をはじめとした経済危機，移民や犯罪の増大，エイズや麻薬の広がりなどの社会問題はフランスを悩ませつづけていた。とくに失業問題は，フランスの経済社会的な危機を象徴していた。1985年に10%を超えた失業率は，1989年には10%を割って改善の兆しがみられたが，1992年には再び10%台にもどった。そして，1996年には12%を突破する。その増加は，失業手当や職業訓練，雇用促進，退職奨励のための財政支出を膨らませ，家族の崩壊，一人親家族の増加，学業の放棄などの貧困や排除につながる現象を生み出した［Marcel et Taieb (1997): 45-49, 169-181］。
　フランス社会は，個人を超えた力によって翻弄される脆弱で不安定な社会になっていた。経済社会的規制のメカニズムがもはや機能せず，経済的マシーンは制御不可能になっているかのようであった。社会のなかで翻弄され，非人格的な市場の力に支配されていると感じられるとき，国民の間に不安が広がっていった。そこから，社会関係や民主主義的な生活を腐食させる一連の幻想や悪影響が発生する［Portelli (1995): 43］。
　そのような危機や不安に有効に対処できない政治に対する信頼は大幅に低下する。それは，1990年代に始まったものではなく，すでに，1980年代から「政治的代表制の危機」として表面化していた。すなわち，投票率の低下，政党や労働組合といった代表制度の機能低下，政治家への信頼低下などの諸現象によって政治的代表制は大きく傷ついていた［Portelli (1995): 43］。1990年代中葉の選挙は，フランス社会の抱えている諸問題に対する政治的エリートの

表2-1 FNの国政・欧州議会での選挙結果 (1973-2004年)

選挙実施年	選挙の種類	有効得票率 (%)	得票数
1973	国民議会	1.32	108,616
1974	大統領	0.74	190,921
1978	国民議会	0.33	94,624
1981	国民議会	0.18	45,254
1984	欧州議会	10.95	2,220,334
1986	国民議会	9.8	2,694,233
1988	大統領	14.41	4,367,269
1988	国民議会	9.65	2,359,528
1989	欧州議会	11.73	2,128,589
1993	国民議会	12.41	3,159,477
1994	欧州議会	10.51	2,049,634
1995	大統領	15.00	4,573,202
1997	国民議会	14.94	3,785,104
1999	欧州議会	5.69	1,005,229
2002	大統領 (第1回)	16.8	4,804,713
2002	大統領 (第2回)	18.0	5,446,985
2002	国民議会	11.1	2,873,391
2004	欧州議会 (第2回)	9.81	1,684,792

筆者が作成。

問題解決能力への懐疑と政治腐敗に対する憤慨の雰囲気のなかで行われた[1]。

そのような政治への不信と不満は，過去15年間に繰り返された政権交代が有権者に与えた失望にも由来していた。1995年大統領選挙に際しての世論調査機関 (SOFRES) による調査では，政権を担当した左右の既成政党は代わり映えがしないし，左翼・右翼の区別なく政治家たちは庶民が抱えている問題を理解していない，という感情が高まっていた [Le Gall (1995):12]。

危機と不安の雰囲気を養分に，FNは，1990年代には着実に選挙で得票を伸ばしていく (表2-1)。1988年大統領選挙を例外とすると，1980年代には200万台であったFN票は，1992年地域圏議会選挙では約340万票に達し，初めて300万票台に乗った。そして，国政・欧州議会選挙でも，1990年代のFNは，1994年欧州議会選挙を除いてコンスタントに300万以上の得票を獲得している。とくに，カリスマ的な党首 J - M・ルペン (Jean-Marie Le Pen) のパーソナリティが集票の決め手となる大統領選挙とは違って，各選挙区での候補者の魅力や地

方組織の集票力が問われる国民議会選挙でも大きく票を伸ばしていることは，党としての集票力が着実に強化されていることを物語っている。同様に，地域圏議会での得票増加と議員数の増加，1995年市町村議会選挙での3つの自治体での首長獲得も，地方組織の充実による集票力の向上を示している。FNは，1990年代には，中央・地方政治の場で政党システムの恒常的要素として定着していった。

1990年代の国政・地方議会選挙での，FNの順調なパフォーマンスを概観しておこう[2]。1990年代の選挙は，1992年の地域圏議会選挙で始まる。地域圏議会選挙は県別の比例代表選制によって実施されており，FNのような小政党にとって比較的有利なタイプの選挙制度であった。同選挙では，FNは約340万票 (13.9%) を獲得し，前回の地域圏議会選挙よりも大幅に票を伸ばしている。

1993年国民議会選挙では，FNは約316万票 (12.4%) を獲得している。小選挙区制の壁に阻まれて議席は獲得できなかったが，FNは，前回 (1988年) の国民議会選挙よりも大幅に票を伸ばしている (+2.8%)。

1994年欧州議会選挙では，約250万票 (10.5%) で，FN票は前回 (1989年) よりも1.3%の減少であった。今回の欧州議会選挙では，マーストリヒト条約が争点となり，条約反対の陣営には，FNの他にも，Ch・パスクワ (Charles Pasqua)，Ph・ドヴィリエ (Philippe de Villier)，Ph・セガン (Philippe Seguin) といった保守政治家が加わった[3]。ドゴール派が欧州統合に対して好意的な姿勢に転じた後，FNが右翼陣営内で統合反対の立場を独占してきた観があったが，今回の選挙では，そのような有利な条件が崩れてしまった。

結局，「フランスのための運動」を率いるドヴィリエのリストは12.3%を得票して，高齢者や熱心なカトリック信者などの伝統的な保守支持層の票がFNに流れることを抑制した。また，左翼政権への不満票も，今回はポピュリスト的人気をもつB・タピ (Bernard Tapis) のリストに向かった。ドヴィリエとタピというナショナリストとポピュリストの人気にはさみうちされたFNは，得票を伸ばすことができなかった [Perrineau (1997) : 79]。

1995年大統領選挙は，第五共和制の選挙の歴史で初めて「本当の危機の選挙」といわれている。そのことは，当時の有権者の問題関心にも表れている。有権

者の最大の関心は失業問題にあり，ついで，社会的不平等，購買力・賃金，社会的排除・貧困，社会保障といった諸問題が続いている。彼らは，個人と職業に関する将来に大きな不安を抱えていて，「根本的な変革」がもたらされることを望んでいた［Le Monde(1995)：49］[4]。

　1995年大統領選挙で，FNは第1回投票で約457万票（15%）を得票し，前回（1988年）の14.4%を凌いで過去最高の得票率を記録している。ルペンは，社会党のL・ジョスパン（Lionel Jospin），共和国連合（RPR）のJ・シラク（Jacques Chirac）とE・バラデュール（Edouard Balladur）に次いで第4位に滑り込んだ。FNの全国書記長（当時）C・ラング（Carl Lang）は，大統領選挙での「2人の勝者はジョスパンとルペン」であると，その成功を誇っている［Soudais(1996)：61］。

　ルペンは全国的に票を伸ばし，バ=ラン，オ=ラン，モーゼル，ブーシュ=デュ=ローヌ，ヴォークリューズ，ヴァルの諸県でトップに立ち，ニース，マルセイユ，トゥーロン，ペルピニャン，ドルー，ミュルーズといった自治体でもトップを占めている。人口過密で，失業問題に直面し，社会的変化に揺さぶられているそのような地域で，ルペンは高いスコアを記録している。

　1997年国民議会選挙の第1回投票で，FNは約379万票（14.9%）を獲得し，国民議会選挙としては過去最高の得票率であった。1988年9.7%，1993年12.4%と国民議会選挙で着実に票を伸ばしてきたFNは，ついに，15%に迫る票を集めるまでになった。1997年国民議会選挙は，1995年大統領選挙の勢いを維持した形になっている。それは，FNにとっては画期的なことであった。というのは，14.4%という好成績をあげた1988年大統領選挙の直後に実施された国民議会選挙では，得票率が9.7%と低迷している。また，その選挙では，大統領選挙の後に国民議会選挙解散―総選挙の実施がある程度予想されたが，今回は，シラク大統領によって任期を1年残しての突然の実施であり，候補の擁立や選挙資金などの面での準備不足を跳ね返しての成功だけに，FNは自信を深めた。

　ルペンのパーソナリティが決定的な役割を果たす大統領選挙と違って，国民議会選挙は政党と候補の集票力が問われるタイプの選挙であることを考えると，国民議会選挙で大統領選挙と同レベルの集票力を発揮したことは，FNの組織

的力量の充実を物語っていた。そのことは，FNが全国的に票を伸ばしていることによっても証明されている。1986年，1988年の国民議会選挙では3分の1の県でしか10％を超えなかったが，1993年には3分の2の県で，そして，1997年にはじつに4分の3の県で10％を超えている。同様に，FN票が20％を超える県も，1993年の4県から1997年には16県と急激に増えている。また，10％を下回る県は，1933年の33県から1997年には23県と大幅に減少している。得票率5％を割る選挙区は，1997年は1つだけで，1988年の54選挙区，1993年の10選挙区に比べても，FNの得票力が大幅に向上していることがわかる。

次に，1998年の地域圏議会選挙と県議会選挙であるが，両選挙でもFNの勢いは止まらなかった。地域圏議会選挙では，約327万票（15.0％），県議会選挙では約154万票（13.9％）を得票している。地域圏議会選挙は，前回と比べて得票数では減少しているが，それは棄権率が42％と異様に高かったことに主要な原因があった。そのような条件のなかで，FNは善戦だったといえよう。県議会選挙でも，小選挙区の壁によって当選者こそ3名にとどまったが，1994年の約10％から大きく得票率を伸ばしている。

各種選挙の結果から，FNが，1994年欧州議会選挙を除いて，1990年代の国政・地方レベルでの選挙で順調に票を伸ばしていることが確認できた。それでは次に，FNの得票をより具体的に分析してみよう。それは，FN支持者の基本的な性格を浮かびあがらせるはずである。

1990年代のFNの得票分布は，驚くほど1980年代のそれと変わっていない。そのことを確認しておくために，ここでは1980年代と1990年代の国民議会選挙でのFNの得票分布を紹介しておこう。1988年（地図2-1-1），1993年（地図2-1-2），1997年（地図2-1-3）の一連の国民議会選挙の得票地図を比べてみれば，FNの得票分布が基本的に酷似していることは明らかである。以前から，FNはルアーヴル―ヴァル―ペルピニャンを結んだ線の東側で多くの票を集めており，そこから，FNの得票が産業的で都市的なフランスの現象であることが確認できる。台頭時からFNに刻印されているそのような特徴は，1990年代においても変わってはいない。

1997年国民議会選挙でのFNについての研究によると，パリ周辺の諸県とウ

地図2-1-1　1988年国民議会選挙でのFNの得票分布

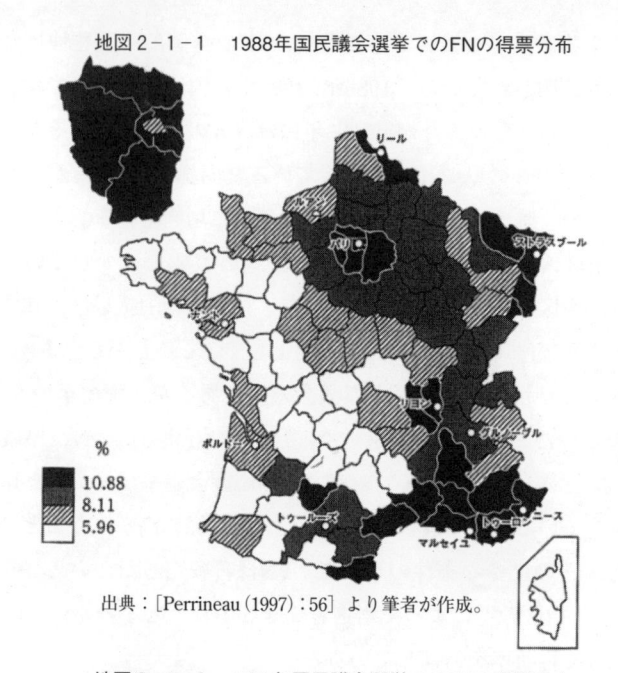

%
10.88
8.11
5.96

出典：[Perrineau (1997) : 56] より筆者が作成。

地図2-1-2　1993年国民議会選挙でのFNの得票分布

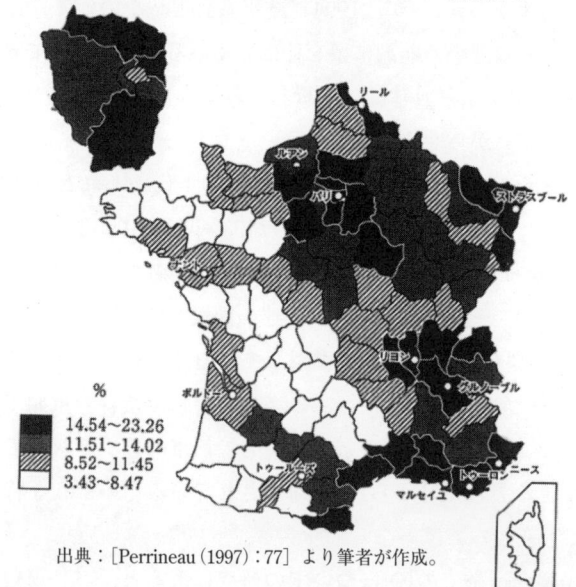

%
14.54〜23.26
11.51〜14.02
8.52〜11.45
3.43〜8.47

出典：[Perrineau (1997) : 77] より筆者が作成。

地図2-1-3　1997年国民議会選挙でのFNの得票分布

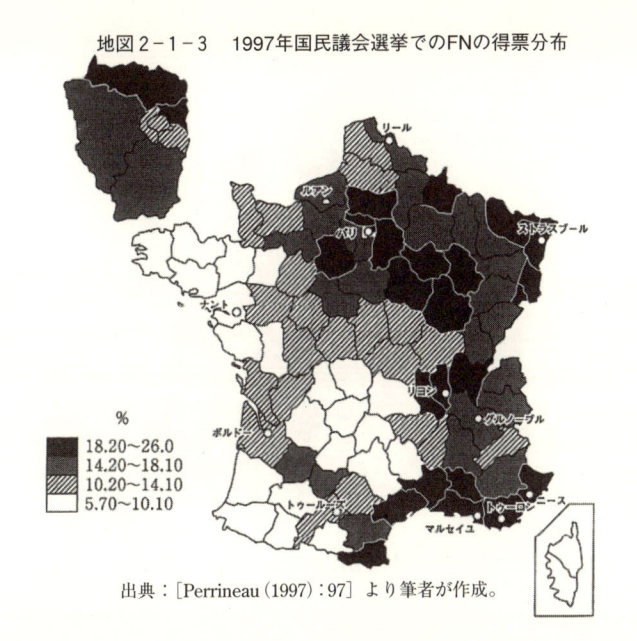

%
18.20〜26.0
14.20〜18.10
10.20〜14.10
5.70〜10.10

出典：[Perrineau(1997)：97] より筆者が作成。

ール，マルヌ，ヴォージュ，コート＝ドールを経てロアール＝エ＝シェールからヨンヌに至る諸県で，FNの伸張がとくに目ざましかった [Perrineau(1998)：260-261]。そのような地域は，一般的に人口構成が若く，労働者や外国人の割合が多い地域である。また，1970-80年代に脱産業化が急速に進んだことで，失業が増大し，地域社会の解体が目だつ地域でもある。逆に，フランス西部と南西部の最も農村的な地域では，タルン＝エ＝ガロンヌ，ロット＝エ＝ガロンヌ県などを例外として，FNの勢力拡大はみられなかった。

1990年代中葉，フランスには300万人の失業者，100万人の最低賃金で働く人々，多くの不安定な雇用形態のもとで働く人々がおり，1,200万人のフランス人が生活の「不安定化」を経験しているといわれている [Le Gall (1996)：190]。社会的・都市的危機に苦しむ地域は大都市部から準都市部や農村部にまで拡大しており，そこに充満している政治危機と政治腐敗の雰囲気はFNが伸張する土壌を提供していた [Perrineau(1997)：98]。

そのことは，困難にある産業部門での就労者の分布（**地図2-2**）や一人親家族の分布（**地図2-3**）とFNの得票分布が類似していることから推測できる。

地図 2-2　困難にある産業での就労者の分布

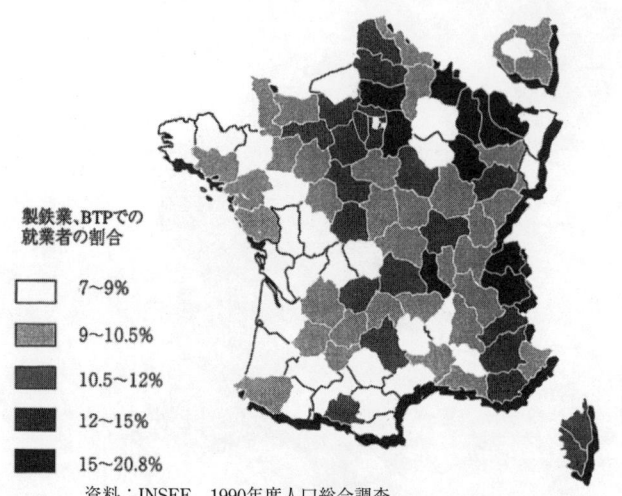

製鉄業、BTPでの
就業者の割合

- 7〜9%
- 9〜10.5%
- 10.5〜12%
- 12〜15%
- 15〜20.8%

資料：INSEE，1990年度人口総合調査
出典：[Cuminal, Souchard, Wahnich et Watheir (1997)：190] より筆者が作成。

地図 2-3　一人親家族の分布

全所帯における一人親
家族の割合

- 4.8%以下
- 4.2〜4.8%
- 3.8〜4.2%
- 3.8%以下

資料：INSEE，1990年度人口総合調査
出典：[Cuminal, Souchard, Wahnich et Watheir (1997)：190] より筆者が作成。

表 2-2　1993-97年の国民議会選挙における棄権率とFN票の推移

棄権率の推移	FN票の推移
大きく減少している選挙区（−1%以上）	+0.89
少し減少している選挙区（−0.05〜0.96%）	+0.54
安定している選挙区（−0.05〜+0.75%）	+0.02
わずかに増大している選挙区（+0.75〜+1.59%）	+0.01
著しく増大している選挙区（+1.6〜+2.69%）	−0.43
大きく増大している選挙区（+2.70%以上）	−1.20

出典：[Perrineau et Ysmal（1998）:262]

　とくに，一人親家族の分布とFNの得票分布はきわめて相似しており，経済社会的困難を抱えて，伝統的な家族構造が解体することで個人の不安定化が進んでいる地域で，FNへの支持が拡大していることがわかる。産業の衰退による失業の不安とともに，日常生活における不安がFN伸張の要因となっているといえよう［Cuminal, Souchard, Wahnich, et Wathier（1997）:193］。

　また，1993年と1997年の国民議会でのFN票の伸びは，棄権の動向とも緊密に相関している（**表 2-2**）。棄権が減少している選挙区でFN票は伸張し，棄権が増大している選挙区でFN票が減る傾向が確認できる。FN票が最も伸張している10県のうち8県で，全国での傾向とは逆に棄権が減少している［Perrineau（1997）:98］。棄権が，政治システムの機能や正統性に向けられた警告であり，民主主義の機能への懐疑であるとすれば［Subileau（1998）:54］，1990年代のFN票が本来なら棄権にまわる有権者の受け皿になっていることが推測される。

　以上，1990年代におけるFNの得票やその分布をみたが，そこに1980年代と比較して明らかな変化がみられたわけではない。むしろ，全国的に集票力をさらに高め，得票分布においては，従来強力であった地域でさらに票を伸ばし，弱かった地域にも食い込んでいることが鮮明になっている。本節ではFNの全体的な得票の増加と産業・都市的地域での集票力のさらなる強化という，1980年代の延長線上での量的発展という側面を確認したが，次節では，FN支持層の変化に焦点を当てることで，FNの質的変化の側面を明らかにしてみよう。

2 FN支持層の変容──「プロレタリア化」の進行

　E・トッド（Emmanuel Todd）は，1981年から1993年を「民衆困惑の時期」として，共産党衰退の開始 (1981年)，FNの全国レベルの選挙での登場 (1984年)，ルペンへの支持拡大 (1988年)，県議会議員選挙での棄権の増大 (1989年)，マーストリヒト条約への予想外の反対 (1992年)，社会党の後退 (1993年) といった現象が民衆的有権者の動向によって引き起こされたものであると指摘している [Todd(1995b):99]。彼によれば，現在のフランス政治は，労働者と資本家の対立モデルではなく，中間層（上・中級管理職）と民衆（労働者・事務職員）の対立モデルによって解釈でき，マーストリヒト条約をめぐる激しい対立は，そのような対立を反映しているものであった。

　そのような解釈の適否はさておき，有権者の投票行動が階級的クリーヴィッジによって規定されているのではなく，争点ごとに，社会的利益や立場にそって政治的判断が下されているのは確かである。自分たちの利益が政治の場に代表されていないと感じている有権者は政治を見捨てたり（棄権），既成政党への異議申し立てに走っている。そして，彼らの社会的不安や政治への不満を巧妙に利用して，自らの陣営への動員に成功したのがFNであった。

　前節でみたように，FNの強い地域は都市的もしくは産業的な環境にあり，就労人口のなかで労働者の割合が相対的に高い地域であった。だが，詳細に検証してみると，1980年代と90年代とでは，FN支持者の構成は大きく変化している。

　A・ビール（Alain Bihr）は，FN支持者の変化について2つの時期に区分している [Bihr(1998):21-22][5]。1980年代末までは，「プロレタリア層（労働者，事務職）」よりも農業従事者，商人，手工業者などの伝統的中間層の支持に依拠していたが，1990年代には，「プロレタリア層」の支持が拡大している。1984年から1987年までは，伝統的中間層，すなわち，「ブティックの世界」の有権者の一部が，左翼政権の成立に危機感をもって保守政党からFN支持に転じたのだった。1984年からのFNの躍進をもたらしたのは，社会層としては伝統的中

間層を中心にした，政治的には保守政党を支持してきた有権者であった。

1988年から1989年にかけて，労働者と事務職の「アトリエの世界」で支持が増加する。彼らが「ブティックの世界」の支持者に合流したことが，1988年大統領選挙でのルペンの善戦をもたらした要因であった。

1990年代には，保守政党から流入してきた支持者の一部が保守政党へと回帰していく。とくに，上級管理職と自由業でのFN離れが顕著であった。しかし，逆に，「プロレタリア層」では支持は伸びていき，とりわけ，労働者層での支持は，1993年国民議会選挙18%，1994年欧州議会選挙31%，1995年大統領選挙30%と着実に増大している。

1995年大統領選挙で，FN票の「プロレタリア化」は鮮明になり，労働者で30%，失業者で30%を記録している。P・ペリノー（Pascal Perrineau）は，そのようなFNへの民衆層の支持を，従来は左翼に投票してきた社会層の流入という意味で「左翼ルペニズム（gaucho-lepénisme）」と呼び，ブルジョワ的抗議票から民衆的絶望票へとFN支持者の構成が変化していることを指摘している［Perrineau（1997）：109］[6)]。

極右政党が労働者層で大量の票を集めることはきわめてユニークな現象であった。労働者や事務従事者が産業再編や失業，雇用の不安定化に対する異議申し立てとして，左翼政党ではなくFNに投票していることが考えられる。犯罪や移民といったテーマに加えて，経済社会的困難がFNに新しいテーマと支持層を提供することになったのである［Camus（1996）：70-71, Bihr（1998）：23］。

1997年国民議会選挙でもFNは健闘するが，それも支持者の動向によって説明することができる。このときの勝因は，「プロレタリア層」だけではなく，商人・手工業者といった1984年の躍進に貢献した社会層でも支持を調達できたことにある。1988年大統領選挙と同様に，「ブティックとアトリエの同盟」を再現できたことが，FN票の膨張を可能にしたのである［Mayer（1997）：440, Cohen（1997）：277］。1993年国民議会選挙，1995年大統領選挙では，保守政党（RPR, UDF）に還流したFN支持者が，1997年国民議会選挙ではシラク大統領やバラデュール首相への失望によってFNへと再び向かうことになった［Perrineau et Ysmal（1998）：258, Perrineau（1997）：10］。

表2-3　国民議会選挙でのFN投票者の主観的な社会階層意識 (%)

主観的社会階層	1993年	1997年	増　減
特権的社会層	8	8	—
裕福な社会層	10	10	—
上層中間層	11	10	−1
下層中間層	13	16	+3
民衆的社会層	16	21	+5
恵まれない社会層	20	29	+9

出典：[Le Gall (1997)：19]

　たしかに，1997年国民議会選挙をみるかぎり，労働者層では1995年大統領選挙と比べて6％後退しており，28％を得票した社会党に後れをとっている。しかし，1993年国民議会選挙と比較すれば6％の増加をみており，FNへの労働者層の支持はけっして後退していない。

　さて，1990年代にFNが選挙で好調な成果を収めるのは，「プロレタリア的」支持層の増大に負っているが，より正確にいえば，労働者・事務従事者の支持を含んだ社会的に困難な層からの支持がFN票を膨らませていた。そのことは**表2-3**からも明らかである。FN投票者の主観的な社会階層への帰属意識について，1993年と1997年の国民議会選挙のデータをみてみると，特権的社会層，裕福な社会層，上層中間層の投票者は現状維持かマイナスである。それに対して，下層中間層以下の社会層への帰属意識をもつ投票者はいずれもプラスである。とくに，恵まれない社会層では＋9％と最大限の伸びを示している。その社会層への帰属意識をもっている人々の政党への親近感を尋ねた別の調査でも，FN58％，保守政党13％，左翼政党8％，支持なし21％という結果が出ている[Le Gall (1997)：19]。

　結論的にいえば，1990年代以降に新たに合流してきたFN支持者には，社会階層的には低く，政治社会の外部に取り残されて「疎外状況」にあるものが多く含まれていた[Taguieff(1996)：35-36]。その要求や困惑が「ノーマルな」政治社会で無視されている労働者，事務従事者，失業者のなかの「疎外された集団 (groupe aliéné)」がFNの支持へと向かったと考えられる。

　FNへの民衆的社会層での支持の拡大は，政治的には左翼政党の支持者から

の流入から利益を得ていた。本来，労働者や事務従事者の多くは社会党や共産党によって政治的に代表されてきたが，政権の座にあった左翼政党はしだいに支持者たちを失望させることになった。そして，少なからぬ支持者が左翼政党からFNへと支持を移している。たとえば，1997年国民議会選挙でのFN投票者のうち，1993年国民議会選挙では14％が左翼かエコロジストに投票していた（保守政党には25％）[Perrineau(1997):98-99]。同様に，1997年国民議会選挙でFNに投票した有権者のうち，1995年大統領選挙第２回投票では61％がシラクに，28％は左翼候補のジョスパンに投票していた[Mayer(1997):441]。同大統領選挙第１回投票でのFN投票者は，少なからぬ部分が第２回投票ではジョスパンを選択する傾向を示していた[Taguieff(1996):37, Soudais(1997):74-75]。

とくに，1990年代に入っての社会党支持率の大幅な低下から，FNは明らかに利益を得ていた。というのは，1988-1995年の時期における社会党票の減少とFN票の増加とは強い相関関係を示しているからである。1995年大統領選挙を例にとれば，1988年大統領選挙時のF・ミッテラン（François Mitterrand）の得票に比べてジョスパンが最も後退している地域で，ルペン票は大きく伸びている[7]。そのような「左翼ルペン主義」の現象が観察されるのは，労働者が多く居住していて，産業再編の波に最も洗われている地域であった。それは，ノルマンディからピカルディ，ノール＝パ＝ド＝カレ，シャンパーニュ＝アルデンヌを通ってロレーヌに至る地域であった[Mayer(1997):444]。

それまで，既成政党にとってFNの存在は選挙協力の議論を中心として保守陣営に突きつけられたトゲであった。しかし，1990年代になると，社会党からの民衆的支持層の離反と並行してFNの民衆的社会層での支持は増大し，日常活動においても，社会党はFNに活動量で凌駕されていく。FNの存在は，左翼陣営に突きつけられたトゲにもなっていった[Perrineau(1995b):39]。

次に，1990年代のFN支持層について，その発想や考え方について確認しておこう。表２－４から，FN支持層の傾向が浮かびあがってくる。表中でFN支持者の回答が，左翼・保守支持者とは異なった結果を示している項目は灰色で示してある。結果は，FN支持者が極端な立場をとっている項目としては，経済では，フランスの経済と国家の独立性に関するものであり，政治分野での欧

表2-4 1997年国民議会選挙におけるFN投票者の経済・社会・政治的態度（%）

	共産党	社会党	RPR/UDF	FN	全体
経済					
「利潤」という言葉はポジティブ	32	47	63	56	52
「民営化」という言葉はポジティブ	23	38	73	59	53
「自由主義」という言葉はポジティブ	50	55	82	68	66
サラリーマンの状況改善を優先	85	77	47	64	66
欧州統合はグローバル化からフランスの利益を防衛	52	67	72	38	61
消費者が高い商品を買っても外国製品の輸入制限が必要	56	51	55	66	55
グローバル化は経済領域でフランス政府に対応可能性を残している	35	42	53	29	41
社会					
学校は何よりも規律と努力の意味を教えるべき	45	42	58	73	51
フランスには移民が多すぎる	48	45	69	94	59
マグレブ系移民はいつかフランスに同化する	70	70	61	35	62
死刑制度の復活が必要	39	36	54	83	50
1995年11-12月ストに連帯	85	75	23	41	53
最低賃金月千フランへの引き上げに賛成	65	41	26	44	41
公共部門での35万人の雇用創出に賛成	57	48	25	33	40
民衆層か恵まれない層への帰属を感じている	33	23	10	26	20
個人的・職業的将来に不安をもっている	71	64	54	81	60
政治					
政治に高い関心	63	55	51	46	48
特定の政党に親近感	53	49	44	28	36
政治家は普通の人々の関心事にまったく無関心	39	28	18	58	33
民主主義は機能していない	67	57	42	77	59
1995年のシラクの理念に失望	89	91	40	79	70
左翼の勝利時には共産党からの入閣を望む	92	77	24	40	52
かなり右翼的	3	2	81	50	33
かなり左翼的	89	86	3	16	41
左翼でも右翼でもない	8	12	16	34	24
欧州人よりフランス人	38	29	37	53	35
欧州統合からフランスは利益を得ていない	60	37	33	63	43
ユーロ導入に反対	55	30	24	65	36

出典：[Perrineau (1997): 116]

州統合に関する2つの設問とあわせて，FN支持者の国家の自立性や主権への執着が表現されていると同時に，経済のグローバル化への不安と反感が読み取れる。1988年国民議会選挙でも，FNは，左右の既成政党がマーストリヒト条約を支持していることを批判して第2回投票で候補を維持することを宣言しているが [Givens(2005): 120]，1990年代にはマーストリヒト条約に反対する立場

をいっそう鮮明にして，グローバル化がフランスにとって最大の脅威ととらえていたが，そのようなFNの立場が少なからぬ有権者に受容されていることを示している[8]。

社会の項目では，FN支持者が極端な立場をとるのは，移民に関するものと，死刑復活や教育における規律と努力といった権威主義的で秩序指向的なものが目につく。エスノセントリック（自民族中心主義的）で権威主義的な支持者像は1990年代にも維持されている。

政治の項目では，政治家・政党，民主主義制度への強い不信感を特徴としている。政治腐敗の頻発と政治の問題解決能力の欠如に直面して，FN支持者は政治に強い不信と嫌悪感を抱いていることがわかる。そのような既成政治への否定的評価が，FNへの異議申し立て的な投票行動につながっているのである。

興味深いのは，ストライキや最低賃金，雇用創出，サラリーマンの状況の改善などのテーマについては保守政党の支持者ほど冷淡ではないことである。また，利潤や民営化，リベラリズムなどの経済的テーマに関しては，保守政党の支持者ほどは共感を示していない。そして，自らを民衆的もしくは恵まれない社会層と見なしている者は，左翼と保守の中間の回答数で，政治的自己分類では，左翼でも保守でもないという無党派層的な回答が目だっている。

以上のような結果は，1990年代になって，FNの支持層が民衆層で増加していることと無関係ではないだろう。1980年代のネオ・リベラル的政策が後景に退き，社会的要求に理解を示すというFNの変化は，1990年代に進行する支持層の変容に対応するものであった。

そのような支持層の特徴は，1997年国民議会選挙でのFN投票者の投票動機からも確認できる（**表2-5**）。FN投票者の関心が最も高かったテーマは相変わらず治安と移民であり，FNへの共感のベースは1980年代から一貫して変わっていない。

だが，FN支持者の投票動機には変化もみられる。1980年代に比べて，雇用と失業のテーマに関心が高まっているし，社会的不平等に対する関心も高い。それに，政治腐敗への関心の高さを加味してみると，民衆的社会層の関心と政治不満が表現されているといえる[9]。

表2-5　1997年国民議会選挙第1回投票で最も重視した争点（％）

	全体	共産党	社会党	エコロジスト	RPR/UDF	FN
雇用・失業	75	82	82	70	71	67
教育・職業訓練	39	46	49	45	34	21
治安	35	28	27	18	39	65
社会的不平等	35	44	48	38	21	26
社会扶助	34	47	45	26	24	26
欧州統合	25	18	31	18	30	15
移民	22	14	15	12	20	67
人種主義との闘争	22	34	33	30	11	6
環境	19	18	20	60	13	9
経済成長	15	10	15	10	21	11
女性の役割増大	14	20	17	15	11	8
政治腐敗	13	13	13	11	11	22
財政赤字との闘争	12	9	8	7	17	14
経済分野での国家の役割	12	14	11	7	9	8
帰属する社会カテゴリの防衛	12	14	13	6	9	12
農業への支援	11	9	8	11	14	10
制度の良好な機能	10	12	10	9	11	6
国家の近代化	9	6	7	3	14	5
企業の近代化	9	6	8	5	12	7
外交政策	6	4	5	5	7	9
無回答	5	5	3	3	4	5

出典：[Perrineau (1997)：178]

　その他にも，ヨーロッパ統合への関心の低さは，FN支持層の国内問題以外の争点への無関心や統合への冷淡な態度を表現しているし，女性の役割増大への関心の低さは，彼らの伝統主義的女性観・家族観を反映したものと解釈できる。また，環境への関心の低さは，FN支持層がエコロジストとは違って物質主義的傾向が強いことを示している。

　以上のような分析から，社会の比較的底辺層に属して，政治と経済社会への不安と不満を抱き，権威主義的でエスノセントリックな発想をもった支持者像が浮かびあがってくる。そして，社会的要求への共感は，FNの選挙キャンペーンに共鳴する民衆的支持層の存在が想定できる。

　極右の伝統的支持層や保守支持者からの合流者とは異質な民衆的性格の強い社会層の流入はFNの支持層を膨らませ，選挙での安定した得票を可能にしている。そして，FNの選挙での伸張はフランスの政党システムに大きな影響を

与えている。とくに，保守陣営にとって，FNの存在は恒常的な脅威となっている。

3　1990年代の政党システムとFN

　1990年代前半のフランス政治は，左翼勢力の不振，保守への政権交代によって特徴づけられる。1993年国民議会選挙では保守勢力が大勝し，左翼勢力，とくに社会党は壊滅的な打撃を受けた。1995年大統領選挙ではRPRのシラクが当選し，コアビタシオン（保革共存政権）の時期は終わり，大統領も首相も保守側の手に落ちた。しかし，保守への政権交代によってもフランスの抱えていた社会経済的困難は改善されず，国民は政治への失望を深めていった。1980年代から繰り返される政権交代とコアビタシオンは，左右両翼の政策的相違を希薄化し，有権者の既成政党に対する期待と信頼は薄れていった。

　たとえば，1995年大統領選挙第1回投票の結果をみてみると，37％の票が共産党も含めた周辺的政治勢力に投じられている。それは，1988年大統領選挙の28％に比べても大幅に増加している。投票者の48％しか左右両翼の既成政党に投票しておらず，棄権および白・無効票も含めて，既成政党に批判的な姿勢が目だった選挙であった。有権者が，投票を異議申し立ての手段として利用しているといえよう［Fieschi(1997)：137］。

　そのような既成政党への逆風を最も有効に利用したのがFNであった。2002年大統領選挙第1回投票の結果からもわかるように，FNは，今や，社会党と保守の候補に匹敵する集票力を発揮している。右翼陣営でのFN票の比重は増加し，とりわけ小選挙区選挙の場合，保守政党にとって深刻な脅威となっている。たとえば，1993年国民議会選挙では，FN票は右翼票のなかで20％以上を占め，1997年国民議会選挙では30％に達している（**表2-6**）。国民議会選挙が小選挙区2回投票制で実施されているだけに，第2回投票でのFN票の帰趨は保守陣営にとって死活問題である。

　1998年地域圏議会選挙でも，FN票の割合は右翼陣営の45％に達している。ただ，地域圏議会選挙の場合は県別比例代表選挙で実施されているので，国民

表2-6 第5共和制における右翼陣営内での新しい右翼票の割合（%）

1.4国民議会選挙									
1958	1962	1967	1968	1973	1978	1981	1986	1993	1997
4.6	1.3	1.0	0.1	1.0	1.6	0.7	18.4	22.6	30.1

大統領選挙			
1965	1974	1988	1995
7.8	1.4	28.7	25.8

出典：[Perrineau（1997）：95]

　議会選挙のように，FNの存在が保守候補を直接に脅かすことはない。しかし，FNの地域圏議会への大量の進出は，州知事にあたる地域圏議会議長の選出において，彼らの投票行動が鍵を握ることになる。そこから，保守勢力に対するFNのバーゲニングと揺さぶりの余地が生まれることになった。

　そうなると，FNは，さらに保守勢力に対して揺さぶりをかけ，FNとの協力を指向する勢力を強化し，保守の分裂を誘発することも視野に入れた攻勢をかけている。保守はFNとの協力を拒絶して左翼に敗北することを甘受するのか，それとも，協力を受容することで中道的支持者の離反を招くのか，どちらかのリスクを選択することを迫られた。

　そのような保守への圧力は，1990年代前半には，左翼勢力の弱体化によって一時的に緩和されることになったが，権力に復帰した保守政権の不人気によってFNの圧力は再び有効性を発揮する余地が生まれた［Bihr(1998)：211-212］。そして，もくろみどおり保守勢力が分裂した場合，力をそがれた保守勢力に対してより有利な協力条件を押しつけるというシナリオが描かれていた。

　保守勢力への揺さぶりの条件は，すでに，1993年国民議会選挙で整いつつあった。同選挙では，FNが第2回投票への進出条件である12.5％以上を獲得した選挙区が，前回（1988年）の30から100以上に増えている。第2回投票でのFN候補の急増は，保守候補にとっては左翼候補との競合において脅威であった［Fysh(1996)：79］。

　1995年大統領選挙第1回投票では，シラクは20.5％の得票で，23.2％の社会党ジョスパン候補にトップの座を譲った。シラク票に同じ保守陣営のバラデュ

ール候補の18.5%を足しても39%で，第2回投票で多数を制するには大きく不足していた。第2回投票でシラクがジョスパンを制するためには，ルペン票の15%が貴重な価値をもっていた。その時は，ルペンは支持者に自由投票を呼びかけ，シラクは第2回投票を制することができた。

　1997年国民議会選挙第1回投票で，FNは14.9%を得票し，保守陣営の勝利にとって大きな障害として立ちはだかった。そのことを十分に理解していたルペンは，第1回投票の後に，マーストリヒト条約や「自国民優先」の原則への立場を明らかにして，FNと一致する候補者を支持すると言明した。その結果，9名の保守候補がその条件を飲んでFNの支持を取りつけた。また，ルペンは同時に，社会党所属のストラスブール市長C・トロートマン（Catherine Trautmann），RPRのA・ジュペ（Alain Juppé）など当選を阻止する候補のリストを発表している［Darmon et Rosso（1998）：139-140］。

　結局，1997年国民議会選挙では，FNは約4分の1の選挙区（131選挙区）で第2回投票に進出している。そのことは，保守側の敗北と左翼側の勝利に決定的な影響を与えた。とくに保守側にとっての脅威は，FN候補と左翼候補の競合パターンであった。1988年国民議会選挙では，そのようなケースは8選挙区，1993年国民議会選挙では14選挙区であったのが，1997年国民議会選挙では76選挙区に急増している。そのうち69は保守が現有議席を確保していた選挙区であったが，40選挙区で左翼に議席を奪われている［Darmon et Rosso（1998）：247］。左翼が議席を保守から奪った40選挙区のうち，32選挙区で左翼候補は45%以下の得票で保守候補を破っており，FN候補の存在抜きには，そのような結果は考えられなかった［Bihr（1998）：212］。1997年国民議会選挙では，左翼側が30議席の差で与党になっていることを考えれば，FNの第2回投票で候補を維持する方針が，政権の帰趨にとって重要な意味をもっていたことは明らかである。

　そして，FNが保守候補の当選にとって障害になっていることは，FN票の動向からも確認できる。第2回投票で保守候補に向かうFN票が減少し，逆に，左翼候補に流れる傾向がみられる。具体的にいえば，1993年国民議会の第1回投票でFNに投票した有権者のうち，第2回投票では，左翼候補9%，保守候補62%，棄権もしくは無効・白票29%と分かれ，圧倒的部分は保守候補を選択

表2-7　1997年国民議会選挙における社会党・緑の党と保守政党の対決選挙区での第1回-第2回投票間の票の移動（%）

第1回 \ 第2回	棄権・白票・無効票	社会党・緑の党	保守政党
棄権・白票・無効票	82	7	11
共産党	5	94	1
極左	16	74	10
社会党	1	97	2
緑の党	5	92	3
その他のエコロジスト	17	20	63
保守政党	3	2	95
FN	26	25	49
その他の政党	23	47	30

出典：［Perrineau et Ysmal（1998）：290］

していた。ところが，1997年国民議会選挙の場合は，第2回投票では，左翼候補21%，保守候補50%，棄権もしくは無効・白票29%と分散しており，左翼候補への投票が大幅に増加している［Perrineau(1997)：96］[10)]。

　また，第2回投票で最も多かった社会党・緑の党と保守の一騎打ちパターン（383選挙区）では，平均得票で左翼候補が51.3%，保守候補が48.7%と，保守が後れをとっていた。そのような結果は，左翼側が緑の党と共産党の票を手堅くまとめているのに，保守側がFN票をまとめ切れていないことが大きく響いていた（表2-7）。第1回投票で極左，共産党，緑の党に投票した有権者は，第2回投票では社会党と緑の党の候補に比較的忠実に投票している。他方，保守候補の場合は，第1回投票でのFN票の49%しか獲得していない。このような数字をみると，左翼の政権奪還を可能にしたのは，FN票の動向であったといっても過言ではない［Ponceyri(1997)：42］。

　1997年国民議会選挙で，FNは初めて国政レベルで政権交代に大きな影響を与えた。FNは，単独で政権を掌握することはないにしても，政権の帰趨を左右する力は備えていることが証明された。そして，FNのそのような力は，翌1998年の地域圏議会選挙でも発揮されることになる。この選挙では，ラングドック゠ルシヨン，ローヌ゠アルプ，ブルゴーニュ，ピカルディ，オート゠ノルマンディの5つの地域圏議会で，FN議員の暗黙の，もしくは，明示的な協力に

よって保守系議長が誕生している。FNとの協力が保守政党の全国指導部や支持者の不興を買うことを覚悟で，地域圏議会で多数派を形成して執行部を握るために，各地域圏議会の保守政治家は苦渋の選択をしたのだった[11]。

　FNは，そのような有利な環境を背景に，保守に対して攻勢を強めた。彼らは，保守の政権復帰はFN票なしでは不可能であることを訴えて，保守側がFNへの「悪魔視 (diabolisation)」をやめ，左翼と連携してFNに対抗する統一戦線である「共和主義戦線」の戦術を採用しないことを求めた。1997年国民議会選挙の直後に，FNの全国代表幹事であるB・メグレ (Bruno Mégret) は，「FNが築きあげたものを土台とした結集」を訴え，保守の敗北を引き金とする広範な政治的再編という展望を打ち出している [Bihr(1998)：213]。

　そのような事態のなかで，保守陣営ではFNに対する方針をめぐってさまざまな反応が表面化する。FNとの協力を求める党内からの声はすでに紹介したが，1984年欧州議会選挙でのFNの躍進以来，保守内部では，それは悩ましい問題であった。

　FNが初めて選挙で注目を引いたのは，1983年，パリ近郊の都市ドルーでのことであった。保守は左翼と対抗するためにFNと選挙協力を結び，それがFNに躍進のきっかけを与えた。1986年地域圏議会選挙後の議長選挙に際して，アキテーヌ，フランシュ=コンテ，オート=ノルマンディ，ピカルディ，ラングドック=ルシヨンで，保守はFNとの協力に踏み切った。当時，共和国連合総裁のシラクは，ドルーでのFNとの選挙協力を擁護し，地域圏議会での協力にも異議を唱えることはなかった [Fysh and Wolfreys(1992)：313-314]。だが，それ以降は，地方レベルでの例外的なケースを除いて，FNとの選挙協力は禁止されてきた。現在でも，そのような方針は基本的に貫徹されており，FNを封じ込めて，孤立化させる保守側の戦略は維持されている [Marcus(1995)：146]。

　以上のように，世紀末の保守陣営ではFNとの協力をめぐって意見が対立し，FNの存在は保守陣営の喉元に刺さったトゲのままである。1997年国民議会選挙でも，FN候補の当選阻止を優先して左翼と協力する「共和主義戦線」の方針が提唱されたが退けられている。それどころか，保守陣営では，第1回投票後にFNに支持を要請する候補さえ現れた [*Le Monde*, (1-2 juin 1997)]。

1990年代以降，FNは国政選挙で15％以上を得票する政党へと成長し，既成政党，とくに，保守勢力にとって深刻な阻害要因となっている。FNは政党システムの無視できない構成要素となり，政党競合のゲームに大きな影響力を発揮するまでになった。そのような成果をもたらしたのは，フランスの経済社会と政治の構造的危機に原因を求めなければならないが，FNの主体的適応の努力を抜きに，彼らの成功物語がなかったことも確かである。次の章では，FNの組織や政策，イデオロギーの整備・拡充についてみてみよう。

1) 1980年代から90年代にかけてFNは政党システムに参画・定着するが，その時代のフランスの政治と社会については渡邊(1998) を参照。
2) 1990年代の一連の選挙については，岩本(1996)，岩本(1999)，土倉(1994)，土倉(1995)，中木(1997) を参照。
3) ヨーロッパ統合に反対して，国民国家の役割と主権を擁護する点で，パスクワやドヴィリエたち保守陣営の「主権主義者 (souvrainistes) はFNの主張と共通していた。1994年欧州議会選挙では，ドヴィリエの「フランスのための運動 (Le Mouvement pour la France)」が12.33％を得票している。共和国連合 (RPR) のパスクワは「フランスと欧州独立のための結集 (La Rassemblement pour la France et l'indépendance de l'Europe)」を率いて挑戦して，13.05％を得票している [畑山(2004)：98]。欧州議会選挙で，FNが反欧州統合票を独占する状況が崩れて主権主義的立場の政党が乱立したことは，FNにとっては不利な環境であった。
4) そのような社会的危機の雰囲気は，FNの得票にも大きく影響していた。今日でも，たしかに移民問題は争点でありつづけているが，ルペン票は，ますます社会関係の解体現象と一体化していた [Todd(1995a)：38]。
5) ペリノーも，FN投票者の変化を3つの時期に分けている。第1期 (1984-1986年) は急進化した保守の支持者の流入を中心とする時期，第2期 (1988-1992年) は伝統的中間層の中核的支持層を保持しつつ，労働者や事務従事者といった勤労者層で無視できない支持を調達しはじめる時期，そして，1993年に始まり1995年に拍車がかかる第3期は，伝統的中間層で後退して勤労者層でかつてない支持の伸張をみせる時期である [Perrineau (1996)：75-76]。第2期を設定するかどうかの違いはあるが，伝統的中間層と「プロレタリア的」社会層の支持の動向については，両者は同じ傾向を指摘している。
6) 伝統的中間層が政治的には比較的同質で保守政党の支持者であったことに比べて，「プロレタリア的」支持層は，ドゴール派の共和国連合が労働者から支持を調達してきたように，左右両翼の支持者を含んでいた [Bihr(1998)：29]。そのような観点から，N・マイエル (Nonna Mayer) は「労働者ルペニズム (ouvrièro-lepénisme) という呼称を使っている [Mayer(1999)：23-24]。
7) 1988年と1995年の大統領選挙での労働者の投票行動をみてみると，明らかに社会党離れが確認できる。労働者での社会党候補の得票率は42％から21％へと半減しているが，

表2-8 1994年欧州議会選挙投票者の統合に関する意見（%）

	全体	共産党	社会党	RPR/UDF	タピ	ドヴィリエ	ルペン
自分をヨーロッパ人と感じていない	35	51	17	34	26	38	63
欧州議会がもっと権力をもつことを望まない	30	41	13	28	22	45	55
欧州統合に対して不安や敵意をもっている	47	65	24	35	36	66	82
EUのオーストリア、スウェーデン、ノルウェー、フィンランドへの拡大に敵意をもっている	30	38	14	24	26	38	61
EUの東方拡大に敵意をもっている	48	42	28	49	50	57	75
EUの拡大はフランスへの脅威	34	48	11	29	27	44	76
共通通貨の導入に反対	30	39	16	22	21	37	63
アメリカ・日本製品への保護主義の強化	45	57	38	41	43	50	52

出典：[Perrineau（1997）：162]

シラクは7%から15%と票を伸ばしている。かつて，民衆層で高い支持を調達できたことがCh・ドゴール（Charles de Gaule）の強みであったが，1995年大統領選挙でのシラクの勝利は，変革を望む労働者をはじめとした民衆票の一部を取り込むことに成功したことに一因があった。だが，労働者層で最大の成功を納めていたのはルペンであり，その得票は労働者層で飛躍的な伸びをみせていた［Todd（1995a）：39］。

8) 1994年欧州議会選挙時に世論調査機関CSAによって実施された調査でも，FN支持層がきわめて欧州統合に批判的であることは明らかである。表2-8の各設問の回答をみれば，保守陣営のなかで反欧州統合の立場を代表するドヴィリエの支持層に比べても，FN支持層で欧州統合に対する不安と敵意が強いことがわかる。

9) 1995年大統領選挙でも同じような傾向が読み取れる。ルペンへの投票動機では，移民（53%，投票者全体22%），治安（44%，全体27%）が突出しており，FN支持者の従来の傾向がみられる。それに加えて，失業（58%，全体57%），社会保障給付（36%，全体36%），購買力・賃金（39%，全体32%）といったテーマで，ルペンへの投票者の関心は高かった。また，欧州統合への関心の低さ（8%，全体14%），政治腐敗に対する関心の高さ（43%，全体34%）も1997年と共通する傾向である［Chiche et Mayer（1997）：228］。

10) 第2回投票で左翼―保守―FNが激突した選挙区での票の動きを分析したIPSOS調査でも，同様の結果が出ている。第1回でFNに投票した有権者は，第2回投票では，左翼候補30%，保守候補50%，棄権20%に分散している［Mayer（1997）：441］。

11) そのような選択は，各地域圏議会の保守勢力内部にも大きな亀裂を生じさせた。ローヌ=アルプでは，保守と左翼の勢力が60議席ずつで拮抗し，FN（35議席）の協力でCh・ミヨン（Charles Millon）が議長に就任した。しかし，FNとの協力に不服の15名の保守議員はミヨンの辞任を求めている。ピカルディ，ラングドック=ルシヨンでも，FNとの

協力をめぐって保守陣営の内部では紛糾し、ローヌ=アルプのミヨンと、ピカルディの Ch・ボール（Charles Baur）、ラングドック=ルシヨンの J・ブラン（Jacques Blanc）がフランス民主連合（UDF）から除名されている。結局、オート=ノルマンディでは、FNとの協力で誕生した議長は辞任したが、ほかの4つの地域圏では上記のような紛糾にもかかわらず議長は居座りつづけた［*Libération*(9 avril 1998)］。

第3章
国民戦線(FN)の組織とイデオロギーの整備
── 「新右翼」の加入とその影響

　前章までは，1990年代までに国民戦線（FN）が大きく路線転換を遂げていること，すなわち，伝統的な極右運動として出発したFNが，従来の権威主義的な国家社会観に経済的自由主義に立脚する財政・経済論を接合することで「右翼権威主義」と性格づけられる路線に転じたこと。そして，1990年代以降は，「ナショナル・ポピュリズム」の路線に傾斜していったこと。そのような路線転換の背後には，労働者や事務職，失業者といった民衆層のなかで急速に支持を伸ばしたことが大きく影響していたことを確認した。本章と次章では，そのような変化が組織やイデオロギー，具体的な政策や活動にどのように反映され，また，FN内部のどのようなアクターによって転換がもたらされたのかを分析する。まず，本章では，B・メグレ（Bruno Mégret）を中心とした「新右翼派」のイニシアティブのもとで，FNが「普通の政党化」していく過程を追ってみることにしよう。

1　「新右翼」の加入とメグレ派の形成

(1)「思想の実験室」から政治へ

　1990年代のFNは，全国代表幹事メグレが代表している「新右翼」出身の幹部たちの存在抜きには語れない[1]。彼らは，それまでのFNに欠けていた要素を党内に持ち込んだからである。すなわち，J‐M・ルペン（Jean-Marie Le Pen）が，カリスマ的な指導者として社会的・政治的な不満や不安を動員してFNが政党システムに参入することに貢献し，彼の右腕であるJ‐P・スティルボワ（Jean-Pierre Stirbois）が，初期の成功を受けて組織基盤の整備に才能を発揮したのに対して，「新右翼」派は，1970年代から開発してきた極右の知的ソフトウ

エアをFNに持ち込み，イデオロギーと政策，そして，それを担当する組織を整備する面で多大な貢献を果たした。

「新右翼」出身者の加入が，FNにもたらしたそのような貢献について検討する前に，その前段の作業として，「新右翼」の思想と運動についてまず概観しておこう。

1970年代のフランス極右においては，従来のマージナルな存在からの脱却をめざした2つの革新的試みが表面化する。すなわち，ひとつは政治的実践の領域で，選挙を通じて政党システムに参入をめざす試みであり，それは，ルペンたちがFNを結成することによって始めたものであった。他方，A・ド・ブノワ（Alain de Benoist）に率いられた「新右翼」は，思想・文化面に活動を特化し，そのような領域での極右の思想的・文化的ヘゲモニーの拡大をめざす実践を選択した。

「新右翼」は，1968年1月に結成された「ヨーロッパ文明調査研究集団（le Groupement de Recherche et d'Études pour la Civilisation Européenne：GRECE）」を核とする思想運動である[2]。その中心的な主張は，①反平等主義，②差異と多様性，アイデンティティの称賛，差異の否定としての全体主義の告発，③ユダヤ・キリスト教の否定とインド＝ヨーロッパ語族社会の理想化，④反マルクス主義，反リベラリズム，⑤エリート主義の5つに要約できる［Taguieff(1994)：43-44］。

「新右翼」の理想とする社会は，ユダヤ＝キリスト教の支配によって差異が破壊され画一化が支配する以前のインド＝ヨーロッパ語族の社会であった。彼らは，そのような「有機的共同体（une communauté organique）」の失われたユートピアを起点として，平等に憑かれたマルクス主義や差異を抑圧する全体主義，商品社会的な画一化に行き着くアメリカニズムを批判し，差異と多元性の花開く理想社会の回復を訴える。彼らのそのような主張は，現実政治からは距離を置くものであり，彼らの活動は純粋な思想集団として展開されていた。

だが，彼らの思想的生産物のなかには，現実政治で応用できる概念や理論が含まれていた。とくに，FNとの関連で重要な点は，彼らが「差異（différence）」「多様性（diversité）」「アイデンティティ（identité）」の概念によって，人種主義

第3章　FNの組織とイデオロギーの整備　69

について独特の理論化を行っていることである。すなわち，民族間や文明間の優劣に依拠する従来の人種主義とは異なり，彼らは，「相違への権利（le droit à la différence）」に立脚する国民的な文化やアイデンティティの差異と多様性を肯定するものとして人種主義を理論化している。そのような「差異論的人種主義（racisme-différentialisme）」は，後にFNの反移民的立論に有効な根拠を提供することになる。

さて，FNのなかで「新右翼派」を形成するY・ブロー（Yvan Blot）とJ-Y・ルガル（Jean-Yves Le Gallou）といったGRECEのメンバーやメグレが結成する「クラブ・ド・ロルロージュ（le Club de l'Horloge : CDH）」は，1974年に高級官僚や大学教員，自由業者などを集めて設立された団体であり，機関誌として『コントルポワン（Contrepoint）』を発行していた。GRECEとCDHは，1979年までは「新右翼」という呼称で括られる姉妹団体的な存在であり，両団体は基本的な考え方を共有していたが，両者には2つの点で大きな相違があった。第1は，思想上の違いである。CDHは，反平等主義，全体主義とマルクス主義の同一視，アイデンティティと差異の擁護などのテーマをGRECEと共有していたが，経済的リベラリズムの肯定と共和主義的価値の擁護といった点では立場を異にしていた。CDHにおいては，GRECEの激しい反米的主張はレーガン・サッチャー流の新自由主義的主張にとって代わられ，共和主義的価値とは相容れないものとして左翼勢力に激しい攻撃が加えられた[3)]。

第2に，思想集団としての活動に自己限定して現実政治からは距離をとるGRECEに対して，CDHは保守勢力に働きかけて現実政治に影響力を行使することを重視した。すなわち，彼らの活動の目的は，左翼政権に対抗してフランスの保守陣営を知的に再武装させることにあった。彼らは，極右の狭い世界を抜け出し，保守政治家や高級官僚をはじめとする国家エリートに自らの思想的影響を拡大するという目標を設定し，既成保守勢力に思想的武器を提供するという課題に取り組んだ。

1970年代末には，CDHはGRECEと袂を分かつことになったが，純粋な「思想の実験室」であることに拘泥するド・ブノワらGRECEとは対照的に，1981年の左翼政権の誕生という政治状況を受けて，メグレたちは，左翼政権に対抗

して，野党に転落した保守陣営に思想的武器を提供する活動を本格化した。CDHのシンポジウムやセミナーには，R・バール（Raymond Barre），A・ジュペ（Alain Juppé），A・マドラン（Alain Madelin），A・グリオットレー（Alain Griotteray）といった保守政治家が積極的に参加している。また，CDHのなかから，既成保守勢力に参加する動きも活発化する。ブロー，メグレ，H・ド・レカン（Henry de Lesquen）などは共和国連合（RPR）に，ルガルは共和党に，Ph・マロー（Philippe Malaud），Y・ブリアン（Yvon Briant），J‐A・ジアンシリ（Jean-Antoine Giansily）は「独立派全国センター（le Centre national des Indépendants）」に加入していった［Dély（1999）：36-37］。

メグレも，他のCDHメンバーにならって保守陣営への参画を決意するが，1979年に彼が選択したのはドゴール派のRPRだった。彼は，1981年国民議会選挙ではイヴリーヌ県3区から出馬したが，社会党の有力政治家M・ロカール（Michel Rocard）の前に敗退している。新参者であるメグレは，RPRのなかではマージナルな地位しか得られず，党内で影響力を発揮する余地がないことを自覚することになった。大政党であるRPRのなかで埋没するより，彼は小規模な新党のトップに座ることを選択する。メグレは，1979年にブローとともに「新共和主義者（Les Nouveaux Républicains）」を，1982年には盟友 J‐C・バルデ（Jean-Claude Bardet）とともに「共和主義行動委員会（les Comités d'Action Répubulicain：CAR）」を結成する[4]。

全国に120の委員会と5,000名の活動家を擁するCARであったが，選挙での成果は期待はずれであった。1983年市町村議会選挙で何名かの当選者を出したが，それはCARの力というより，RPRやUDFとの二重加盟によるものであった。1984年には欧州議会選挙への候補擁立をめざしたが，財政的理由から断念に追い込まれている。また，1985年県議会議員選挙でも，CRAが擁立した候補は2％の得票率にとどかず，CARにとっての展望は明るいものではなかった［Dély（1999）：40-42］。

彼らは，自立した思想集団（GRECE）からシンクタンク（CDH）へ，そして保守政党への参加からCARへと政治活動の場を移してきたが，その活動は期待どおりの成果をあげることができなかった。そのようなときに，彼らの前には，

1984年欧州議会選挙で躍進したFNが存在していた。しかし，彼らは，そう簡単にFNに合流したわけではなかった。なぜなら，彼らは当初，FNに対して批判的なまなざしを向けていたからであった。

たとえば，メグレは，FNに加入する前には，ルペンに対して批判的な意見をもっていた。「ルペンの（欧州議会選挙の）リストは不満を動員しただけで，保守の諸テーマを戯画化したものである。(中略) ルペンが率いる潮流は，短期的な個人的アクティヴィズムによって特徴づけられ，本当のプロジェを欠いており，社会党の政策や既成保守の消極性が引き起こしている不満にはけ口を提供しているが，その躍進をもたらした条件が消滅するや，急速に衰退するであろう。そこからは，確実で安定的なものは何も生まれてこないだろう。その意味で，それは袋小路に行き着き，マージナルなものにとどまるしかない」と，かなり辛辣な評価を下していた［Dély (1999)：41］。

同様に，バルデも「長期的には，FNの成功は疑わしい。まず，その成功は，ポジティブであるよりもネガティブな方法に由来しているからである。(中略) その起源において，そして，現在の指導部においても，最も反動的で過去復帰的な極右出身の人物によって構成されているFNは，その熱狂を共有しない新参者と近い将来に衝突するだろう」「FNは，その党首の際だったパーソナリティと幹部や活動家の一部の目だった経歴によって，なお，相対的にアクティヴィストのイメージを呈している」と否定的評価を与えており，FN主催のデモに参加しないようにCRA幹部に命じていた［Darmon et Rosso (1998)：120-121，Dély (1999)：41-42］。

ところが，1985年にはルガルが，翌年にはバルデが，1988年には，GRECEの事務局長（1978-1984年）であったP・ヴィアル（Pierre Vial）とその周辺のメンバーが，1989年にはパ＝ド＝カレ県選出のRPR代議士であったブローが，次つぎとFNに加入していく[5]。既成保守の右側に政治的影響力を強化することをもくろむCARメンバーが次つぎとFNに参加するなかで，1986年国民議会選挙で党外に開放されたFNの「国民結集（rassemblement national）」リストからメグレも立候補し，イゼール県から代議士に選出された［Cambadélis et Osmond (1998)：385-386］。メグレの国政進出の長年の夢は，FNの代議士として実現する

ことになった。

　それでは，当初の否定的評価にもかかわらず，なぜ，メグレたちはFNへの加入に踏み切ったのだろうか。その理由を検討してみると，第1に，GRECEやCARが行き詰まっていたことが大きな要因として考えられる。GRECEの場合は，1979年をピークに運動の勢いは低下していたし，CARの方も運動の展望は開けていなかった。そのような状態は，その打開策として新たな政治的冒険の場をFNに求めることをうながしたのだろう。

　第2に，FNの穏健路線への転換によって，メグレたちのFNに対する違和感が払拭されたことである。強硬派の大量離反によって，FNは1980年代には理念と政策の再編に乗り出す。経済面では国家による経済への介入を拒絶し，福祉国家的な「大きな政府」を拒否する新自由主義路線へと傾斜し，政治面では共和主義と議会制民主主義の受容を鮮明にする。その到達点が，新自由主義色が濃厚で「自国民優先」というCDHの理念と一致する『フランスのために―国民戦線のプログラム』(1985年)であり，そのような「右翼権威主義」路線は，「ナショナル・リベラリズム」を標榜するメグレたちの理念と近いものであった。

　第3に，何よりも，CDHの指導的人物であったメグレが，ルペンとの直接接触によって，そのパーソナリティに魅了されたことも重要である。1985年11月に，メグレは他の多くの保守系クラブや団体の代表者とともに，ルペンとの昼食会に招かれた。その席上，彼は，マスコミが描いた人物像とは違ったルペンを発見し，信頼感を抱くようになる。そして，数時間後に個人的に面談したとき，メグレは，ルペンと自分の思想が同じであり，ルペンのプロジェが自分の望んでいるものであり，ルペンの意志が自分の熱情に応えるものであることを理解したのだった［Mégret(1990):9-10］[6]。

　結局，1979年にマスコミで脚光を浴びて以降，GRECEの影響力は低下するし，CDH，CARも現実政治への影響力の行使に失敗するという状況のもと，メグレたち「新右翼」の一部は政治的立場の近いFNに活動の場を求めることになった。また，比例代表制で実施された1986年国民議会選挙で，FNから出馬しても当選の可能性があるという現実的な判断も，彼らをFNに向かわせた

要因であった。

　他方，FNの側にも，「新右翼」出身者を迎え入れる切実な理由があった。FNは，突然の躍進によって，組織化を進める必要性に直面していた。選挙での予想外の成功によって入党者が殺到するが，FNの組織は極小集団時代のままで，有能な幹部要員や全国組織は欠如したままであった。まだ不安定な党組織を整備するためには有能な人材を必要としていたのである［Dély(1999)：10］。

　スティルボワの努力によって組織の骨格は整備されていったが，1988年のメグレの加入時には，その仕事は未完成のままであった。公式には，地方組織での任務分担は徹底的にヒエラルキー化されているはずであった。しかし，実体は，往々にして，組織の末端では一人もしくは複数の活動家が大部分の役割を兼務し，党員集会の開催もまれで，支部事務局の集まりも非公式なものにとどまっていた［Birenbaum(1992)：56］。FNにとって，アカデミズムの世界と高級官僚の世界につながり，威信と専門的能力をもった「新右翼」出身者は，組織化と知的武装化に向けての貴重な戦力であった［Fysh and Wolfreys(1992)：317，Hunter(1997)：148］。

　以上のように，「新右翼」出身のメグレたちは新たな政治活動の舞台としてFNを選択し，1980年代後半にかけて次つぎと入党することになった。FNは初期の極小集団の時代から組織とイデオロギーの整備の時代に入り，そのことはメグレたちのようなテクノクラート的人材を必要としていた。

(2) メグレ派の形成とFNの組織改革

　FNは，1972年に，急進的な極右団体「新秩序」を基軸に王党派，旧ペタン派，旧プジャード派などの諸潮流の結集体として出発する［Declair(1999)：11-31］[7]。それゆえ，FNは常に党内対立に悩まされてきた。それは，極右の異質な諸潮流の結集運動として発足したFNにとって宿命的なものであった。

　1970年代のFN内の対立は，議会制民主主義を前提に選挙を通じた影響力の拡大による合法的な変革を重視するルペン派と，選挙を影響力拡大のたんなる手段と位置づけ，議会外の大衆運動を通じた体制転換をめざす急進派との対立であった。結局，「新秩序」派は党外に去って「新勢力党 (le Parti des Forces nouvelles)」を結成し，残った革命的ナショナリスト派も1978年に指導者F・デュプラ (François Duprat) の死去で勢いを失っていった。1977年にはスティルボワに率いられた「ソリダリスト」が加入し，ルペンを強力にバックアップしたことで，ルペンの党内支配権が確立する。FNは，合法路線のもと，極右の急進的なイメージを緩和して既存の政党システムへの参入戦略を進め，それは選挙での成功をFNにもたらすことになった。

党内でのルペンの指導権が確立され，いわゆる「ルペンの党」への転換に成功したFNであったが，1980年代もさまざまな潮流の寄り合い所帯であることに変わりはなかった。公式には分派が存在していないことになっていたが，1980年代から90年代にかけて，FNの内部には，その凝集性は異なっていたが，①古参党員派，②保守名望家派，③スティルボワ（ソリダリスト）派，④カトリック伝統主義派，⑤新右翼（メグレ）派の5つの潮流が存在していた[8]。

古参党員派は，戦前から戦後のさまざまな極右運動に参加してきた高齢の党員であり，ルペンとの長年のつき合いから彼に忠実なメンバーたちであった。R・オランドル (Roger Holeindre)，J-P・ルヴォー (Jean-Pierre Reveau) はアルジェリア独立反対運動の活動家であったし，D・シャボシュ (Dominique Chaboche) は1965年の大統領選挙ではティクシエ＝ヴィニャンクールの選挙運動に携わっていた。彼らは，FN結成以前から極右運動のなかで政治的キャリアを形成し，FNが極小集団であった時代からルペンと苦労をともにした幹部たちであった[9]。

保守名望家派は，1984年の躍進の前後から，党の穏健化戦略にそって保守陣営からリクルートされたメンバーたちである。個人的な機会を求めてFNに加入してきた彼らは，極右の伝統とは異質なメンバーであった。ゆえに，党への忠誠度は低く，ルペンの逸脱的言動にいや気がさして次つぎと離党することになる。

ソリダリスト派は，1966年にP・セルジャン (Pierre Sergent) を中心に結成された極右運動の一派で，「革命的青年運動 (Le Mouvement Jeune Révolution)」「フランス・ソリダリスト運動 (Le Mouvement Solidarist Français)」「民衆行動 (l'Action populaire)」「青年行動集団 (le groupe Action Jeunesse)」などの多くの運

動体を経て，1977年12月，スティルボワとともに，M・コリノー（Michel Collinot），J-C・ヌリ（Jean-Claud Nourry），F・ベルジュロン（François Bergeron）らがFNに加入している［Camus(1996)：42］。彼らは，前述のように合法路線を重視することから，1970年代には，ルペンに協力して彼の党内での支配権確立に貢献した。ソリダリストの加入は党内の力関係を変え，革命的ナショナリスト派の急進路線を抑えてFNを穏健化へと向かわせることになった。その代表者のスティルボワが全国書記長になり，ソリダリスト派は支配的派閥として指導部の一角を占めることになった。

　FNのなかで，凝集力のある有力な勢力であるのが，カトリック伝統主義派であった。1984年欧州議会選挙時に，その指導的人物であるB・アントニー（Bernard Antony）が入党する。「自営・農民全国センター（le Centre national des indépendants et paysans）」からFNに移ったアントニーは，「キリスト教・連帯委員会（les comités Chretienté-Soridarité）」「人種主義に反対してフランスとキリスト教のアイデンティティを尊重するための総同盟（l'Alliance générale contre le racisme et pour le respect de l'identité française et chrétienne）」などを率いるカトリック伝統主義派の有力な政治家であった。J・マディラン（Jean Madiran）の日刊紙『プレザン（Présent）』のグループとともに，FNのなかにはカトリック伝統主義派のネットワークが形成されている［Ternisien(1997)：171-173, 187-188, 201］。彼らは，党内では伝統主義的・保守的イデオロギーを代表し，家族の防衛，妊娠中絶反対，フランスのアイデンティティ（白人でカトリックのフランスの伝統・文化）の尊重，私学教育の擁護といったテーマを掲げていた。

　そして，最後に，「新右翼派」，すなわちメグレ派であるが，1990年代以降，党内での同派の台頭は内部対立を激化させていく原因となった。すなわち，一方における「新右翼」からの入党者を中心としたメグレ派と，他方における，ルペンに忠実な古参幹部派，スティルボワが代表していた伝統的極右派，カトリック伝統主義派との対立の構図が形成されていく。極右の伝統的でポピュリスト的なスタイルや価値観にこだわる古参党員派やソリダリスト派は，党外の保守名望家や「新右翼」に運動を開放することには抵抗感をもっていたし，とくに，「新右翼派」は，彼らがきらうエリート的な経歴や体質をもっていたか

らである。党内では，FNを外部に開放することをめぐって確執が続いていくことになる [Darmon et Rosso(1998): 208, de Saint Affrique et Fredet(1998): 143]。

以下では，内部対立を孕みながら，「新右翼派」，すなわちメグレ派が勢力を伸張していく過程を確認しておこう。

1980年代のFNで頭角を現すのは，党の書記長J‐P・スティルボワであった。組織者として有能で，パリ近郊の自治体ドルーで自ら支部の組織化に乗りだし，FNの拠点都市にまで育てあげたスティルボワは，しだいに党内での影響力を強化していった。しかし，1988年11月，不慮の自動車事故で彼はこの世を去ってしまう。スティルボワの事故死以降，ソリダリスト派の多くのメンバーは離党して『ナショナリズムと共和制（Nationalisme et République)』誌を創刊する。スティルボワの妻M‐F・スティルボワ（Marie-France Stirbois）を中心に党内での同派の影響は残るが，その勢力は大幅に後退してしまった [Bihr(1998): 179]。1989年欧州議会選挙では，候補者リストからJ‐P・スティルボワに近いコリノーとR・ゴーシェ（Roland Gaucher）が除外され，M‐F・スティルボワは当選の可能性のない21番目を割り振られて，失意のうちに立候補を辞退している [Birenbaum(1992): 173-174]。

極右の伝統を共有しないものに対してアレルギーをもち，FNの党外への開放路線に反対して極右政党としてのアイデンティティに固執するスティルボワの死によって，思いがけず，メグレ派は影響力を強化するチャンスをつかんだ。スティボワの党内での影響力強化への対抗策として，ルペンによって全国代表幹事に登用されていたメグレは，今や，ライバルの死という僥倖によって党のナンバーツーへと登りつめていくことになる。

さて，ソリダリスト派の後退とあわせてメグレ派に有利に作用したのは，保守名望家派の有力政治家の相次ぐ離党であった。1980年代末から90年代初めにかけて，FNの穏健化戦略のショーウインドーとしてリクルートされた保守陣営からの移籍組が，繰り返されるルペンの逸脱発言に抗議して次つぎと党を離れていった。すなわち，O・ドルムッソン（Olivier d'Ormesson），P・アリギ（Pascal Arrighi)，Ch・シャンブラン（Charles de Chambrun），F・バシュロ（François Bachelot），Y・ピア（Yanne Piat）らが，ルペンの一連の逸脱的な発言

をきっかけに次つぎとFNから去っていった[10]。社会的名声や政治的影響力をもつ名望家的人物の離党は，メグレにとって潜在的なライバルが排除されたことを意味していた。

　1994年のポール=マルリー（イヴリーヌ県）大会では，ルペンに忠実な副党首B・ゴルニッシュ（Bruno Gollunisch）と財務責任者ルヴォーが執行委員に抜擢されているが，D・バリエ（Damien Bariller），Ph・オリヴィエ（Philippe Olivier），P・ヴィアル（Pierre Vial）といったメグレ派も，政治局員や中央委員に選出されている。同大会は，メグレ派が党内で着々と地歩を固めていることを印象づけるとともに[11]，党内対立の兆候が顕在化した大会であった。ルペンは，同大会で初めて党内対立の存在を公然と認め，「分派的マヌーバー」を批判して，党には後継者争いが存在しないことを強調した［Dély(1999)：70］。ルペンのその様な発言は，党内でポスト・ルペンをめぐる対立，すなわち，メグレ派をめぐる水面下の確執が進行していることを表現していた。

　1995年8月末，スティルボワの後任のC・ラング（Carl Lang）は全国書記長を辞任することを表明した。ラングの辞任を機会にルペンの女婿である若き忠臣S・マレシャル（Samuel Maréchal）は，全国書記局と全国代表部を統合してFNの二元的構造に終止符を打つことをルペンに進言し，M-F・スティルボワや，シャボシュ，ルヴォー，M・ルイドー（Martine Lehideux）たちも全国代表部の廃止を要求し，それが不可能ならば，ラングの後任としてゴルニッシュを任命することを求めた［Dély(1999)：91-92］。結局，衝突を避けたメグレの判断で，10月9日の政治局会議では賛成28，反対4，棄権2の票数で，ゴルニッシュが，スティルボワ派，古参党員派，カトリック伝統主義派の支持により全国書記長に就任した［Darmon et Rosso(1998)：114-115］[12]。かつて，スティルボワの対抗馬としてメグレを全国代表幹事に据えたように，ルペンは，今回も，メグレと対抗させるためにゴルニッシュを全国書記長に抜擢するという策を弄したのだった［Declair(1999)：227］。

　次にメグレ派の台頭を党内で印象づけたのは，1997年3月29-31日にストラスブールで開催された第10回党大会の場であった。会場に集まった代議員の喝采を浴びてルペンが党首に再任されたのは見慣れた風景であるが，問題は中央

委員会選挙であった。前回の第9回大会時の中央委員会選挙では，メグレと当時の全国書記長ラングが同数の1,972票で，ルペンの顧問弁護士G-P・ヴァグネル（George-Paul Wagner）(2,087票) がトップ当選であった。今回は，メグレが3,758票でトップ当選を果たしたほかにも，2位ルガル (3,439票)，5位F・ティメルマン (Franck Timmermans) (3,362票)，7位ブロー (3,316票)，10位バリエ (3,166票) と，メグレ派が高位で再選を果たしている。それに対して，全国書記長ゴルニッシュは3,398票と，ライバルのメグレに引き離されている。ルペンに忠実な幹部は，R・オランドル (Roger Holeindre)（4位），M-F・スティルボワ（8位），ラング（9位）の3名が10位以内に食い込んだが，マレシャル（19位），ルヴォー（20位），ルイドー（22位），アントニー（26位），シャボシュ（34位）たちの得票は振るわなかった。ルペンの娘マリーヌにいたっては落選し，20名の党首指名枠でなんとか中央委員になる始末であった。

　ストラスブール大会で中央委員会入りした6名の新人のなかで，D・シモンピエリ (Daniel Simonpieri)（マリニャーヌ市長），J-F・ガルヴェール (Jean-François Galvaire)（弁護士，『ナシオナル・エブド』友の会会長），Y・デュポン (Yves Dupont)（ウール県書記），Ph・アダム (Philippe Adam)（旧ブッシュ＝デュ＝ローヌ県議会議員）の4名がメグレ派であった。中央委員会選挙は人気投票的要素があり，上記のような結果は，メグレ派が党内に根を張り，下部活動家の間で影響力を拡大しつつあることを示していた。

　さらに，1997年2月のメグレの拠点都市であるヴィトロールでの市政掌握，1998年地域圏議会選挙の好成績と，メグレはFNの勢力伸張の牽引役を果たし，今や，彼がルペンと並ぶFNの新しい指導者であることを党の内外に証明した [Darmon et Rosso (1998): 20]。

　FNの全国組織は，党首，執行委員会（8名），政治局（40名），中央委員会（120名）全国評議会（300名）で構成されていた（図3-1参照）。執行委員会は政治局員のなかからリクルートされる党の日常的な政策決定機関であるが，メグレ以外は，オランドル，シャボシュ，ルイドー，ルヴォーのような古参活動家か，ゴルニッシュ，ラングのようなルペンに忠実な幹部で固められていた[13]。政治局は，1988年の20名から運動の発展とともに40名に増員されていったが，

第3章 FNの組織とイデオロギーの整備　79

図3-1　FNの党組織図（1998年当時）

```
                    執行委員会
                 党首：J-M・ルペン

         全国代表幹事：         全国書記長：
         B・メグレ              B・ゴルニッシュ

   財務責任者：  副党首：   副党首：   副党首：   副党首：
   J-P・ルヴォー D・シャボシュ R・オランドル C・ラング M・ルイドー
```

政治局
40名（中央委員会で選出）

中央委員会
120名（100名は党大会で選出， 残り20名は党首が任命）

全国評議会
（政治局員，中央委員会委員，欧州議会議員， 地域圏議会議員，県連書記）

党員
（フランス本土と海外県・海外領土の県連に組織されている）

出典：[Declair（1999）：159]
　　　もとの図には，党員数7万～8万と記載されているが，FN側の主張する
　　　数字は過大であり誤解を招かないよう筆者が割愛した。

　ルペンの提案したリストが中央委員会で一括して承認されるのが常であった。中央委員会は100名が党大会の投票で選出され，20名がルペンによって直接任命されている。要するに，執行委員会から政治局へと，党組織のヒエラルキーを昇るほどルペンの支配は強くなるように制度設計がなされていた。それに対して，メグレ派は，党内での組織活動・選挙活動での積極的な貢献によって地方組織のレベルで無視できない影響力を築いていた。地域圏議会議員のなかでメグレ派の影響力が広がっていたし，県連レベルでも，1997年の時点で，ゴルニッシュ支持の県連が21，ルペン支持の県連が40に対して，メグレを支持する県連も35に達していた（**地図3-1参照**）。そのような地方での勢力拡大を背景に，下級幹部や地方議員，活動家の意向が相対的に反映されやすい中央委員会や全国評議会[14]の場で，メグレ派は地歩を固めていったのだった。

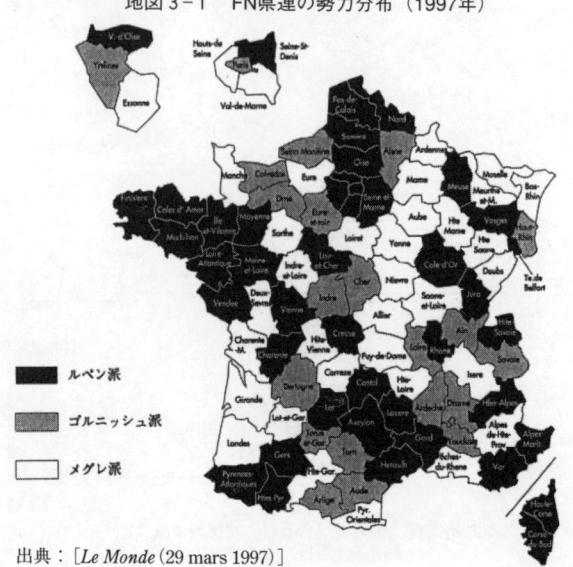

地図3-1　FNの県連の勢力分布（1997年）

凡例：
- ルペン派
- ゴルニッシュ派
- メグレ派

出典：[*Le Monde* (29 mars 1997)]

　メグレの影響力が党内で強くなっていることに気づいたルペンは，スティルボワの場合と同様に，メグレの影響力を弱める策謀に乗り出す。今や，党内の対立は，ゴルニッシュ，マレシャル，アントニーといった反メグレ派の幹部とメグレとの前哨戦から，ルペンとメグレによるFNの主導権をかけた熾烈な一騎打ちへと拡大していく。

2　党組織の整備とメグレ派の台頭

(1) 組織改革とメグレ派の台頭

　前節では，「新右翼」の中心的メンバーがFNに参加し，党内で勢力を築いていったことを確認したが，本節では，「新右翼派」＝メグレ派の影響力の強化が，党のイデオロギー部門を中心とした組織化の成果に負っていることをみておこう。

　エリート官僚の出身であるメグレは，組織者としての才能に恵まれていた。ルペンもそのようなメグレの才能を評価していたのは確かだが，ことはそう単

純ではなかった。前述のように、ルペンは、かつてFN組織の整備に才能を発揮し、党内での影響力を増大させた全国書記長スティルボワに対抗する人物としてメグレを重用した。つまり、「分割して統治する」というルペンの党内操縦術によって、メグレはスティルボワに対抗して、ルペンの党内権力を維持する目的に利用されたのだ。その点で、ルペンと党内で政治的影響力を拡大することを意図していたメグレとの間では利益が一致していた。

　メグレの努力は、1990年代を通じて、各種選挙を通じて候補と活動家、支持者の潜在的プールを拡大することに注がれ、そのために、巧みに政治的マシーンを築いていった。それは同時に、党内に腹心のネットワークをつくりあげ、FNをメグレ化していくことに貢献した。その出発点は、1988年大統領選挙であった。

　その選挙では、メグレが責任者としてキャンペーンを実質的に取り仕切り、党本部でなくモルソー通りのメグレのキャンペーン本部へと直接指示を求めて県書記が集まった。選挙の結果、FNは最高得票の14.4％を記録し、メグレの実務能力は遺憾なく発揮された。その勢いをかって、メグレは論功行賞を要求し、ルペンは、1988年9月29日、大統領選挙のキャンペーン指導部を改組して党の規約にはなかった「全国代表部（la délégation nationale）」を設置し、その代表幹事にメグレを任命した。

　新設の全国代表部こそが、メグレのFN征服の中心的拠点であった。全国代表部は、研究、コミュニケーション、プロパガンダ、研修、デモ、出版、社会諸セクションへの浸透活動などを統括していた（図3-2参照）。つまり、全国代表部は、党の日常活動や選挙、組織などを担当する「全国書記局（le secrétariat général）」に対して、理論、プログラム、戦略の方向性を確定して、それをFNの内外に広める任務をもつFNの頭脳ともいえる機関であった。

　その要職には、研究担当にブロー、キャンペーン担当にJ・オリヴィエ（Jacques Olivier）、労働組合・近隣活動担当にPh・オリヴィエ、デモ担当にS・マルチネーズ（Serge Martinez）、研修担当にPh・コロンバニ（Philippe Colombani）、出版担当にバリエを配して、FNの活動上重要な部門をメグレ派で固めていった。ブローがFNの言説の生産を指揮し、コロンバニとルガル、ティメルマン

図3-2　全国代表部と全国書記局（1998年現在）

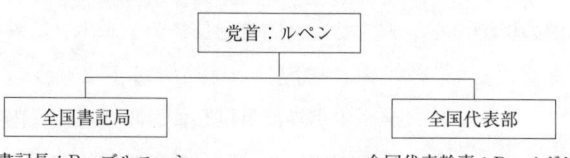

```
                        党首：ルペン
           ┌───────────────┴───────────────┐
        全国書記局                       全国代表部
   全国書記長：B・ゴルニッシュ         全国代表幹事：B・メグレ
```

全国書記局:
- 県連担当全国書記：F・ティメルマン
- 党内コミュニケーション担当全国書記
  　　　　　：M・ビルド
- 党員担当全国書記：A・ソワエズ
- 選挙担当全国書記：J-F・ジャルク
- 議員担当全国書記：J-Y・ルガル
- 海外生活者担当全国書記
  　　　　　：J・ドール
- サークル担当全国書記：P・デカヴ
- 海外県・海外領土担当全国書記
  　　　　　：H・ファトナ

全国代表部:
- 研究担当全国代表：Y・ブロー
- 出版担当全国代表：D・バリエ
- キャンペーン担当全国代表
  　　　　　：J・オリヴィエ
- デモ担当全国代表：S・マルチネーズ
- 労働組合・近隣活動担当全国代表
  　　　　　：Ph・オリヴィエ
- 研修担当全国代表：Ph・コロンバニ

出典：[Declair（1999）：165］

　が地方議員や地方幹部に生産された言説を注入し，2人のオリヴィエとバリエが労働組合をはじめとした社会諸セクターに言説の普及と影響力の強化を図るといったように，メグレ派による共同作業のシステムが形成された[Cambadélis et Osmond（1998）：389-390]。メグレのもとに，ダイナミックで有能な人材が集まり，緊密に協力して仕事を遂行するプロフェッショナル集団が形成されていった。

　こうして，FNの組織活動は，ルペンの強力な指導的権力のもと，競合する「二頭立て」の組織編成によって展開されることになった。全国書記局と全国代表部が党の仕事と任務を二分して，競合と対立を繰り返すことになる[Dély（1999）：62]。

　ほかにも，全国代表部のもとには，党の言説とイデオロギーの生産と普及を目的としたいくつかの機関が整備されているが，その代表的な組織が「全国研修研究所（l'Institut de formation national：IFN）」であった。

　IFNは，1994年11月6日に「地方議員全国評議会（le Conseil national des élus

locaux)」によって議員研修機関として正式に承認され、本格的な研修活動に入った[15]。IFNは、1995年11月9日にFN本部に移されるまではメグレの私邸に置かれていたことからもわかるように、メグレの肝入りでつくられた機関である。IFNの副研修所長にはメグレの忠臣であるコロンバニを配し、事実上は、メグレ派のティメルマンが取り仕切っていた。1994年11月10日には公的機関である「地方自治体総局（la Direction générale des collectivités locaux)」の認可を得て、自治体からの補助金による議員研修が可能となった。研修では議員の権利・義務、自治体政策、都市問題、住宅、財政といった諸テーマが取りあげられている［Soudais(1996):251］。

ほかにも、IFNではFNに近い大学教員を中心にした夜間講座、週末の幹部研修、各県での活動家研修、プレゼンテーションの技術研修、夏期大学といった多彩な活動が行われている［Birenbaum(1992):171］。

1991年には、活動家向けに『FNで活動する』という小冊子を発行しているが、そこでは具体的な活動上の心得・基本的知識・想定問答のほかに、非ヨーロッパ系移民によるフランスの統一、アイデンティティ、市民の平和の破壊、それを許している反フランス的な外国人優先政策、コスモポリタン主義とグローバリズムに対する「文明の共同体としてのヨーロッパ」の対置など、「新右翼派」の色彩の濃い主張が展開されている［L'Institut de Formation National (1991)］。

1995年末には、IFNによる活動家の研修を集中化・合理化する目的で、コロンバニが「幹部学校（l'école des cadres)」を始めている。県連書記とその補佐には幹部学校での研修が義務づけられ、FN本部での3日間の研修が実施されている。研修には、選挙の潜在的候補者、選挙キャンペーンの責任者、選挙区責任者も参加し、「技術研修」（県連と支部の運営、選挙キャンペーン、財務など）と「イデオロギー研修」が施されている。その研修では、たとえば、「政治の本質」「文化をめぐる闘い」「経済・社会における第三の道」「活動家の使命」といったテーマが取りあげられている［Dély(1999):177, Darmon et Rosso, (1998):99-100, Soudais(1996):252-254］。IFNによる研修活動はメグレと地方議員や幹部の関係を築く機会となり、彼の党内での影響力強化に貢献した。

そのほかにもメグレ派は，労働運動への浸透や青年・学生の組織化にも取り組んでいる。1990年代に入って，FNは社会問題に取り組みはじめ，労働運動への浸透も図るが（第4章参照），FN系労組の代表的存在である「警察国民戦線（le Front national de la Police）」は，メグレの片腕であるバリエの指揮下にPh・オリヴィエ，デュポンが活動していたし，「FN・パリ市交通公団（FN-RATP）」はルガルが指揮していた。また，教育現場への浸透を目的として結成された「国民教育運動（le Mouvement pour un enseignement national：MEN）」も，メグレ派のO・ピション（Olivier Pichon）が主宰していた［Darmon et Rosso(1998)：60, 70］。

メグレは青年層への浸透も重視していた。FNには，マレシャルが牛耳る「青年国民戦線（le Front national des Jeunesses：FNJ）」があったが，それと対抗するため，メグレは「学生革新（le Renouveau Étudiant：RÉ）」（1990年1月結成）と結びついていた。RÉは，資本主義と共産主義をともに拒絶する革命的ナショナリストの路線を追求する急進的青年組織であった。また，メグレは，急進的な青年極右団体「集団・統一・防衛（le Groupe-Union-Défense：GUD）」とも関係をもち，1997年初めには，REやGUDの活動家から彼の私的ボディガードを調達している［Dély(1999)：184］。

そのような組織化への努力の結果，党内にメグレ派のネットワークが形成されることになった。それは，ルガル，ブロー，バルデといった旧CDHメンバーを核に，大学のキャンパスからリクルートした若手幹部が加わる形で発展していった。若手幹部の代表的人物がバリエとPh・オリヴィエであった。メグレの事務所の責任者に登用されたバリエは，1986年に19歳でFNに加入している。彼は，メグレの演説原稿の作成を担当し，メグレの設立した国民出版社もまかされていた。党内では，党機関誌『ルペンからの手紙』の編集を担当し，1992年に中央委員，1994年には政治局員と順調に昇進している。Ph・オリヴィエは，18歳からFNで活動を始め，21歳のときに正式に入党している。1989年に市会議員，1992年にはイル＝ド＝フランスの地域圏議会議員になり，党内では，ヴァル＝ド＝マルヌ県書記，議員担当全国書記補佐も務めている［Darmon et Rosso(1998)：60-61］。

メグレ派は全国代表部を核に，全国書記局にも県連担当（ティメルマン），議

員担当（ルガル）を送り込み，イデオロギーの生産・教育活動を中心に党の組織整備を進めた。研修・教育活動を通じての地方幹部や議員，活動家との接触は，メグレ派に影響力拡大の機会を提供した。そして，イデオロギー面での彼らの影響力の強化は，メグレ派の思想の党内への普及を可能にすると同時に，彼らの知的威信を高めることになった。

(2) メグレ派の思想的貢献

　イタリアのマルクス主義者A・グラムシ（Antonio Gramsci）から影響を受けていた「新右翼」は，右翼陣営がイデオロギーと文化のヘゲモニーを左翼から奪還する活動を展開してきた。メグレは，より現実政治に影響を及ぼすことを重視して政治的遍歴を重ねるが，最終的にはFNを活動の場と定めた。そこで彼は，「新右翼」の思想を持ち込み，それを普及させることに力を注いだ[Darmon et Rosso(1998)：203-204]。結果として，メグレたちの加入は，移民とナショナル・アイデンティティの争点と経済的自由主義を結合させたユニークな理念と政策をFNに提供すると同時に，極右の伝統的思想に科学的な外観を付与することに貢献した［Fysh and Wolfreys(1992)：323，Bastow(2000)：4］。突然に躍進を果たしたFNは，理念や政策面で未整備な状態にあり，「新右翼派」の加入によって体系的なプログラムや一貫性のある言説を与えられることになる。

　たとえば，メグレたちは，「新右翼」によって案出された新しい人種主義の理論をプロパガンダの武器としてFNに提供した。そのことによって，FNは「混血」の脅威に対して「相違」の価値を防衛するという新しい人種主義に立脚した反移民キャンペーンを展開することになる。人種差別主義という批判を回避するためにフランス人の「相違への権利」を行使するという立論で，事実上の移民排斥の主張が可能となった。新右翼の「差異論的人種主義」によって，ルペンの情緒的で衝動的な人種主義的言説は精緻化され理論化された信念へと高められたのである［Dély(1999)：64］[16]。

　メグレたちは，FNの思想・文化領域での戦闘のために理念の生産装置を整備し，さまざまな媒体を駆使して，その成果を普及させる活動にあたった。理念の生産装置の整備としては，1989年に，ルガルのイニシアティブで「科学評

議会 (le Conseil scientifique : CS)」が設立された。

　CSは，FNが浸透していたパリ第4，リヨン第3，イクス・マルセイユのようないくつかの大学からメンバーをリクルートした。人口論，グローバル化，フランスの起源，レジスタンスなどのテーマでシンポジウムが開催され，FNの立場を正当化する場として利用された。たとえば，レジスタンスのシンポジウムでは，メグレが「レジスタンス闘争は，ドイツの侵略とナチスの圧制を妨げることを狙っていた。ところで，今日でも，侵略と圧制が存在する」「侵略は，必然的に移民とつながったものである」「エスタブリシュメントは侵略者と協力的な態度をとっている」「FNはレジスタンスの姿勢をとっている」と，ナチスの侵略と現在の移民問題を結びつけてFNの反移民的立場を正当化している［Dély(1999)：179］。

　1990年には，CDHに近い「専門家」を中心に「研究・立論センター (le Centre d'études et d'argumentaires : CEA)」が設立されている。ルガルが主宰する同センターは，彼が議員団長を務めるイル=ド=フランスの地域圏議会を拠点として活動し，エイズ，アルツハイマー，ミッテラン大統領の手術，消費者団体の政治的色分け，ノルウエーの農業，平和的侵略など，多彩なテーマに関する報告書を作成している［Dély(1999)：181-182］。その最も有名な報告書は，1991年に，FNの国民出版社から刊行されたP・ミロズ (Pierre Miloz) の報告書『フランスにおける外国人と失業』であった。同書は，豊富なデータを駆使してフランスにおける失業の原因を移民の存在によって説明し，歴代のフランス政府が外国人労働者に国境を開放する政策をとらなければ，フランス人失業者の63.8％が失業を免れていたと結論づけている［Miloz(1991)：20］。ミロズの報告書は，FNの反移民的な言説に科学的な根拠を与えるものとして，以降もしばしば引用されることになる。

　1988年には，FNに「統治文化を注入する」ために，「議会活動グループ (le Groupe d'action parlementaire : GAP)」が設立されている。FNのメンバーであるENAやポリテクニク出身者や大学教員が参加したGAPは，もともと，1988年国民議会選挙で落選した35名のFN代議士の受け皿としてつくられ，当時の唯一の代議士ピアを補佐する機関として出発した。その目的は，「国民的オルタ

ナティブ」の理念を具体化し，FNのプログラムの実現可能性や一貫性を示すことにあった。GAPには，バリエが若手幹部を集めてつくった「立論細胞 (céllule argumentaire)」があり，FNの地方幹部に現在の諸問題や国民議会で審議中の法案について周知させる活動を展開している［Darmon et Rosso（1998）：91-92］。

さて，そのような理念の生産装置によってつくられた理念や政策は，彼らの出版メディアによって流通させられる。新聞や雑誌の出版活動も，メグレ派の重視した領域であった。

メグレは，1990年に理論誌『リダンティテ (l'Identité)』を発刊している。メグレ派で旧GRECEメンバーのバルデが編集する同誌は不定期刊で，FNに「新右翼」のテーゼを注入する媒体として機能していた。たとえば，1996年に発刊された「人民の敵アメリカ」という特集号では，「長らく切り札と考えられてきたアメリカのメルティング・ポットは，今日，集団間の憎悪と人種主義，最悪の差別をあおり立てる非同質的な集合体と化している。(中略) アメリカの誤った価値の庇護のもとで進められた世界の致命的な画一化に対しては，ひとつのオルタナティブ，ひとつの希望しか存在しない。それは自分たちのルーツに執着し，自分自身への深い信仰に突き動かされた国民が奮起することである」と，「新右翼」が展開してきた，反アメリカ主義と反混血，反多民族社会，反画一化，ルーツへのこだわりといったテーゼが織り込まれている［Dély（1999）：180-181］。

FNの出版活動の立ち後れを痛感していたメグレは，「前衛的で近代的な」日刊紙の発行に取りかかった。それは，FNの事実上の機関紙的な役割を果たしていたカトリック伝統主義派の日刊紙『プレザン』に対抗する意図も込められていたが[17]，真の狙いは，保守勢力との接触，とくに，FN支持者とドビリエ支持者をターゲットに両者の接近を図り［Soudais（1996）：236］，同時に，党の内外でメグレ派の影響力を拡大することにあった。メグレは，彼の若い側近であるバリエに発刊準備をまかせた。日刊紙の名称は『ル・フランセ (Le français)』と命名され，1994年10月25日に創刊号が発行された。第1号は5万部が発行されたが，実売は4千部どまりで，その後も経営が軌道に乗ることはなかった。

1995年6月には資金難に陥り,『ル・フランセ』は153号で廃刊になってしまった［Ternisien(1997):157］[18]。

一般の出版社からの書籍の刊行が困難なFNは,1990年代に入ると自前の出版社を設立することになった。そのイニシアティブを取ったのもメグレで,FNの知的影響力の拡大に向けて「国民出版社（Éditions nationales）」を設立した。バリエにまかされた出版活動は,FNの理念と政策に信頼性を与えることを目的に,FNの三色旗祭りでのルペン演説を収録した『ルペン,自由』(1996年) やメグレの『国民的オルタナティブ』(1996年),『新しいヨーロッパ』(1998年),イル=ド=フランスにおける都市問題の分析と提言に取り組んだルガルの『三色旗』(1991年),移民問題についてのFNの立場と政策を紹介したルガルとPh・オリヴィエの共著である『移民問題』(1992年) などのCEAシリーズ,前出の『FNで活動する』などのIFNシリーズ,豊富に写真を使用した党史『FNの20年』(1993年) といった多彩な書籍が出版されている。

彼らの活動は,党の理念や政策の方向づけにまで及んでいる。メグレは,1991年11月には,「移民問題解決のための50の提案」を発表し,外国人の入国時の保健衛生上のコントロールや10万フランの入国保証金,学校での外国人生徒の人数制限,監視つきの外国人の宿泊センター,1974年以降に許可された帰化の再審査,反人種差別法の廃止,国籍法の改正,フランス人への優先権の付与などを提案している［Darmon et Rosso(1998):207,Bastow(1997):4］。

また,メグレは,1992年3月には,地域圏議会選挙を前に,51項目の経済・社会プログラムを発表している。そこでは,「自国民優先」の諸政策のほかに,再就職促進最低賃金（RMI）,5週間の有給休暇,スライド式最低賃金,労働時間制などの社会政策にも目配りがされていた。そこでは,1985年プログラムの新自由主義的な方向性を基本的に維持しつつも,社会的な権利への配慮も施されていた［Velpen(1993):77］。1990年代に,FNは社会運動とその要求に理解を示し,労働者の組織化にも積極的な姿勢をみせるが,そのようなFNの変化は,メグレとその周辺のイニシアティブによって推進されたものであった（第4章参照）［Breitenstein(1997):3］。

1993年国民議会選挙を前に,FNによって発表された新プログラムである

『フランスのルネッサンスのための300の手段（300 mesures pour la renaissance de la France）』の作成でもメグレが主導的な役割を果たしている。メグレは，ブロー，ルガルを含む起草委員会の委員長として新プログラムをまとめあげ，同プログラムには彼らの考え方が色濃く反映されていた［Simmons（1996）：201, Bastow（1997）：5］。たとえば，その導入部で，「グローバリズムに抗してフランスのアイデンティティを防衛すること」「反フランス的人種主義によるスキャンダラスな状況の終焉」「自国民優先の導入」といった，彼ら「新右翼派」に馴染みのテーマが展開されている［Front national（1993）：12-21］。

メグレのイニシアティブによって作成された1993年プログラム

ベルリンの壁の崩壊によって宿敵であった共産主義の脅威は去り，FNは反共という中心的なテーマを失った。今や，「新右翼派」の知的イニシアティブによって，社会主義対資本主義という対立の構図はナショナリスト対グローバリストという構図に置き換えられ，グローバリズムに対して国民共同体の利益とアイデンティティを防衛するという主張が前面に押し出されることになった（第7章参照）。1990年代を通じて，FNイデオロギーの「メグレ化」は確実に進行していった［Dély（1999）：68］。

以上のように，FNに知的ステータスと理論的知識の重要な部分を供給してきたのはメグレたち「新右翼」出身の幹部であり，FNは「新右翼」の知的武器庫から「相違」「アイデンティティ」「自国民優先」を含む一連の用語，観念，理論を調達した。そのような知的武器はFNの主張を洗練化し，説得力を高めた。体系的で一貫したプログラムをもっていることはFNに信頼性を与え，政党競合の場では強力な武器となった。「新右翼派」は，FNを彼らの「思想の実験室」としていたが［Davies（1999）：34］，その実験は確実に成果をあげていたといえる。

全国代表部を舞台としたメグレや側近による思想的影響力の行使のほかに，「研究・立論センター」「科学評議会」「国民出版社」『リダンティテ』といったメグレ派のイデオロギー装置が思想を生産し，「全国研修研究所」や「幹部学校」が活動家や議員のなかにその思想を普及させ，党のプログラムや出版物の形で党外にも主張を広げるというシステムができあがった。そのようなシステムは同時に，メグレ派の党内での影響力を強化する手段にもなった。

1) 「新右翼」という呼称は，1980年代から1990年代にヨーロッパ諸国の選挙で伸張する極右政党を総称する場合にも使用されている。山口定・高橋進編『ヨーロッパ新右翼』（朝日新聞社，1998年）がその例であるが，本書で「新右翼」を使う場合は，フランスで極右陣営に誕生した特定の思想潮流をさしている。1970-1980年代に英米で台頭する，経済的には新自由主義を信奉し，宗教をベースにした伝統や道徳秩序の再建を強調する新保守主義を「新右翼」と呼ぶこともあるが，その思想潮流とも異なっている［Taguieff (1994):9］。P‐A・タギエフ（Pierre-André Taguieff）は，「新右翼」という呼称を厳密にGRECEだけに適用することを提唱している［Taguieff(1994):66］。たしかに，現実政治から距離を置き，純粋な極右陣営の「思想の実験室」に活動を限定するGRECEと，メグレたちがGRECEの別働隊として結成して，現実政治への積極的な影響力行使を重視する「クラブ・ド・ロルロージュ（CDH）」では基本的な指向性において大きな相違があるし，経済的自由主義，アメリカニズム，カトリシズム，共和制などへの評価においても食い違いをみせている。しかし，1979年までは，両者は一括して「新右翼」と呼ばれていたこと，反平等主義や差異とアイデンティティの重視など多くの基本的価値を共有していること，そして，人脈においても少なからず重複していることから，本書では，両者を「新右翼」と一括して呼ぶことにする。なお，FN内におけるメグレたちのグループを呼ぶときは，その出自を強調するときは「新右翼派」，メグレを中心とした党内での主導権争いを強調するときは「メグレ派」という呼称を使うことにする。なお，「新右翼」は，1990年代以降は運動としては衰退していくが，FNのイデオロギー，とくに若い世代のそれに大きな影響を残している［Crépon (2006):42］。
2) 「新右翼」の思想と運動の詳細については畑山(1997) 第4章を参照。
3) ゆえに，CDHの会長ブローは「新右翼」という呼称を拒絶し，「新共和主義者（le nouveau républicain）と名乗っていた［Rollat(1985):157］。
4) 彼らが「共和主義」をシンボル的価値として掲げたのは，左翼政権成立という政治的文脈において高度に実際的な意味をもっていた。政治的シンボルとして「共和主義」を独占することで，共和主義的価値に反するものとして社会主義を非正統化し，左翼を防衛的立場に追い込むという戦略的判断に立脚していた［Taguieff(1985) 83-89］。
5) CDHのメンバーとは対照的に，A・ド・ブノワ（Alain de Benoist）はFNを拒絶していたし，GRECE自体も，FNの「カトリック的メシアニズム」と「偏狭なナショナリズム」をきらい，距離をおいていた［Ternisien(1997):155］。

6) 個人的なことではあるが，メグレが信頼を寄せていたルガルが先にFNに加入し（1985年9月），メグレにFNへの参加を決断することを迫ったことも大きな要素であった［Dély（1999）：42］。

7) そのような諸潮流の雑居状態はFNの恒常的な状態である。たとえば，世論調査機関（SOFRES-FNSP）による，1992年ニース大会に出席した代議員への調査では，16％が王政への指向性を表明しており，王党派の思想的影響も少なからず残っていた［Ternisien（1997）：215］。

8) そのようなモザイク的な勢力配置は，1990年時点での政治局メンバーの構成にも反映されていた。たとえば，王党派のG-P・ヴァグネルGeorge-Paul Wagner)，古参党員派のR・ゴーシェ（Roland Gaucher），F・ブリニョー（François Brigneau），R・オランドル（Roger Holeindre），ソリダリスト派のM・コリノー（Michel Collinot），M-F・スティルボワ（Marie-France Stirbois），カトリック伝統主義派のB・アントニー（Bernard Antony），「新右翼」派のメグレ，ルガルなどの名前が散見され，古参党員派の優位のもとで各派閥の主要人物が代表されていた［Fysh and Wolfreys(1992)：319, Declair（1999）：237-238］。

9) 1990年代は，ルペンとFNを創設した古参党員が高齢化し，政治の第一線を退く時期にきていたことも，メグレ派の台頭とは無縁ではなかった。ルペンの顧問弁護士でもあったヴァグネルやP・デカヴ（Pierre Descaves），M・バイベ（Michel Baybet），J・ヴァランヌ（Jean Varenne），オランドル，ルイドー，ルヴォーは，1990年代中葉にはいずれも60歳後半-70歳代の年齢に達しており，FN指導部の世代交代は必至であった［Darmon et Rosso(1998)：245］。

10) 1987年9月，ナチス・ドイツの強制収容所のガス室の存在が「第二次世界大戦の歴史の些細なこと（un point de détail）」であるというルペンの発言は大きな波紋を投げかけ，保守陣営から移籍したドルムッソンの離党を招いた。さらに，社会党政治家の名前と強制収容所の焼却炉の言葉をかけたルペンの舌禍事件は，ピア，バシュロ，アリギの離反をもたらした［Perrineau(1997)：48, 58］。

11) 1994年欧州議会選挙で当選した11名の議員の構成も，FN内のメグレ派の台頭を反映したものであった。すなわち，11名の内訳は，メグレ，ブロー，ルガル，F・ル・ラシネル（Fernand Le Rachinel）の4名と，カトリック伝統主義派と古参党員派のゴルニッシュ，J-C・マルチネーズ，M-F・スティルボワ，アントニー，3名のルペンの側近，すなわち，ルペン，ラング，J-M・ル・シュヴァリエ（Jean-Marie Le Chevalier）であった［Cambadélis et Osmond(1998)：410］。

12) ゴルニッシュは，1950年生まれで，国際法の国家博士の学位のほか，政治学，東洋言語の学位ももち，マレー語，インドネシア語，日本語を流暢に操ることができる。彼は，リヨン第3大学で日本文明を教え，言語学部の学部長も務めている。他方，「親フランスのアルジェリア・フランス学生全国連盟（la Fédération nationale des étudiants de France pro-Algérie française）」の書記を務め，過去には「南ヴェトナム支援委員会（les comités de soutien au Sud-Viêt-Nam）」とも関係し，極右運動のキャリアももっている。1984年欧州議会選挙でFNリストから立候補し（落選），1986年国民議会選挙ではローヌ県から当

選している．1989年欧州議会選挙で当選し，1994年にはFNの副党首に選出されている．知識人としての自分と違ったタイプであるルペンにあこがれる忠実な幹部である［Dély (1999): 93-94］．なお，彼は，自分の全国書記長への選出に貢献した反メグレ派に報いるため「県連アドバイザー（les conseillers fédéraux）」のポストを新設し，ルイドー，M-F・スティルボワ，M・ビルド（Martial Bild），J・コロンビエ（Jacques Colombier），D・ブテイエ（Danies Bouteiller），シャボシュ，J-P・シュナルディ（Jean-Pierre Schenardi）らを任命している．ゴルニッシュを中心に党内では着々と反メグレの布陣が整えられていった［Darmon et Rosso (1998): 44］．

13) FN指導部は，一貫して古参党員が多くの割合を占めてきた．1998年の時点でも，政治局の大半は古参党員であった．FNのイメージ転換のために1985-1986年にリクルートされた保守出身の「ショーウインドー的エリート」は，政治局にはル・シュヴァリエ，ピア，バシュロの3名しか登用されなかった［Birenbaum et François (1989): 88］．

14) 全国評議会は，1995年の時点では300名のメンバーからなり，政治局員，中央委員会委員，県連書記，地域圏議員，欧州議会議員で構成されていた［Darmon et Rosso (1998): 42］．

15) IFNの研修参加費は，1日参加で議員1人あたり約3,000フランが徴収された．RPRの研修機関「地方民主主義全国協会（l'Association nationale pour la démocratie locale）」が1,800フラン，社会党の「コンドルセ研究所（l'Institut Condorcet）」が2,000フランを超えない額であったのに比べて，IFNの研修費は高額であった．1995年度は，IFNは約7,600万フランの利益を計上している［Dély (1999): 177］．FNは，議員歳費からも拠出金を得ていたが，研修活動も党の貴重な資金源になっていた．

16) 「新右翼」の新しい人種主義の理論がFNに継承されていることは，しばしば指摘されている．「劣等な生物学的人種」との闘争ではなく，「自国民優先」の原則と異なる文化間の平和的共存の不可能性に立脚した「新右翼」のモダンで「文化化された（culturalisé）」人種主義は，FNの単純な思想に信頼できる外観を与えた［Velpen (1993): 62］．混血への強迫観念や差異の称賛を中核とする文化的・差異論的人種主義は，FNによって政治の領域に持ち込まれ，その言説はナショナリズムと新しい人種主義の結合を表現している［Plenel et Rollat (1992): 198］といった指摘が典型的なものである．「われわれは，自分たちのパーソナリティを防衛する権利と義務をもっているだけではなく，自分たちの相違への権利ももっている」というルペン発言が示しているように，彼の自民族中心主義的なナショナリズムには，混血への強迫観念や不平等の肯定，相違への権利を根拠とする排除と差別，フランス人優先の正当化といった「新右翼」と同質の発想が多々存在していた［Taguieff (1989): 181-182］．なお，新人種主義についての詳細は，畑山（1997）第5章を参照．

17) 政治局では，M-F・スティルボワとアントニーが，メグレの日刊紙発行に怒っていた．正式な機関紙ではないがFNの準機関紙的な存在で，カトリック伝統主義派に近い日刊紙である『プレザン』にとって，そのような日刊紙の発行は妨害行為であったからである．ルペンは，ブローに「メグレを説得して，すぐに日刊紙をやめさせる」ことを命じた．『プレザン』の側からは，メグレの新聞が非キリスト教的で反カトリック的であるという

批判が加えられた。メグレの野心的な日刊紙発行は，反メグレの党内世論を刺激することになった［Dély(1999)：77-79］。
18) 『ル・フランセ』は，出版社CARNIXから発刊されていたが，同社には，J‐J・ムロー（Jean-Jacques Mourreau），M・デジュス（Michel Dejus：新右翼系雑誌『エレマン（Element)』の寄稿者），P・ド・ムーズ（Pierre de Meuse：GRECEのストラスブール・グループ所属）といった「新右翼」の人脈が築かれていた［Camus(1996)：182］。

第4章
国民戦線 (FN) の戦略的変化
—— 「社会的右翼」へ

1 労働者の組織化へ

　1990年代のフランスは，労働者，事務従事者といった民衆的社会層にとって苦難の時代であった。高い失業率，とくに青年層で高い失業率，失業の長期化，不安定雇用化，社会的「排除」など，彼らを取り巻く環境は厳しさを増していた。1997年度の新規雇用者約19万人のうち12万人は派遣労働者であり，1997年3月時点で，失業者の3割が倒産とリストラによる解雇であった。失業者300万人と不完全雇用360万人の合計660万人という数字は，フランスの全労働人口2,500万人の4人に1人が雇用に関して何らかの問題を抱えていることを意味していた［松村(1999)：231-232］。

　1980年代に，フランス社会は「排除」の過程に飲み込まれる人々とグローバル時代の流動的なプロセスに乗ることができた人々との間に分かれ，二元化していく。フランス経済の浮揚をかけた起死回生策として推進されたEU統合は国民的な富を拡大した反面，雇用を破壊し，最も脆弱な社会層をますます不安定化させ，社会の二元化に拍車をかけた。青年，女性，労働者での失業の増大とその長期化，歴代の政府の問題解決能力の欠如，政治腐敗の頻発，社会での暴力の可視化，社会的格差の拡大，居住地域の荒廃といった諸現象は労働者を中心とした民衆的社会層を直撃し，彼らのなかでは政治への不信と不満を急速に拡大していった［Viard(1996)：11-28］[1]。

　そのような民衆的社会層とくに労働者層にとって厳しい環境は1980年代に始まったものではない。フランスでは，1970年代に「労働の世界」はすでに解体をはじめていた。工場を中心に形成された「労働の世界」は，社会的な

記憶や名誉の論理,「男らしさ」の幻想,平等の文化をともなって成り立っていた。そこでは,工場と共産党,社会党,組合,労働運動関連の諸団体の間で濃密なネットワークが育まれ,労働エリートによって編成された言説は労働世界につきものの外国人ぎらいの感情を抑制してきた。そのような世界の解体は製造業で始まり,今や事務職やサービス業に及んでいるが,それは,地域や職場の独特な労働文化の弱体化や政党支持の社会職業的構造の風化をもたらしている。その結果,労働者のなかでは,一方で左翼,とくに共産党の支持が低下すると同時に,他方で,FNへの抵抗力が急速に弱まっている[2]。

1986年国民議会選挙時から,従来の左翼政党を支持していた民衆的有権者が社会的不満や左翼政党への不信から極右政党への投票に走るという投票行動は顕在化していたが,1980年代のFNの中心的なターゲットは基本的に伝統的中間層や経営者層に置かれていた。

1984年9月に,FNは「近代的企業と自由 (Entreprise moderne et liberté：EML)」を結成しているが,EMLは「FNに近い商人,企業経営者,自由業者に受け皿を提供する」ことを目的としており,当時はどちららかといえば,伝統的中間層や経営者層への浸透に力を注いでいた。たしかに,当時から,国鉄,パリ交通公社,港湾,公務員の職場に浸透を図ってはいたが,コーポラティズムの伝統にそった組織化の努力は職場の労働者やホワイトカラーにはきわめてわずかの反響しか見いだすことができなかった ［Bihr(1992)：101-102］。やはり,1984年の選挙における突然の躍進から1990年代の中葉までは,彼らが働きかける中心的な対象は伝統的中間層であった[3]。

FNは,1988年から5月1日にメーデーとジャンヌ・ダルク祭を統一して開催して労働者への配慮を示してはいたが,従来は明らかに労働運動を敵視して労働運動とストライキへの規制を主張してきた。1987年1月と1988年12月の鉄道ストに際しては,彼らは「労働の自由」と「利用者の防衛」を掲げてストライキに抗議するデモを何度も組織している。また,1995年11月-12月の大規模なストライキに対しても,当初は社会的異議申し立てへの本能的ともいえる敵意から冷淡な姿勢をみせていた[4]。

そのような姿勢が本格的に変化しはじめるのは1995年11月-12月のストライ

キの後であった。1995年の争議は，社会保障改革，とりわけ，公務員が従来享受してきた年金の特権廃止を政府が打ち出したことが原因で始まったが，郵便，公共交通などの公共部門の労働者によるストライキは1か月にわたって続き，経済活動や市民生活に大きな打撃をもたらした。

　当初，J‐M・ルペン（Jean-Marie Le Pen）はアルカイックで労働者を代表していない組合組織による民衆のスキャンダラスな動員であると非難し，ストライキの中止を求めていた。ところが，ルペンのそのような立場に反して，多くのFN支持者がストライキに共感を示し，ストライキを支持していることが明らかになる［Bihr（1998）:92］⁵⁾。FNは，そのような支持者の世論と1995年11月-12月のストライキ運動の間に政治ゲームの蚊帳の外に置かれたことを教訓にして，社会運動に浸透を図るために，1996年の初めからフランス人の雇用や経済的・社会的安全の防衛といった社会的テーマへと運動の舵を切りはじめた［Taguieff et Tribalat（1998）:22］⁶⁾。

　FNの労働運動に対する姿勢の転換は，1996年3月23日にボルドーで開催された地域圏議会議員の集会での全国代表幹事B・メグレ（Bruno Mégret）の発言が象徴している。彼は「FNはマーストリヒト条約に反対するフランス労働者」の擁護者であり，マーストリヒト条約，共通通貨，GATTを支持するような大企業の側に立って行動することはない。FNは，サラリーマンや自営のフランス労働者の側に立ち，最も困窮している人々を擁護することに全力を注ぐ」と宣言している［Soudais（1996）:131-132］⁷⁾。

　そのように労働者の側に立つことを宣言したFNであるが，その活動はそれ以前から，彼らが「非マルクス主義」系と判断した既成組合への浸透とFN系の組合の結成という2つの方向で進められていた。

　第1のパターンは，労働者の力(FO)，フランス・キリスト教労働連盟(CFTC)，管理職総同盟(CGC)などの既成のナショナル・センターへの浸透の追求である。その方法として，彼らが重視したのは，危機に瀕している企業の労働者に働きかけることであった。

　FNは，紛争や危機的状況にある企業に働きかけるために，G・ペネル（Gilles Pennelle）の指揮下に「現場活動（actions de proximité：AC）」を展開した。当時，

その活動は，ユール県とセーヌ=マリティーム県そして，その近隣の諸県に地理的には限定されていたが，労働者に対する「潜入工作（noyauage）」の活動として，①各県連が解雇や閉鎖に直面している企業を探知し，その情報をACに送付し，②FN本部は，従業員や党の活動家に向けてビラを配布する時期を決定し，③工場の前でのビラ配りや戸別ビラ入れの行動を展開し，④各県連がより詳しい情報を求める個人に詳細な文章を郵送し，その後，地域の責任者が戸別に訪問するという系統的な働きかけを行っている［Darmon et Rosso（1998）:79-80］。

彼らは，経営難に陥っている企業やリストラが進行中の産業部門に介入し，グローバリズム（mondialisme）の弊害を告発し，既成の労組がフランス人労働者の利益を裏切っていることを糾弾している。組合員に奉仕する活動ではなく経営側の付属品になり下がっている既成の労働組合の告発に基礎を置くキャンペーンが展開した［Bihr(1998):92, Ivaldi(1998):16］。

たとえば，FNの全国代表幹事メグレは，1996年10月6日に，ムリネックス社のマメール工場の前でグローバル化と工場の売却・移転に抗議するビラを活動家とともに配り，従業員の解雇に抗議している。同工場では，経営側は企業のリストラ計画にそって工場の閉鎖を打ち出し，2,600名の従業員の解雇が発表されていた。彼は，政府と経営側に妥協的な労組の姿勢を非難し，問題のある現場にはどこにでもFN活動家が駆けつけることを宣言していた。その言葉どおり，1997年9月29日には，フランス・テレコムの民営化に反対して，ジャン=ジョレス通りにあるフランス・テレコムの北部パリ本部前でビラを配布している［Bihr(1998):92, Perrineau(1997):88］。

FNの労働者への浸透活動は，一部の地方で成果をあげていた。たとえば，ヴァル県では，プロヴァンス=アルプ=コート・ダジュール地域圏のCFTC組織が1995年に発行した『自由の観察者（l'Opservatoire des libertés)』によると，FNは，同地域圏で，CFTC，CGC，FOへの浸透に成功していた。また，FNが政権を掌握していたトゥーロン市では，助役の中にCFTCとFOの旧幹部が含まれていたし，HLMの理事会の理事長選挙ではFOの代表がFN候補に投票していた。アルザスでは，CFTCは最もFNの浸透が進んでいた組合で，FN幹部のひとり

であるB・アントニー（Bernard Antony）が地域圏指導部に参加していた。エロー県では，Ch・ガルチエ（Charles Galtier）がCFTCのエロー県の県書記補佐も務めながら水面下でFNの活動を行っていた。エクサン=プロヴァンスでは，1997年9月，CFTCの県連はCFTC系の警察官組合に対してFN系警察官組合に所属している11名の代議員を排除するように要求している。

第2は，FN系の労働組合を結成する試みであるが，そのような働きかけで一定の成功をみたのは，まずは警察官においてであった。従来，警察官の間では，1973年に結成された「警察官独立職業連盟（Fédération professionnelle indépendante de Police：FPIP）」が極右系組合として知られていた。当初FNは，FPIPへの浸透を画策し，全国書記長のJ-P・スティルボワ（Jean-Pierre Stirbois）は部下のM-C・ロロ―（Marie-Claude Loreau）を通じてその作戦を遂行した[8]。しかし，その思惑ははずれ，1990年代に入ると，FPIPとFNの関係はしだいに悪化していく［Darmon et Rosso(1998)：51, Konopnicki(1996)：304］。既成労組FPIPへの浸透工作に失敗したFNは独自の労組結成へと向かうことになった。

1994年9月17日，J-P・ロランドー（Jean-Paul Laurendeau）は13名の同僚警察官とともに「警察連帯（Solidarité Police：SP）」を結成する（機関紙の『フランスの警察官（Le Policier français）』は，1996年5月に第1号が発刊されている）。ロランドーは，早速，組合活動のための便宜供与を内務大臣に申請しているが，「その代表性は認められないので権利は制限される」と要求は却下されている［Darmon et Rosso(1998)：51］。1995年に，SPとは別に，FPIP内のFNメンバーによって，「警察国民戦線（Front national de la Police：FNP）」が結成された（1997年3月には結社が禁止されている）。

1995年12月12日-15日に実施された職場代表選挙で，SPは主に地域圏のレベルで，FNPは全国レベルと地方の警察で候補を擁立している。FNPは，4,845票（7.45%）を獲得して極右系の既成労組FPIPの3,722票（5.83%）を上回って第4勢力になり，「管理調停委員会（commissions administratives paritaires）」に1名の代表を送り込んでいる。また，地方の警察署では，オランジュ（ヴォクリューズ県），オクセール（ヨーヌ県），ブソン（ヴァル=ドワーズ県），シェール（セーヌ=エ=マルヌ県）で，FNPの得票率は40%を突破している。パリではSPが1%,

FNPが9.5%を得票し，その結果，FNは内務省の「全国警察調停技術委員会 (Comité technique paritaire de la police national)」に代表を送り込んでいる［Darmon et Rosso(1998)：51, Soudais(1996)：212, Cohen(1997)：282］。

警察官のほかに彼らが力を入れていたのが，パリ市交通公社（RATP）であった。1996年3月22日には，「FN・パリ市交通公団（FN-RATP）」が結成されている。RATPでは，FNの活動家がFOや独立系労組のなかで数年来活動を展開してきたが，1995年11月-12月のストに参加したメンバーによってFN系の労組が結成されている。

教育の分野では，1995年10月には「国民教育運動（Mouvement pour un enseignement national：MEN）」が組織されている。1級教員資格をもつO・ピション（Olivier Pichon）によって率いられるMENは，教育・研究・文化領域への浸透を任務としている。具体的には，父母と教員を組織対象としていたMENは42県で2,500名の教員を組織していると主張している。

彼らは，学校の抱える諸問題に対する公権力の能力欠如，教職員の権威回復の必要性，イスラムに対する教育の中立性を強調し，彼らの作成した学校憲章では，革新された学校における共和主義的秩序と治安の回復，暴力と放蕩への傾斜から青年を守ること，フランスとヨーロッパの文明的価値を確立する国民教育の再建，法律の範囲内でイデオロギーや道徳的圧力を受けない自由な教育権の教員への保障などを要求している［Darmon et Rosso(1998)：70］。

MENは教育分野に築かれたFNの橋頭堡であった。彼らは，権力への道にとって最も大きな障害はメディアと学校における左翼の知的支配であると考えているからである。教育がそのような勢力の支配から脱し，リベラルな教育理念の支配する場から伝統や秩序を尊重し，国民的なエリートを選別する場に転換することをめざしているのである［Hunter(1997)：41-43］。

ほかにも，1995年5月には「公務員全国連盟（Fédération nationale des fonctionnaires)」が，1996年4月には「FN・リヨン公共交通労組（FN-Tanports en commun lyonnais)」，10月には「FN郵政労組（Front national de la Poste)」，12月には「FN看守労組（FN-Pénitentiaire：FNP)」が結成されている。

また，FNは既成の労働運動組織のなかに分散している活動家の受け皿とし

て，ルペンの女婿であるS・マレシャル（Samuel Maréchal）のイニシアティブのもとで「賃金労働者全国サークル（Cercle national des travailleurs salariés：CNTS）」を設立している。1996年6月，マルセイユで発足したCNTSは，5つの既成労組に加入しているFNの党員，活動家，シンパを組織し，労組員の間に密かにFNの考えを広めて組合指導部へのFN党員の選出を進めることを任務としていた［Cambadèli et Osmond(1998)：435-436］。

1997年12月10日の「労使調停委員会（conseil des pru'domme）」の選挙で，FNは「フランス労働者全国調整委員会（coordination française nationale des travailleurs）」の名の下に34県で132のリストで臨み，5.91％の得票で18名の当選者を出している［Cambadèlis et Osmond(1998)：435-436］。

そのようないくつかの事例は，FNの労働運動への浸透をうかがわせる。たしかに，組織的な浸透は期待したほどには成功しなかったが，FNの労働組合員への影響力は着実に増大していた。1995年の大統領選挙時のCSA調査によると，労働組合の組合員やシンパでは労働総同盟（CGT）7％，フランス民主主義労働同盟（CFDT）6％，CFTC 5％，FO 16％，国民教育連盟（FEN）17％，CGC 24％がルペンに投票している。また，1997年国民議会選挙でも，CFDT 7％，CGT 11％，FO 18％，CFTC 6％の組合員がFN候補に投票している［Bihr(1998)：91-92，Darmon et Rosso(1998)：69］[9]。

そのようなFNの攻勢を前に，既成の労組側も手をこまねいて傍観していたわけではない。FNの浸透への対応の緊急性についての意識は高まっていった。たとえば，5つのナショナル・センターは首相のA・ジュペ（Alain Juppé）に対して，全国レベルで労働者を代表している組合にだけ労使調停委員会の選挙に参加する権利を認めるように共同の申し入れを行っている。また，既成労組側は，裁判の場でFN系労組の合法性を争い，公的セクターでのFN系労組の結成を禁止する一連の判決を勝ち取っている。たとえば，1996年6月7日，CFDTはナンテールの裁判所に「FN・パリ市交通公団」の結社禁止の訴えを起こし，裁判所はそれが政治組織の丸抱え組合であるという理由で結社禁止を言い渡している。また，同様の一連の訴訟では，FN労組の合法性を否定する判決が相次ぎ，FN系組合の活動は必ずしも順調ではなかった［Cambadèli et

Osmond(1998):435, Darmon et Rosso(1998):72-75, Bihr(1998):93][10]。

そのほかにも，各労組はFNの活動への監視を強化し，出版物，シンポジウム，セミナー，研修を通じてFNの危険性を組合員に周知徹底させるキャンペーンに取り組むなど，組織的な活動を展開していた。多くの県では，組合の違いを超えて，FNに対抗する共同の活動に取り組むことが決定されている。

以上のように，従来の極右の伝統とは違って，FNは，労働者，事務従事者への積極的な組織化に乗り出し，活動家のリクルートに務めている[11]。そのような試みは，けっして期待どおりの成果をあげているとはいえない。しかし，労働者，事務従事者，失業者などの民衆的社会層を取り巻く環境が厳しいなかで，FNにとって勢力伸張の新たな可能性を秘めた分野であることは確かだし，何よりも，フランスを危機に陥れているエリート層に対抗する民衆の「護民官」としてのイメージづくりには，労働者，事務従事者，失業者などへの浸透は有益であった。

2　「社会的右翼」への変身

社会学者のJ・モシュズ-ラヴォ（Jean Mossuz-Lavau）の著作のなかで，1995年大統領選挙の第1回投票でルペンに投票し，第2回投票では社会党候補のL・ジョスパン（Lionel Jospin）に一票を投じた労働者が紹介されている[Mossuz-Lavau(1998):233-245]。左翼支持者の両親のもとで育ち，自分自身も左翼を支持してきた郵便局員のロジェ（仮名）は，移民に対して理解があるし，ルペンの人種主義的言説にけっして与してはいない。また，ロジェは，FNが民主主義にとって危険な存在であるとも思っている。しかし，彼は選挙ではルペンに投票している。彼をそのような矛盾する投票行動に駆り立てたのは，フランス政治の現状に対する不満と怒りであった。一方で大企業が膨大な利潤をあげながら，他方では多くの労働者が解雇されたり，きつい仕事に従事してきた労働者が55歳を超えても働くことを強いられている。高齢者が1キロの桃を買えないのに，大量の桃が価格調整のために廃棄処分されている。彼自身も，3人の子どもを抱えて，気晴らしにレストランや映画に行くゆとりもない。そ

のような現実に対する憤りから，ロジェは既成政党の候補に投票する気になれず，ルペンに票を投じたのだった。彼には，ルペンが一般の人々が心のなかで考えていることをはっきり口に出して発言している人物に思えたし，何よりも，ルペンへの投票によって既成政党，とりわけ，左翼政党への抗議と警告を表現することができるからである。ロジェは，1990年代になって目だってくる，民衆的社会層に属する左翼支持者でFNに投票するようになった，いわゆる「左翼ルペニズム者」の典型的な例であった。

　1960-1970年代の経済成長と福祉国家の時代の後，新自由主義の「対抗改革」の1980年代は，「社会問題」の否定を特徴とする勝利した市場経済の時代であった。しかし，1990年代の半ばごろから，1995年11月-12月の長期ストライキに象徴される「社会問題の復活」「社会運動のルネッサンス」の時代に回帰している観がある。「失業者の労組」を中心とした失業者の運動や住宅占拠闘争，サン・パピエ（滞在許可書をもたない移民）への支援運動など，失業者や社会的に困窮し，排除された人々の運動や支援運動が1990年代には活発化している〔稲葉(1998)，ドマジエール・ピニョニ(2003)，Aguiton et Bensaïd(1997)〕。1990年代のフランスでは，約500万人が貧困ライン以下の生活を送り，約50万人がホームレス状態にあった。ロジェのような定職をもつ者の生活の困難さに加えて，住宅や職業，教育，地域社会などから排除された者たちの問題も深刻化し，社会問題に対する国民の関心も高まっていた。

　そのような社会問題の表面化と社会運動の高揚は，FNのそれまでの姿勢に転換を迫るものであった。ただ，社会的な要求への配慮はFNにとってけっして新しいものではなかった。1972年の発足当初から，彼らは「国民的・民衆的・社会的右翼」を自認していたからである[12]。しかし，1980年代は新自由主義の主張に傾斜し，社会的な要求の擁護に熱心であったとはいえなかった。従来の暴力的で急進的なイメージを転換するために，FNは新自由主義的な理念や言説を強調する右翼権威主義路線を採用し，民衆層の利益や社会問題に敏感で熱心というわけではなかった。

　1990年代に入ると，FNは，徐々に失業や賃金，住宅などの社会問題への取り組みを強化して「社会的右翼」のイメージを強化しはじめる。FNは，従来

の移民と治安というテーマに社会的要求を第3の要素として加え，それを「信頼性の支柱」にすることをめざしていた［Soudais(1996):131-132, Perrineau(1997):88］。そのような路線転換は，1990年代に入ってFN支持層の「プロレタリア化」がより鮮明になり，彼らの存在を意識した言説や政策を展開せざるを得なくなったことにも帰因している。

　1995年5月1日の恒例のジャンヌ・ダルク祭は，FNの社会問題に対する姿勢の変化を端的に示していた。同集会で，ルペンは，労働における正義と安全，自由のための労働者と労働組合の長年の闘争を祝福し，フランスの労働者はだまされ，フランスの失業者は裏切られていると発言し，労働者への配慮をにじませていた。また，同集会では，「社会的なもの，それはFN」「社会サービスの防衛」「7千フランの最低賃金」「フランス人への社会保障」「フランス人の雇用」「フランス人優先の低家賃社会住宅」といった横断幕が掲げられており，FNが社会問題にも大いに関心をもっていることがアピールされていた［Darmon et Rosso(1998):71-72］[13)]。

　1995年大統領選挙でも，そのような姿勢の変化は鮮明になる。このときの大統領選挙のキャンペーンでは，前回（1988年）に比べて移民と犯罪という従来のテーマへの言及は減少し，むしろ，失業問題が前面に掲げられていた。ルペンの選挙キャンペーンの中心的なアピールは，失業中であったり，不安定な生活を送っているような有権者層に向けられていたからである。彼は，失業問題に対して独創的な解答をもっていることを自負し，7年間で400万人分の雇用を創出することを約束し，移民の帰国によって125万人，不当な国際競争からフランス経済を保護することで100万人，減税の実施によって100万人，学齢期児童のケアのための月額6千フランの所得保証による女性の退職促進によって50万人などの具体的な数字まであげていた［Fieschi(1997):147, Marcus(1996):307］。

　そして，彼らの社会的関心の強調は具体的な社会事業への取り組みとして表現されている。元マオイストでラルザックの軍事基地拡張反対闘争にも参加した経歴をもつJ-P・ブランシャール（Jean-Pierre Blanchard）は1994年にFNに入党している。ブランシャールは，既に存在していた「フランス連帯」とは別に，

ルペンの支持のもと，冬場に月・木の週2回の温かい食事を街頭で提供する活動に取り組み，FNの社会活動の象徴的な存在となっていった［Darmon et Rosso (1998):67-68］。

また，FNは，それまでも社会のなかのマージナル化された部分の組織化に取り組んできたが，1990年代にはその活動を強化している。1984年結成された「恵まれないフランス人支援全国同盟（l'Union national d'aide aux Français défavorisés)」は，1990年には，「恵まれないフランス人全国サークル（Cercle national des Français défavorisés）」へと改組されている。同サークルは大都市のFN事務所に置かれて，失業者や退職者を対象に精神面や金銭面での援助，法律相談，就職紹介などのサービスを提供している。

1987年には，「反失業戦線（Front anti-chômage)」が，フランス人失業者の求職活動の支援や企業でのフランス人従業員の雇用の優先的維持を目的に結成され，FN機関紙『ナシオナル・エブド』の就職情報欄などを通じて，結成後の4年間で千名の就職口を提供したとされている。同組織は，1994年に結成される「青年の雇用のための研究協会（l'Association de recherche pour l'emploi des jeunes)」とも連携して就職支援活動を目的としている。

1988年には，困窮しているフランス人を援助するという目的で「フランス連帯（Fraternité française)」が設立されている。同組織は，ルペンと当時の全国書記長スティルボワのイニシアティブのもとに貧困なフランス人への支援のための募金活動を展開しており，活動は全国に広がっている［Bihr(1998):91］。

「フランス連帯」や「反失業戦線」の活動は，すでに長年にわたりFNによって取り組まれてきた相互扶助活動に組織的な形を与えたものであったが，困窮しているフランス人同胞に精神的・法的支援を行うと同時に，物質的な援助活動にも従事し，民衆的社会層へのFN浸透の橋頭堡的な役割を担っていた。

同様に，低家賃社会住宅（HLM）に居住する民衆的社会層への浸透も意識的に取り組まれ，カトリック伝統主義勢力のネットワークを背景にその活動を広げている。1996年5月1日に結成された「借家人国民戦線（Front national des locataires：FNL)」は，ユール県の県議会議員Y・デュポン（Yves Dupont）が主宰していたが，フランス人の優先入居，治安の改善，犯罪者の排除を訴えてい

る。FNLは，「借家人全国アンタント（l'Entente nationale des locataires：ENL）」とともに，全国でHLM理事会の居住者代表選挙に参加して31の候補者リストを提出し，1.6％の得票で19名の当選者を出している［Ivaldi（1998）：10，Soudais（1996）：213］。

全国に600あるHLM組織の5％でしか選挙に参加できていないが，HLMは，FNにとって社会的領域への浸透の試金石として重視されている。「われわれが関心を寄せている恵まれないフランス人の居住場所であるHLMは，優先的で戦略的な分野である。なぜなら，移民，犯罪，失業といったフランス社会のすべての問題がそこに集中しているからである」というメグレの発言が，そのことを裏づけている［Darmon et Rosso（1998）：69-70］。

1996年，FNは社会問題への取り組みを本格化するため，C・ラング（Carl Lang）のもとに「社会問題局（Département des affaires sociales：DAS）」を設置した。DASは多くのセクションに分かれ，P・ミロズ（Pierre Miloz）のもとで労働問題や労働法を含めた労働組織・雇用を扱うセクションやM・ユボー（Michel Hubault）のもとで家族・人口問題を扱うセクション，ラングのもとで社会保障に取り組むセクション，A・サビアニ（Agathe Sabiani）のもとで社会扶助・貧困・排除・住宅の問題を扱うセクションなどが存在した。そのほかにも，活動は活発とはいえないが，障害者，高齢者，健康・保健，都市などの政策研究のセクションが置かれている。

フランス共産党が衰退した今日，FNは民衆層への浸透に成功している唯一の政党である。ミッテラン時代は，政治生活での左翼の支配とは裏腹に左翼側の大衆組織が衰退した時代であった。他方，FNの側は，地域や職場での活動を強化し，大衆組織のネットワークを確実に築きあげてきた。選挙での得票の不安定さを自覚していたFNは，社会団体や労組に浸透して活動を活発化することで，その影響力を強化するという戦略を追求している［Konopnicki（1996）：324-326］。

彼らは，衰退傾向にある共産党に代わって「護民官的役割」を果たすことをめざしている。「人民の弁護人」であり「フランス国民防衛のチャンピオン」として，彼らは左翼に代わって，最も恵まれないフランス人を擁護する役割を

演じようとしている［Soudais(1996)：136］。そして，そのような彼らの意図は一定の成功を収めている。

ただし，FNの演じようとしている「護民官」は，フランス共産党のそれとは異なっている。すなわち，労働者の階級的利益を擁護するのではなく，フランス人の利益を守ることに彼らの主眼はあった。FNにとって社会問題の解決という課題は，国民共同体の再建・強化というナショナリスティックな目的をもっている。彼らにとって，フランスの社会問題の原因は国内外における反国民的な存在に帰せられる。とすると，そのような原因を除去して国民共同体を再建・強化することにしか根本的な解決法はないからである。結局，FNにとって社会問題の解決は，ナショナルな価値や実体を守るという至高目的を実現するための手段であった。そのことは，彼らの社会問題に対する根本的な処方箋である「自国民優先」に焦点を当てることで明らかになる。

3 「自国民優先」と反グローバリズム

社会問題を強調しはじめたFNであったが，その解決への処方箋は独特なものである。すなわち，労働者，事務従事者，失業者といった民衆的支持層の境遇を改善するためにFNが前面に打ち出した理念が「自国民優先」であった。それは，FNの理念の核となる概念であり，彼らにとって，マルクス主義にとっての「階級闘争」の観念と同じように，それはすべての事象を説明する鍵である。

その概念は，1960年代末に結成される思想集団である「新右翼」がFNにもち込んだ観念であり，党内での彼らの思想的影響が最も端的に表れているテーマであった[14]。

その内容は，フランス国民（EU諸国民を含む）に，外国人を上回る権利を与えること，すなわち，雇用，公共住宅，社会給付，職業訓練などの分野で，フランス国民を優先して非ヨーロッパ系外国人を差別的に扱うことを意味していた。

たとえば，メグレは，14年間の社会党政権のもとでフランス人のなかに貧困は広がり，「社会的・経済的な脆弱性」に苦しんでいるフランス人は増加して

いるが，多くの低所得のフランス人は外国人よりも劣悪な待遇を受けており，一種の「逆の自国民優先」が行われていることを告発している。外国人は世帯構成員が多く，低家賃社会住宅への入居でも，家族手当や社会行動基金（FAS）の面でも優遇されている。彼は，現行の社会政策によってフランス人が犠牲者になり外国人が恩恵を受けるという不公正な現状の是正を訴えている［Mégret(1996):158-159］[15]。

具体的には，雇用の分野ではフランス人を優先的に雇用し，外国人を優先的に解雇することが求められている。外国人を雇用した企業に課税することによって，フランス人の失業問題を解決することをFNは約束している。住宅の分野でも，公共住宅への優先入居権がフランス人に与えられ，住宅の取得に関しては税制上の優遇をフランス人に与えることが，社会保障の分野では，外国人独自の社会保険基金を分離することで社会保険から外国人を排除し，家族手当・（再）就職促進最低所得保証（RMI）などの社会的給付からも外国人を閉め出すことが提案されている。社会保障財政の赤字の原因である外国人を排除することで，その問題を解決できるとFNは主張している。また，教育においても，学校や職業訓練の場での外国人割り当て制を採用することで，外国人生徒数を制限することが要求されている［Bihr(1998):87-88］。また，労働者の組織化にも「自国民優先」が重視されている。FNは，そのような原則にそった人種主義的な要求を軸に労働運動の根本的な方向性を転換することを狙っていた。そのような彼らの意図は，FN系の労組の宣伝文章のなかに色濃く反映されていた[16]。

要するに，FNは移民に対する国民の差別心や外国人ぎらいの感情を利用して国民共同体の構成員と非構成員の区別を強調し，前者の優遇と後者の差別的取り扱いを訴えている。究極的には，制度的な差別を体系的に実施することで移民を出身国に帰還させることが彼らの解決策であり，そのことによって国民共同体の利益とアイデンティティを防衛することが意図されていた。「異分子」を排除することで国民共同体を再建・純化することが，フランス人の「護民官」であるFNの役割であり，本質的な目的であった。

「自国民優先」は，その論理的コロラリーとして対外的にも国民共同体の利

益を優先的に防衛する論理が導き出される。FNは，フランスの労働者の抱えている困難を「グローバル化」によって説明し，右側からの反グローバリズムの立場を鮮明に打ち出していく。すなわち，経済のボーダレス化による国際的な競争の激化によって移民が流入し，雇用が国外に流出し，フランス人の賃金が低下している［Darmon et Rosso（1998）:79］。彼らにとって，移民問題とグローバル化はどちらもフランス経済に悪影響を及ぼし，失業と不安定雇用の問題を悪化させ，フランス人労働者を不当な競争と賃金低下の圧力にさらすという意味では，同一の反社会的で反国民的なものであった。

　グローバル化は，フランスの経済と労働者に深刻な弊害をもたらすだけではなかった。それは，国民的アイデンティティを重視するFNにとって，その土台を体系的に掘り崩す点でも忌まわしいものであった。外国からのヒト，モノ，カネや文化に国境を開放し，他の文明圏から流入してくる移民によってナショナル・アイデンティティを喪失させることになると，メグレは説いている［Hunter（1997）:208］。

　極右の伝統に固有なことであるが，FNは，グローバル化の背後に国民を破壊する陰謀をみていた。彼らにとって，ナショナル・アイデンティティを脅かす敵はコスモポリタン勢力であった。そのような勢力によって進められている「外国人の侵略」に由来する脅威から「生粋のフランス人（Français de souche）」の民族・文化的実体を防衛することは，FNにとって最優先の課題であった［Buzzi（1991）:39］。

　FNが国内の諸困難を説明する鍵として移民の存在を利用し，「自国民優先」の原則を処方箋として提示したように，彼らは対外的にも国民共同体を脅かしている外敵を設定し，その敵との闘いを呼びかけている。ボーダレス化によって脅かされているフランスの利益とアイデンティティを守るためには，「自国民優先」にそった闘いを進めて「グローバリズムの陰謀」を打ち砕くことが急務であった。

　そのような視点は，党指導部の言説や党の文献に散見される。メグレは，「4つの中心軸からなる常識的な政策」の推進を主張しているが，その第1項目には，フランス経済を国境の開放による野蛮な競争から守ることが掲げられ

ていた。国境の開放，関税の廃止，国際貿易と労働の国際分業の強化は進歩と繁栄の条件ではなく，経済的ボーダレス化が世界のいくつかの国の富を増進させたとしても，フランスとヨーロッパの成長と完全雇用には有害なものである。野蛮な地球規模の競争はフランス経済の伝統的構造を破壊し，多くの有害な影響を惹起しており，その冷酷なロジックがフランスの国民的独立を危機に陥れることが憂慮されている[17]。ゆえに，メグレにとって問題は，国際的な自由貿易の流れに反対することであり，その悪しきメカニズムを阻止するために「新しい保護主義」に乗り出すことであった。具体的には，労働力の価値に格差のある国からの輸入品に課税することが提案されている［Mégret（1996）:135-145］。

　ボーダレス化に向かう国際社会の現実から国民共同体を防衛するという発想は，FNのプログラムにも反映されている。1993年のプログラムではグローバリズムとの闘いが基調になっている。「一般に人権の装いのもとに表現されているグローバリズムの主張は，国民共同体の破壊や国境の廃止，人種，国民，文化の混交を称揚している。かつては，マルクス主義が不平等の追放と，階級なき社会をつくりだすことを夢見た。今日では，グローバル主義者が『排除』を追い求め，差異なき社会を実現しようとしている。赤い楽園の神話は，カフェ・オーレの神話に席を譲った」と，新しい敵としてグローバリズムが名指しされている［Front national(1993b):15］。

　また，FNの労働者への宣伝文書のなかでも，グローバル化の脅威がおおいに喧伝されている。FNのルノー内の組織「FN・ルノー（FN-Renault）」は，グローバル化をテーマにしたビラを配布している。「脅威はグローバル化である」という見出しのビラは，グローバル化が，国際競争の論理によって労働者を早期退職に追い込み，賃金の低下をもたらし，ルノーをはじめとしたフランスの自動車産業に消滅の脅威を与えていると断罪している。そして，既成の労働組合と政党は，マーストリヒト条約やグローバル化を擁護することで労働者を裏切っていると糾弾し，FNだけがフランスとヨーロッパの市場を守り，貿易を規制し，社会的既得権を防衛するためにグローバル化と闘っていると訴えている。また，別のビラでも，解雇や賃金の低下，雇用の不安定化はグローバル化と国境の開放の結果であり，そのような馬鹿げた論理から抜け出し，フランス

国境を再強化してフランス製品を防衛することを訴えている［Darmon et Rosso (1998)：268-269］。

さて，そのような反グローバル化の論理は，当然，アメリカの国際的覇権に対する敵対的な姿勢にも帰結する。フランスの不安定化の第1の要因は金融市場にあり，フランスを襲っている脅威はアメリカの覇権的意志や外交的傲慢さ，経済的・通貨的権力，文化帝国主義に由来しているからであった。それに比べれば，移民の不法入国など国家にとって些細な問題と思えるほどであった［Renouvin(1997)：204-205］[18]。

極右系雑誌『プレザン』（1990年10-11月号）で，FNのイデオローグのひとりであるJ-Y・ルガル（Jean-Yves Le Gallou）は「湾岸危機の背後には，アングロ・サクソンの石油利害とイスラエル国家の利害が存在している。（中略）世界政府の軍事力であるアメリカ軍はコスモポリタン的で多民族的な軍隊で，ある点では多文化的である世界政府の似姿である。そのような世界政府の多民族軍は，歴史の終わりというひとつの目的を追求している」と，コスモポリタン勢力の盟主であるアメリカの世界支配の陰謀を湾岸危機のなかにみていた［Perrineau(1997)：68］。

従来，「コスモポリタン」の告発はFNの主張の基調に根強く存在していたが，彼らは，国民のレベルでは移民とマスメディア，政治，文化のレベルでは「コスモポリタンのロビイスト勢力と人権主義者（lobbies cosmopolites et droite-de-l'hommistes）」，ヨーロッパのレベルではブリュッセルの「どん欲なテクノクラート」，世界レベルでは国連のような国際組織といったように，至る所にコスモポリタン勢力の陰謀を嗅ぎつけている［Perrineau(1997)：68］。アメリカの覇権，欧州統合，グローバル化，コスモポリタン化に警鐘を鳴らし国民的利益の防衛を呼びかけるFNの姿勢は，グローバル化に不安を覚え，「国民国家への自閉（enfermement national）」に向かっている支持層の傾向を反映したものであった。

1992年は，労働者をはじめとした民衆層が，生活と労働の場での苦境と，それをさらに悪化させる可能性があるグローバル化の流れに対して，困惑と不安を表現した年であった。その年のマーストリヒト条約をめぐる国民投票では，欧州統合に対する国民の態度は二分される。企業経営者，大規模商店主の65％，

自由業者の66%，技術者の67%，大学教授の71%が賛成票を投じている反面，手工業者・零細商店主の52%，事務従事者の53%，労働者の61%，農民の62%は反対票を投じている。欧州統合とグローバル化の流れに期待を寄せる社会層とそれに対して不安と反発を抱く社会層へと，フランス社会は分極化を示している。かつてはナショナリズムの信奉者であったエリート層は国民国家を超える方向を支持し，インターナショナリズムの側に属していると思われてきた労働者層がナショナルな価値に固執するという逆転現象が生じている［Perrineau (1997):68-69］。

そのようにグローバル化をめぐって国民世論が分極化するなかで，FNの反グローバリズムのキャンペーンには，政界再編を視野に入れた長期的な戦略が想定されていた。すなわち，マレシャルのような何人かの幹部は，グローバル化やコスモポリタン化の拒絶を核とした多数派連合をつくり出す可能性を考えていた。「開かれたフランス」と「閉じたフランス」を支持する2大陣営へとフランスの政党システムを再編してFNが後者においてヘゲモニーを握るという展望は，1992年のマーストリヒト条約をめぐる対立に着想を得ていた［Perrineau (1997):236-237］。

グローバル資本主義の時代に，公的空間の空洞化が生じて「社会的崩壊の状態」が現出している。公的空間がずたずたに食い破られ，社会的な信頼の構造が失われつつあるとき，「アイデンティティの政治」の勃興やナショナリズムあるいは原理主義の不気味な蔓延が起きている[19]。FNの反グローバリズム路線は，そのような脱領域的な経済のグローバル化のなかでのナショナルな文化やアイデンティティを防衛するリアクションであり，国民という公的空間の同質性を回復する方向での再定義の試みであると解釈できる。

結局，FNは進行中のグローバル化とボーダレス化が引き起こしているカオス的変化（産業の空洞化，増大する失業，社会的マージナル化，「排除」の現象）に根ざした運動であり，そのような変化に対抗すべく登場した新しいナショナリズムの運動でもあるといえよう（第7章参照）［Taguieff(1996):54-55］[20]。

4　FNの戦略転換

　FNにおいては，労働者をはじめとした民衆的社会層の利益を代表し，社会問題の領域でも真摯で信頼できる政党というイメージを与える新たな方向性が顕著になる。その背景として，前節までにみたように，労働者と事務従事者，失業者といった民衆的社会層を取り巻く環境の悪化と社会運動の高揚といった社会状況が指摘できる。そのようななかで，FNの支持層の構造にも大きな変化が現れ，1984年の躍進時の商人や手工業者を中心とした伝統的中間層が優位の支持者構造から，1990年代に入るとFNの支持層が労働者や事務従事者，失業者といった「プロレタリア化」の傾向を示しはじめることは第2章で確認した。FNは時代の変化を敏感に感じ取り，その働きかけの対象を民衆的社会層へと拡大していった。そして，彼らは，新たな支持層の利益防衛を国民共同体の防衛という新しいナショナリズムへと結合していった。本節では，そのようなFNの1990年代における戦略を党の公式プログラムのレベルで確認し，最後にそのような変化の意味を考えてみよう。

　FNの戦略的変化は，1993年にメグレ主導で作成されたプログラムが発刊された時点で鮮明に現れはじめていた。現実の活動においても，従来の反労働組合的な姿勢からは予想もしなかった活動領域にFNは乗り出すことになった [Taguieff et Tribalat(1998):22]。その結果，新自由主義からインスピレーションを受けたプログラムから反民衆的側面を除去すること，少なくとも，民衆的支持層からみて受容できる外観を整えることが必要になった。そのような現実の要請に対応した変化は，FNのプログラムでも鮮明に現れる。1993年の新しいプログラムでは，公式の政策・理念の修正として，FNの路線転換がはっきりと表現されていた。

　たとえば，1985年に採択されたFNのプログラム『フランスのために―FNのプログラム』では「雇用」の項目が設けられているが，彼らの一貫した立場である「自国民優先」の視点からのバイアスを別にすると，雇用政策は基本的に新自由主義的処方箋から成り立っていた [Front national(1985):151-162][21]。

そこでは，FNは次のような雇用に関する原則的立場から出発している。まず，第1に，労働時間の短縮や公共部門での雇用の拡大のような国家の介入による雇用の創出という幻想を捨てること。第2に，失業が産業社会の宿命であり，それと闘うよりは，それと共存することを認めることである。そのような原則をふまえたうえで，FNは失業問題の解決策として「労働の解放」と「企業活動の自由化」，外国人労働者の削減，自国民優先の雇用政策を提案している。彼らのいう「労働の解放」は企業による解雇の自由化，賃金の労使による自由な決定，有期雇用やパート労働の拡大，労働時間の柔軟化，営業時間規制の緩和，退職年齢の自由化，職業斡旋事業の自由化などの具体的提案からなり，「企業活動の自由化」については，民営化，社会的負担や税金の面で企業が優遇されるフリー・ゾーンの創設，中小企業の育成などがあげられている。社会保障の項目でも，社会保障の負担が重く非効率であること，個人から責任感を奪っていること，官僚制のメカニズムが支配していることを理由に医療や社会保険の領域への自由競争の導入と民営化を主張するなど，このプログラムは新自由主義の色彩が強く，社会的弱者や労働者への配慮は希薄なものであった[Front national(1985):151-162]。

　そのほかにも，減税，財政支出の削減，国家役割の縮小，労働組合による職場支配の打破といった主張も含めて，当時のFNの主張は右翼権威主義と性格づけられるような，新自由主義的政策を主旋律に，国民共同体の利益とアイデンティティの防衛というナショナリズムを組み合わせたものであった。

　ところが，そのような方向性は，1990年代に入ると急速に変化をみせる。それは，前章までに言及したような労働運動への浸透の画策や社会的右翼へのイメージ転換と対応する変化であったが，プログラムのうえでも，それまでの新自由主義的な側面を基本的には維持しながらも，より社会的で国家介入的な主張が盛り込まれていく。すなわち，先のプログラムでの牧歌的な新自由主義の主張に代わって，経済のグローバル化を否定し，国民の経済，社会，文化の防衛を優先する観点が前面に出てくる。

　新しいプログラムは，その冒頭部分で「一般に，人権の衣を着せて表現されているグローバリズムの主張は，国民共同体の破壊や国境の廃止，人種，文化，

国民の混交を称揚している。かつて，マルクス主義が不平等の追放と階級なき社会をつくり出すことを夢見た。今日，グローバル主義者は『排除』を追い求め，差異なき社会の到来を実現しようとしている」と，グローバル化の現実に警鐘を鳴らし，国民の主権と独立を強調している。今や，フランスの利益は国民の破壊や国境の廃止，世界政府の樹立をもくろむ欧州統合の実験によって脅かされ，世界中からのモノやヒトの流入によって，フランスのアイデンティティが失われ，国家存続の危機に直面しているという現状認識が語られている[Front national(1993b):15-16]。

つまり，FNの強調点は，経済的自由と市場重視から国民的利益の防衛へと移動している。そのような立場からは，現行の経済のボーダレス化は是正されるべきであり，経済的アクターの行動に国民とその文化，アイデンティティの防衛の配慮を導入すべきであった。フランスは，むき出しの新自由主義とは異なったメカニズムが国際的な場で支配することを期待する国民の先頭に立つべきだとして，フランスの市場と企業の保護のための国内外向けの政策が打ち出されている[Front national(1993b):137-143]。

また，FNは「博愛」の独立した項目を設けて社会問題にも言及している。彼らは，社会主義的原理にそった権威主義的で官僚主義的な社会保障ではない社会政策の実現を提唱している[22]。FNの社会政策の力点はフランス国民の間の連帯を強化することにあり，社会政策の恩恵は国民が優先的に享受すべきものなのである。FNは，赤十字に範をとった最も恵まれないフランス人のための社会サービスの実現，フランス人の公共住宅への優先入居，フランス人の「新しい貧困者」のための「国民連帯手当（une allocation de solidalité nationale）」の創設，公的扶助のフランス人への限定，移民の帰国によるフランス人ホームレスへの外国人用の滞在施設開放をといった「自国民優先」にそった政策のほかに，自営業者の負債へのモラトリアム，障害者対策，最低賃金の保障，低賃金の改善，39時間労働と5週間の有給休暇の維持，公務員の社会的ステータスの改善といった社会政策が提言されている[Front national(1993b):213-238][23]。

FNが1980年代の新自由主義の立場を修正し，保護主義的観点を強調するようになっていることは自ら認めている[Front national(1996):135-45]。今日でも

FNが新自由主義的立場を維持していることは確かだとしても[24]，それは経済的側面に重点を置いたものであり，政治的・文化的側面ではそれに背を向けている。というのは，政治的・文化的領域での新自由主義の中心的要素である個人主義の容認は道徳的・社会的デカダンスを助長し，国民共同体を解体に導くものだからである［Bihr(1992):182-183］。彼らは，経済的アクターの行動に国民の利益と文化・アイデンティティを防衛する配慮を導入することで世界経済のメカニズムを変えること，むき出しの新自由主義とは異なったメカニズムが国際社会で支配することを説いている［Front national(1993b):137］。

要するに，FNは，経済的自由主義の主張とボーダレス化への反対という一見矛盾する立場を経済的領域と政治・文化的領域を使い分けることで両立させている。同様に，彼らは，国民国家の内と外で巧妙に立場を使い分けている。たとえば，「今日のフランスとヨーロッパ諸国が直面している重要な問題は，どのような領域で自由主義経済が通用するかを決めることである。領土的制約を認めないグローバリズム推進者やウルトラ・ナショナリストは，自由主義経済によって，国家の障壁なしでパリ，ロンドン，ソウル，シンガポールと地球の隅々までビジネスを拡大できるが，私たちには領土が存在し，国民が存在しているのだ。私たちは，自由主義経済の原則は領土的限定のなかで，国民国家の範囲で適用されるべきだと考えている」というメグレの発言に象徴されるように，彼らは，一方でレーガン，サッチャー流の新自由主義的政策を掲げながら，他方において，それを国境のなかに閉じこめようとしているといえる［Marcus(1995):109-110］。

結局，1990年代のFNは支持基盤の変化に対応して，従来の新自由主義の主張を大幅に転換している。そのような方向転換は，どのような意図から発しているのだろうか。最後に，FNの運動にとって「社会的右翼」への変化がもっている意味を検討しておこう。

権力への道を展望して，全国代表幹事メグレは社会運動と切れたままではそれが不可能なことを知っていた。彼は，新しい民衆的支持層を拡大するために，そのような社会的カテゴリーに訴える新しいストラテジーを考えていた。支持基盤の「プロレタリア化」という新たな状況に直面して，メグレのイニシアテ

ィブによってそのような新路線への舵が切られた。彼にとって，社会問題を重視する路線への転換は，FNにいっそうの信頼性を付与するためのものであった。治安や移民の問題に対して解決法を提示している政党というイメージに加えて，雇用や貧困問題をはじめとした社会問題にも取り組む政党というイメージを与えることが必要であった。かつてドゴールが試みたように，偽りの保守とアルカイックな左翼の古い政治的対立構造を超えた民衆的運動へとFNを育てることがもくろまれていた。そのためには，地方での勢力拡大を進め，労働の場での影響力を強化して，フランス社会でのFNのプレゼンスを高める戦略が必要であった［Cambadèlis et Osmond(1998):430］。

つまり，FNの新しい戦略の核心は従来の2極対立の構図を突き崩し，新しい対立構図へとそれを置き換えることにあった。すなわち，左翼―右翼というフランスの政治生活を支配してきた伝統的対立図式を，FNが核となったナショナル・ポピュリズムのブロックと左翼とリベラル勢力，ゴーリストを含む社会民主主義もしくは社会的リベラルのブロックの対峙という新しい対立構造へと組み替えることであった［Taguieff(1996):37］。換言すれば，FNが代表しているところの，フランス国民の利益を優先し，ナショナル・アイデンティティを擁護するナショナルな勢力と，国民の利益を犠牲にし，ナショナル・アイデンティティを危機に陥れている「コスモポリタン勢力」という2つの陣営にフランス政治を再編することに，彼らの戦略の基本は置かれていた［Camus(1996): 255-256］。たとえば，代表的な主張を紹介しておけば，青年国民戦線のリーダーのマレシャルは，左右両翼の政治勢力を「社会民主主義的グローバリズム(mondialisme social-démocrate)」に一括して，有権者の直面している選択肢は権力についているグローバルな社会民主主義勢力とFNとの間にあると述べている。つまり，彼は，国民国家の消滅と普遍的国家の出現を待望しているエスタブリシュメント勢力とフランス国家とその独自性を守ろうとしているFNを中心とした勢力という図式を提示している[25]。

以上のように，FNは新自由主義とナショナリズムを結合した1980年代の右翼権威主義モデルから，ナショナリズムとポピュリズムを結合したナショナル・ポピュリズムのモデルへと脱皮を図り，フランス国民の利益の代弁者とし

ての姿勢を強く打ち出している。彼らの処方箋は，フランス人の利益を優先し，国民的なアイデンティティを防衛することに還元される。そのためには，強力な国家の再建は不可欠であった。ボーダレス化する国際社会の場において国民共同体の独立性と独自性を防衛し，その利益を守る役割は，主権と独立を回復した国家以外には果たせないからである。その点から，1990年代のFNは，主権主義者としての相貌を強めていくのだった。

1990年代に入って，FNの運動の「急進化」が語られている［Matonti(1997):197, Ivaldi(1998):14］。それは戦前のファシズム運動を彷彿とさせる民衆層への浸透という現象とともに，国内の異質な分子を排除し，国外からのフランスへの脅威と攻撃から国民共同体を防衛・再建するという共同体主義の前面化である[26]。1990年代のFNは，「白人でカトリック」のフランスの防衛と復権を追求する排外主義的なナショナリズム運動の性格をますます強めると同時に，右からの反グローバリズム運動の外観を強めていった。

1) そのような事態に対して，労働運動の側は無力であった。社会民主主義の改良主義は戦略的展望を失い，完全雇用，賃金の上昇，社会保障などの既特権を揺るがす新自由主義の攻勢に対して有効に対処できなかった。その結果，労働運動の影響力は低下し，失業や雇用の不安定化，社会的排除といった現実を前に労働者大衆の利益を守れなくなっていた。労働者や事務従事者でのFNの影響力浸透は，そのような労働運動の危機を抜きには理解できない［Bihr(1995):78］。
2) 国民一般のなかでも，FNへの共感が存在している。1996年3月に実施された世論調査（SOFRES）ではFN党首ルペンの考え方に賛成するという回答は，治安・司法については35％（反対51％），移民33％（60％），伝統的価値の防衛31％（54％）と，FNの中心的な政策についての世論における一定の受容が認められる［Viard(1996):51-52］。
3) 1989年市町村議会選挙では，FNはサラリーマン層の正当な不満を理解していることをアピールしていたし，1990年の第8回党大会では，エコロジーとならんで社会問題を優先事項に掲げていた。また，1992年地域圏議会選挙では，貧困との闘い，労働の価値回復，失業問題の解決，社会的既特権の擁護といったテーマを含んだ内部文書が県連と候補に送付されるなど，労働者や事務従事者を意識した動きは1980年代末からみられた［Soudais(1996):135-136］。
4) 1995年12月2日-3日に開催された全国評議会で採択された動議は「無責任で民衆的基盤をもたない労働組合の自殺的行動」と性格づけてストライキを否定していた。とくに，公共部門でのストライキは「社会紛争の破産的でアルカイックな手段」であり，サービスを提供すべき利用者を人質にとったものであり，国家と国民を弱体化させる非常識な

行為であるとして即時中止を求めていた［Darmon et Rosso(1998):4, Cambadélis et Osmond(1998):428］。また、1996年末のトラック運転手によるストライキ時のFNの態度も、彼らの従来の立場を表現していた。FNは、トラック運転手が現実に搾取されていることは認めながらも、国際競争の現実と闘うために経営側と連帯するという階級協調的な方針を支持していた［Bihr(1998):95］。この時点でも、彼らの労働運動に関する公式の立場は労使協調的なもので、労働者の要求闘争を無条件に支持するというものではなかった。労働運動に対する積極的な評価と対応は党内で完全なコンセンサスが形成されているわけではなかった。

5) 世論調査機関CASが実施した調査では、FN支持者の65％（全体では57％）が、1995年11月-12月の公共部門を中心としたストライキの参加者に対して、「非常に」、もしくは「かなり」親近感をもっているという結果が出ている［Perrineau(1997):87-88］。

6) 労働攻勢の高まりを前に、ルペンの労働者に対する姿勢は変化をみせはじめる。1996年5月1日のオペラ広場での集会で、彼は移民の存在に社会的混乱の責任を着せるこれまでの言説とともに、労働における正義と安全、自由のために長らく闘ってきた労働者と労働組合に敬意を表し、流浪する匿名の資本の利己主義的な利益を糾弾するという、労働者に好意的な姿勢をみせ、「フランスの労働者よ、諸君たちはだまされている。フランスの失業者よ、諸君たちは裏切られている」と檄をとばしている［Rajsfus(1998):90］。

7) メグレは、右翼側の運動に大衆を組織化する労働運動や社会運動のような左翼的な手法を導入することを訴え、それを「文化革命」と表現していた［Soudais(1996):214］。そのようなメグレの方針は、権力に到達するためには社会運動への影響力を欠いたままでは困難であるとの判断と、ルペンに支持されたライバルである全国書記長B・ゴルニッシュ（Bruno Gollunisch）に対抗して、労働者を重視した新戦略を彼の支配権を確立する梃子にすることが意図されていた［Darmon et Rosso(1998):49-50］。

8) 従来、治安の悪化を糾弾し、その改善を強調してきたFNにとって、警察官の組織化に取り組むことは自然なことであった。1991年には、FNはFPIPによって非合法に組織された殉職警官の墓に献花するデモを支援し、そのような行動に対してFPIP幹部に下された処分に対しては、FNも含めて極右陣営あげて抗議運動が展開されている。ほかにも、FNのFPIPへの浸透を示す例として、FPIPの機関紙『警察と治安』の後援会である「警察と治安の友（Les Amis de Police et sécurité）」の名誉会員に、R・オランドル（Roger Holeindre）、M-F・スティルボワ（Marie-France Stirbois）、R・ゴーシェ（Roland Gaucher）、P・デカヴ（Pierre Descaves）といったFNメンバーが名を連ねていた［Fourest et Venner(1998):58, 60］。

9) 1996年1月、メグレは、労働組合員でFNに加入している6千名の内訳を次のように公表している。CGT12％、FEN16％、FO14％、CFDT10％、CGC18％、CFTC18％、「連帯・団結・民主主義（SUD）」（極左系の少数派組合）2％。そのような数字が真実ならば、各組合にFNが浸透していることになる［Cohen(1997):281］。

10) フランスの法律では労働組合は、公式的にはいかなる政治組織からも独立した存在であることが求められている。裁判所はFNの党章を使用しているすべての組合を禁止する決定を下している［Bihr(1998):93］。そのような判決に対して、FN側は、巧妙にFN色

を払拭することで切り抜けようとしている。たとえば、「FN・パリ市交通公団」は「国民的勢力・公共交通（Force national-Transport en commun）」の新名称のもとに組合活動を再開している［Ivaldi(1998):11］。

11) FNの幹部D・バイエ（Damien Bailler）は、労働組合での影響力拡大のメリットとして社会問題に敵対的なFNのイメージを改善し、職業領域での影響力を拡大できることをあげているが、市町村議会選挙での候補者難に苦しむFNにとって、既成の労働組合で訓練された活動家をリクルートすることは人材面からもメリットがあった［Darmon et Rosso(1998):81］。労働組合の活動家の獲得は、FN活動家の新しい世代を養成し、政権政党への脱皮に向けた中級幹部の必要性を意識してのことであった［Cohen(1997):83］。

12) たとえば、1974年大統領選挙に際して、ルペンは「社会的・民衆的・国民的右翼」の候補として立候補することを宣言していた［Bresson et Lionet(1994):369］。

13) FNは、最低賃金制の廃止といった従来の主張を転換し、逆にその増額を求め、現在の労働時間と有給休暇制度の防衛にも賛成している［Bihr(1998):123］。

14) 「自国民優先」については、フランス極右の思想潮流である「新右翼」の流れに属する「クラブ・ド・ロルロージュ（CDH）」が打ち出した概念であり、FNはその主張を全面的に取り入れている（FNと新右翼の関係については第3章参照）。CDHのなかでも、1985年にFNに入党するJ－Y・ルガル（Jean-Yves Le Gallou）が「自国民優先」のスローガンの元祖であるといわれている［Soudais(1996):113］。ルガルが「自国民優先」について全面的に持論を展開した著作として、Le Gallou et Le Club de L'Horloge（1985）がある。なお、「自国民優先」については、畑山（1997）、200-205頁を参照。

15) FNの支持層には、そのような自国民優先の考え方に共鳴する傾向が明らかに存在しており、国境の閉鎖、外国人の差別・排除による国民共同体の防衛への指向性を示していた。たとえば、1993年に実施されたCASと「人権諮問委員会（Commission nationale consultative des droits de l'homme）」による共同世論調査では、避難民の受け入れ停止（FN支持者の肯定的回答88％）、人種主義者としての自己認識（89％）、職場での外国人の差別の肯定（51％）、異なった民族コミュニティの共存による緊張と危機の予想（67％）といった項目で、他の政党の支持者と顕著に異なった結果が出ている［Perrineau(1995):174-175］。

16) たとえば、FN系労組「警察連帯」が発行したチラシでは、「人種」間の相違を強調した記述に多くのスペースが割かれており、労組の宣伝チラシとしては異例であった［Darmon et Rosso(1998):264-267］。

17) メグレにとって、グローバリズムはフランスのアイデンティティの土台を体系的に破壊するものである。それは、混交、混血を進歩の要素として称賛し、国民とその独自性を邪悪で時代遅れなものと見なし、それに執着するものを非難している。ゆえに、それは、フランスとその国民を死に向かわせる陰謀であり、FNは永遠のフランスを保全するためにそれと全力で闘っているのである。「グローバリズムの陰謀」と危機に瀕しているナショナルアイデンティティの防衛と救済の運動というシンプルな対抗図式が描かれている［Mégret(1996):80-85］。

18) 1984-1997年のSOFRES調査では、ルペンの言説を支持する理由として、1997年には

「アメリカの過度の影響力への批判」という項目が，突然，伝統的価値の防衛，移民問題に次いで第3位（20％）に躍り出ている。アメリカが唯一の大国として振る舞うことへの反感がFN支持者の間で高まっていることがうかがわれる［Perrineau(1997):198］。
19) 姜・吉見(1996) を参照。
20) 新しいナショナリズムの台頭の時代的文脈でFNの「排除のナショナリズム」を考察したP‐A・タギエフ（Pierre-André Taguieff）の論文［Taguieff(1997b)］もあわせて参照されたい。
21) そのプログラムは，雇用の項目以外でも，減税，民営化，国家の役割の縮小など，新自由主義の色彩が濃厚なものであったが，正確には，そのような指向性は，1978年大会の場で発表された「右翼と経済的民主主義──FNの経済的ドクトリン」で最初に公然化したものであった［Front national(1996):37］。
22) メグレは，社会問題の根本的な解決のためには「社会主義なき」社会政策の実現を主張する。グローバリズムの種を孕んでいるリベラリズムでも社会主義でもない「経済的な第三の道」，すなわち，リベラルであると同時に保護主義的な混合的システムの実現が結論であった［Darman et Rosso(1998):88］。
23) FNは失業問題についても「雇用──フランス人のための労働」とういう項目を設けているが，ボーダレス化の糾弾，「自国民優先」の原則による処方箋の提示という設定は同じである。彼らは，国際的自由貿易の行きすぎと国際的労働分業の進展に失業の原因をみて，フランス市場の保護とフランス企業と製品の国際競争力の強化などの措置とともに，フランス人の雇用優先・解雇の制約，移民労働の削減を提言している［Front national(1993b):240-255］。
24) FNは新自由主義の立場を放棄したわけではなく，1993年の新しいプログラムは新自由主義と国家介入主義の入り交じったものであった。また，個々の指導者をみても折衷的な見解を表明している。たとえば，党首のルペンは，1995年の時点でも，恐慌と戦争による国家の肥大化や時代遅れの福祉国家を批判し，国家の役割を治安維持や国防，経済・財政バランスの維持，ナショナル・アイデンティティの防衛，国民の連帯創出といった本来の機能に限定することを説き，「小さな政府論」に立つことを主張している［Le Pen(1995):37］。
25) マレシャルの発言は正確には「フランスの有権者が直面している選択は，権力についている国際的社会民主主義とFNとの間にある。一方の側には，国民の死滅を望んでいるエスタブリシュメントがおり，他方の側には，フランスの独自性を防衛する者たちがいる」といった内容であった［Fieschi(1997):316］。彼は「左翼でも右翼でもなく，フランス人」というスローガンを発した張本人であり，左右の政治的立場の違いを超えたナショナルな勢力としてFNを規定し，メグレの保守結集の路線ではなく，FNを核とした広範な国民的勢力の形成を構想していた。そのようなマレシャルの路線はルペンによって支持され，後にそのような路線対立はFNの分裂にまでつながっていくことになる（第5章参照）。
26) しかし，そのような共同体主義的立場の強調は，普遍主義的な共和主義的原理に抵触するし，市民権の差別化を意味している［Bruckner(1995):237］。そのような立場は，議

会制民主主義を承認してFNを核とした政権の樹立というルペンのシナリオと矛盾するし，国政での政権参加が可能となったとき，FN支配の地方自治体でみられるように［畑山（1999）］，彼らの急進的な理念の実施が，多くの混乱と確執を引き起こすことは疑問の余地がない。

第5章
分裂に向かう国民戦線(FN)

1 ルペン対メグレ

(1) メグレ派の台頭と党内対立の激化

　前章までは,「新右翼」出身のB・メグレ(Bruno Mégret)たちがFNに参入して独自の勢力を築き,党のイデオロギー生産・普及装置を整備し,党の理念や政策を方向づけるまでになっている実態にふれた。そのような「新右翼派」＝「メグレ派」の台頭という事実を前提に,本章では,J-M・ルペン(Jean-Marie Le Pen)とメグレの党内権力の争奪戦という観点から,FNの分裂に至る過程を検証してみたい。

　従来,四分五裂の対立状態を常としてきたフランス極右にとって,1972年からFNという政党のなかで恒常的な統一を保ってきたこと自体が奇跡的なことであった。それは,ルペンというカリスマ的なリーダーを核に,多様な潮流間のバランスを取る形で党が運営されてきたからであった。メグレという,ルペンとは異なった資質と能力をもった幹部がルペンに匹敵する信望を党内で獲得し,彼の率いるメグレ派が党内バランスを揺るがすほどの影響力をもったことが,そのような統一の条件を崩壊させていった。

　さて,そのような分裂の過程を検証するにあたって,まず,ルペンとメグレの個人的な確執をその要因のひとつとして指摘しなければならない。というのは,FN分裂にはルペンとメグレのパーソナリティの違いが大きく作用していたからである。「行動の人」ルペンと「思索の人」メグレは,その経歴から発想まで対極的なタイプの政治家であった。

　ルペンは,地方の漁師の家に生まれた庶民的な出自をもち,1947年パリで法学部の学生として青春の日々を過ごしている。彼は,持ち前の行動力と演説

の才能で極右翼系学生団体の指導者として頭角を現し，左翼学生との闘争に明け暮れていた。大学卒業後は，1954年にパラシュート部隊の軍人としてインドシナに派遣され，1956年には志願してアルジェリアに赴いている。フランスの植民地防衛のためには軍隊生活も辞さないルペンは，行動的ナショナリストとして自己を確立していった[1]。ルペンは，陽気で活動的な性格と庶民的な出自からポピュリスト的イメージを売り物にし，強烈なカリスマ的個性と天賦の演説の才能に恵まれた扇動家タイプの政治家として活躍することになる。

それに対して，メグレは，1949年に，国立行政学院（ENA）の卒業生でコンセイユ・デタ（国務院）に勤める高級官僚を父親として生まれている。彼自身も，エリート養成機関である国立理工科大学校（エコール・ポリテクニク），国立土木学校を卒業し，カリフォルニア大学バークレイ校に留学するという華々しい学歴をもっている。卒業後，彼は高級官僚の道に進み，「プラン総局（Commissariat général au Plan）」の橋梁部門のテクノクラートとして活躍し（1975-1976年），その後は，海外協力省（minstre du co-opération）の大臣官房に入り（1979-1981年），同時期に共和国連合（RPR）の中央委員会委員も務めている [Bastow(2000):3]。グランゼコールから高級官僚と典型的なエリートの経歴をもつメグレは，保守政界から政治的キャリアを始めている。

政治的経歴では，ルペンは，学生時代の王党派の活動から始まって，プジャード運動からアルジェリア独立反対運動，1965年大統領選挙での極右候補ティクシエ・ヴィニャンクールの選挙活動まで，戦後のフランス極右の主要な運動に関わってきた経歴をもち，極右の伝統を継承し体現する人物であった。そのような活動の延長線上に，1972年のFN党首への就任があったし，古参党員のルペンに対する忠誠も長年の極右活動のなかで培われたものであった[2]。

それに対して，メグレは典型的な受験エリートの道を歩み，学生時代に政治経験はなかった。本棚にはSFの本しかなかったメグレが政治に接近していくのは，プラン総局でのY・ブロー（Yvan Blot）との出会いがきっかけであった。ブローはメグレに政治の手ほどきをし，1976年にクラブ・ド・ロルロージュ（CDH）へと彼を引き入れた [Dély(1999):17]。メグレは，そこで，それまで疎かった政治について学ぶことになる。

CDHで，メグレは，後にFNにおいてメグレを支えることになる若いエリートたちと出会うことになる。J-Y・ルガル（Jean-Yves Le Gallou）は，当時は内務省の「地方公共団体総局（la Direction générale des collectivités locales）」に勤務し，J-C・バルデ（Jean-Claude Bardet）は，シラク内閣の議会対策担当大臣の官房に所属していた。メグレは彼らと同様，エリート官僚でありながら政治に関心をもち「新右翼」に接近した青年であった。

エリート官僚の家庭に育ち，エリート教育機関から高級官僚へと，メグレは，極右活動家であるルペンとは異質な経歴をたどってきた。性格的にも，ルペンとは対照的に演説が苦手で，カリスマ的な魅力に欠けるが，冷静で体系的思考を得意とする戦略家であった。2人の関係は，ルペンがカリスマ的な扇動家として党を牽引し，メグレが実務家としてルペンを忠実に支えている間は円滑にいっていたが，いったん対立関係に入ると，両者のパーソナリティと経歴の相違は対立を非和解的な対立に向かわせることに作用した。そして，ルペンのメグレに対する個人的な違和感に加えて，極右の伝統とは異質なメグレ派に対するスティルボワ派や古参党員派，カトリック伝統主義派の敵愾心は，反メグレ派の布陣の形成につながっていった。

既述のように，ルペンとメグレの確執を決定的に高めたのは，党内でのメグレの影響力の強化であった。それは，ルペンがライバルを抑える思惑で仕掛けた権力ゲームの結果でもあり，その意味では，ルペンの蒔いた種でもあった。メグレの台頭は，基本的にはメグレの組織者，イデオローグとしての能力によるものである。しかし，メグレが党内での地位を駆けあがるきっかけは，全国書記長 J-P・スティルボワ（Jean-Pierre Stirbois）の影響力の強化をきらうルペンが，彼の対抗馬としてメグレを全国代表幹事に任命することから始まっている。1988年11月4日の深夜，スティルボワが自動車事故で死亡すると，ルペンのそのような計算は狂っていく。後任の全国書記長にはC・ラング（Carl Lang）が任命されるが，彼はメグレのライバルとしては力不足で，二頭立てシステムのバランスは崩れていった。

メグレが，戦略家としての才能をいかんなく発揮して党内での地位と影響力を不動のものにしたのは，1997年2月のヴィトロル市での選挙であった[3]。

選挙違反事件で立候補ができないメグレに代わって，妻のカトリーヌ・メグレ (Catherine Mégret) が市長候補を務めることになった。メグレは，機関紙を発行して社会党市長 J‐J・アングラード (Jean-Jacques Anglade) を徹底的に攻撃する。毎日，各戸の郵便受けに無料で配布された機関紙によって，アングラードへの個人攻撃や中傷，「犯罪都市」「政治腐敗」といった市政のマイナス・イメージが執拗に流布された。1995年2月には，FN系の慈善団体「フランス連帯」がヴィトロール市で結成され，隔週（後に毎週）の火曜日にメグレ事務所で困窮した市民を対象に慈善活動に取り組み，1996年夏には，貧困家庭の子どもたちをユーロ・ディズニーランドに無料招待している［Dély(1999)：111-113］。

そのような活動が功を奏して，1998年2月の選挙ではヴィトロールではFN市政が誕生した。1980年代に，ドルーがFNの象徴的な自治体になりスティルボワの影響力強化に貢献したように，ヴィトロールは，FNの象徴的な自治体となり，メグレの党内における評価は一挙に高まった。

さて，メグレにとって幸運であったのは，党内で彼の台頭を可能にする環境が整いつつあったことである。それは，ルペンのカリスマ的なパーソナリティと人気に多くを負う段階からFN自体が変質しつつあったことである。すなわち，ルペンのカリスマ的パーソナリティと扇動家としての才能によって集められる浮動票が頼りであったFNは，地方での運動の定着と拡大によって組織型政党に変わりはじめており，メグレの実務家的才能が必要とされる時代を迎えはじめていた。

そのことは，多くの自治体で，1995年市町村議会選挙での得票率が，同年の大統領選挙でのルペンの得票を上回っていることに示されている。たとえば，サン＝プリエ (Saint-Priest)（市町村議会選挙34.47％；大統領選挙27.91％），ノワジ＝ル＝グラン (Noisy-le-Grand)（23.76％；16％），トゥルコワン (32.46％；26.99％)，ヴェニシュー (Venissieux)（27.49％；21.91％），ミュルーズ (30.51％；26％)，ルーベ (23.35％；22.14％)，トゥーロン (31.03％；23.98％)，ドルー (35.16％；23％) と，各地でルペン票をしのぐ得票率を記録し，全国で1,075名の市町村議会議員を誕生させた。FNは，ルペンから自立して，自力で集票できる政党に成長していることを証明していた。

そのような傾向は，1997年国民議会選挙からも確認できる。メグレが事実上取り仕切った同選挙も，予想以上に良好なスコアを残している。FNは，ルペンが立候補しなかったにもかかわらず，前回（1993年）の得票を2％近く伸ばして14.94％を獲得し，国民議会選挙としては最高の成績を記録した。メグレ個人も，ブッシュ=デュ=ローヌ2区から立候補し，落選はしたが第1回投票で35.44％，第2回投票で45％の成績を残している。個々の小選挙区で闘われる国民議会選挙での健闘は，地方でのFNの組織と活動が充実し，ルペンから自立した運動の実力が培われていることを示していた。もはや，FNは，ルペンのカリスマ的なパーソナリティに依存しなくても集票が可能な政党へと成長しつつあった。ルペンのワンマン政党の時代は終わり，ポスト・ルペンの段階が開かれようとしていた［Declair (1999):103］。

高級住宅街サン・クルーにあるFN本部

また，ルペンの指導者としての資質を疑わせるトラブルが重なったことも，ポスト・ルペンへの動きを加速した。それは，1997年のシラクによる突然の国民議会解散に続く国民議会選挙での出来事であった。同選挙でルペンは立候補を躊躇したが，そのことは党内に波紋を投げかけた。ルペンとその周辺は，メグレが当選する一方でルペンが落選した場合，後継者問題が一挙に浮上してメグレの党内での影響力が高まることを恐れていた。1997年4月30日，ルペンは，国民議会選挙における保守の敗北に続いて実施される大統領選挙に備えるという名目で，国民議会選挙には立候補しないことを表明する。しかし，選挙戦の先頭に立つという党首の役割の回避は党首交代のうわさを高め，ルペン支配の終焉という雰囲気を党内で強化した［Dély(1999):123-126］。

さらに，ルペンはもうひとつの難題を背負い込んでしまう。国民議会選挙中に，長女マリー・カロリーヌ・ルペン（Marie-Caroline Le Pen）の応援にマント=ラ=ジョリを訪ねたルペンは，社会党候補A・プルヴァスト-ベルジャル

(Annette Peulvast-Bérgeal) と遭遇し，彼女に飛びかかって壁に押しつけ威嚇するという行為に及び，ルペンのボディガードとデモ隊の間で小競り合いが発生した。ルペンの不用意な暴行事件は裁判沙汰に発展し，暴力的な党首のイメージはFNを傷つけただけではなく，ルペンとメグレの関係を決定的に悪化させることになる。

1997年国民議会選挙を通じて，ルペンの存在がFNの発展と「脱悪魔視 (dédiabolisation)」にとって障害であることが明らかになった。メグレは，党の将来のためにはルペンを排除し，自己の支配を確立する必要があることを自覚するようになる [Dély(1999) : 132]。

メグレは，ルペンと対抗できる唯一の指導者としての地位を不動のものとしていた[4]。そして，FNの発展はルペンに依存する必要性を低減させ，将来の飛躍のためには逸脱した言動を繰り返す党首が阻害要因になりつつあった。メグレは，政党システムでのFNの孤立を打破するために保守勢力との協力を模索しはじめる。そのためには，ルペンの言動をコントロールすることでFNへの「脱悪魔視」を進める必要性を痛感していた。

メグレは，ルペンを排除して，党を「普通の政党」に変えていくことで新しい有権者に支持を拡大し，保守の政治的パートナーとして国政と地方での政権に参加することを真剣に考えるようになった。その結果，気質も経歴も，そして政治戦略も異にする2人の指導者は激しい党内闘争に突入し，FNは分裂への不可逆のプロセスをたどっていくことになる。

(2) 分裂への最後の闘い

さて，水面下で進行していた対立は，1998年に入ると表面化し，一挙に加速して分裂劇へと発展していく。次に，分裂へと至る過程を追ってみることにしよう。

公然とした分裂への過程は，前述のマント=ラ=ジョリでのルペンの暴行事件をきっかけに始動することになる。1998年4月2日，裁判所によって，2年間の被選挙権停止，3か月の禁固（執行猶予つき），2万フランの罰金がルペンに申し渡された。とくに，2年間の被選挙権停止はルペンにとって深刻であった。

それは，1999年の欧州議会選挙にルペンが立候補できないことを意味していたからである。

1998年7月6日の執行委員会で，ルペンは翌年の欧州議会選挙に出馬できない場合は，妻ジャニー・ルペン（Jany Le Pen）を候補者リストのトップに据えると発言した。メグレは，ルペンのそのような方針に承服できなかった。というのは，ジャニーは事実上ルペンの傀儡候補であり，ルペンの終身党首への意図の宣言に等しかったからである。それは，党首ポストの禅譲を望むメグレへの挑戦状を意味していた。8月24日，メグレは『パリジャン（Parisien）』紙上で，「党首が出馬できない場合は，それに代わるのはナンバーツーである。もし出馬できないのなら，私が候補者である。それが正常で自然で正当なことである」と不満を露わにし，この問題の解決のために党員投票を実施することを要求した［Darmon et Rosso（1998）：29-30］。

これまではルペンに従順であったメグレであったが，今回は大人しく引き下がることはなかった。彼は，これを機会にルペンの後継者としての地位を不動のものとする行動に打って出た。そのようなメグレの強気な姿勢の背景には，FNがルペン抜きで選挙を闘えるだけの実力をつけていること，ヴィトロールでの勝利，ストラスブール党大会での成功，地域圏議会選挙での勝利といった成果によって，ルペンの後継者としての正統性を確立できたという自信があったからである。ルペンに忠実な部下を装い，彼との対立を極力回避してきたメグレであったが，妻を代役に立てるという方針に抵抗しても十分な勝算があると判断していた［Darmon et Rosso（1998）：21］。

そのようなメグレの反乱に対して，ルペンは次つぎと反撃を繰り出していった。彼は政治局にも執行委員会にも諮ることなく，1999年欧州議会選挙のキャンペーン責任者に反メグレの急先鋒であるJ-C・マルチネーズ（Jean-Claude Martinez）を起用して「脱メグレ化」の人事に着手した。

J-C・マルチネーズは，S・マレシャル（Samuel Maréchal），ラング，M・ルイドー（Martine Lehideux），M-F・スティルボワ，J-M・デュボワ（Jean-Michel Dubois），M・ビルド（Martial Bild），P・デカヴ（Pierre Descaves）といった反メグレ派からなるキャンペーン指導委員会を結成した。1988年大統領選挙

時に，当時の全国書記長であったJ-P・スティルボワの党内での影響力を抑えるためにキャンペーン責任者にメグレを起用したのと同じ手法を今回もルペンは使った［Darmon et Rosso(1998): 43-45］。彼らは，早速，キャンペーン準備のため各県連を回りはじめたが，それは県連幹部のルペンへの忠誠を確認し，罷免すべきメグレ派幹部を特定するための作業でもあった［Dély(1999): 225］。

次にルペンは，旧OAS（秘密軍事組織）幹部J-J・スシニ（Jean-Jacques Susini）をブッシュ=デュ=ローヌ県連のトップに任命し，メグレ派の拠点である同県連を支配下に置こうとした［Darmon et Rosso(1998): 46］。

1998年7月15日-17日，ストラスブールでFNは移民と治安問題のテーマでセミナーを開催したが，そこがメグレへの決定的な宣戦布告の場となった。J-C・マルチネーズは，1時間半にわたってFNの深刻な混乱を解決する必要についてまくし立てた。彼は，1997年国民議会選挙での保守の敗北を，A・ジュペ（Alain Juppé）に象徴されるテクノクラート的エリートへの世論の批判であると分析することで間接的にメグレたちテクノクラートを攻撃し，党組織の再編に向けた2つの案を提起する。すなわち，党の言説を独占しているメグレの「テクノクラート的でパリ的，ブルジョワ的」な拠点である全国代表部を解体して，平等な権限をもつ40名の全国書記局へと再編する急進的な案と党内の諸分派をバランスよく代表する「影の内閣」を設置するという穏健な案であった。

ブロー，F・ティメルマン（Franck Timmermans）たちはメグレを擁護し反論したが，メグレは，自らがテクノクラートであることを認めたうえで，ヴィトロールでの有権者への働きかけとその成功を前面に出して地域で地道に活動したことがないマルチネーズを批判し，さらに，テクノクラートを批判するマルチネーズの提案こそがテクノクラート的であると反論している。そのようなメグレへの公然とした攻撃は，2つの敵対する陣営の塹壕戦の終了と白兵戦の開始を告げていた［L'Évenement du judi（du 19 au 25 février): 16-17］。

1998年11月27日に欧州議会選挙のリストがリークされるが，トップのルペンの次にはドゴールの孫の名があり，以下，M-F・スティルボワ，J-C・マルチネーズ，B・ゴルニッシュ（Bruno Gollunisch）など熱狂的なルペン支持派の

オンパレードであった。メグレ派は，メグレがやっと10番目に掲載されていたが，他にはルガルの名が15番目にみられるだけであった。そこには，メグレ派を排除する意図が明らかに読み取れた。

1998年11月17日，高等裁判所でマント＝ラ＝ジョリ事件の控訴審判決が下った。結果は，一審の執行猶予つきの３か月の懲役，被選挙権の２年間停止，罰金２万フランの判決から，被選挙権の停止期間が１年に短縮された。それによって，ルペンは1999年欧州議会選挙に立候補できることになった。しかし，欧州議会選挙をめぐって始まった党内闘争は後もどりができない段階に入っていた。ルペンとメグレの対立は全国評議会や政治局会議で激しい対立を繰り返した後，事態はメグレ派への総攻撃の様相を呈してくる。

1998年11月18日，ついにメグレ派への公然たるパージが始まった。ルペンは，テレビ・カメラの前で何度もメグレを擁護する発言を繰り返したエロー県の活動家でセト市支部の書記Ｊ・ペリュガ（Jose Peruga）の除名を発表した［Darmon et Rosso(1998):54］。そして，12月３日，メグレ派の中央委員Ｎ・ドゥバイユ（Nathalie Debaille）とヴィトロール市第一助役Ｈ・ファヤール（Hubért Fayard）に，財政的理由で専従職員の地位から解雇する旨の通知が届いた。その解雇は，ルペンがメグレの党内での影響力の除去を最終的に決断したことのサインであった［Déclair(1999):228］。

1998年12月５日に開催された全国評議会に出席しようとしたドゥバイユとファヤールは入場を拒否される。ドゥバイユは何とか会場に潜りこみ発言を始めたが，それを阻止し退場させようとするルペン派と彼女を支持するメグレ派との間の衝突で全国評議会は大混乱に陥った。両派の間の口論はルペンの妻ジャニーの擁立問題にまで発展し，全国評議会は険悪な雰囲気のなかで閉幕を迎えた［Darmon et Rosso(1998):61-82］。

メグレは，ここでルペンに屈服したら，彼の支持者を失望させ，党内での信頼を失ってしまう危険性があった。かといって，離党したら14年間のFNでの活動が無に帰してしまう。メグレにとって突破口は，党内世論を楯にFNの主導権をルペンから奪うことしかなかった。メグレ派のＳ・マルチネーズは，登録党員の５分の１以上の書面による請求で臨時党大会を開催できるという党規

約24条に基づき，その開催をめざして走りはじめた。

　1998年12月11日，ルペンは公然と不服従を呼びかけた「裏切り者」「逆臣」として，メグレ，ルガル，S・マルチネーズ，Ph・オリヴィエ（Philippe Olivier），ティメルマン，バルデに対して事実上の除名である党員資格停止を発表した。彼は，臨時党大会の署名を拒絶し，既に署名をした者は撤回するように呼びかけた。他方，メグレは，今回の党内危機が，絶対君主として振る舞い，FNを個人的な所有物と思っている党首への不服従の意思表示であるとして，内紛の責任をルペンの側に帰した。

　12月21日には，6名のメグレの側近が別組織の結成を公然化させるが，それに対して，ルペン派も，ラングの全国代表幹事への任命とメグレ派の県連書記33名の更迭（12月14日：14名，12月21日：19名）に踏み切った［Le Monde, sélection hébdomadaire（19 décembre 1998, 25 décembre 1998）］。結局，12月23日，6名のメグレ派幹部の正式な除名がルペン派で固められた執行委員会によって発表されることになる。

　それに対して，1998年12月13日，メグレ派は臨時の全国評議会を強行的に開催した。ティメルマンはメグレ支持の県連書記を動員し，ルガルが各級議員の動員を担当した。臨時全国評議会には，339名中181名のFN幹部が出席，もしくは代理出席し，除名や解雇の決定の取り消しや新しい役職の任命を決定した［Declair（1999）：94］。もちろん，ルペンは，そこに参加した181名の除名を宣告し，1月23日-24日に予定されているメグレ派の臨時党大会への参加者にも除名の警告を発することで対抗した［Le Monde（25 décembre 1998）］。

　1998年12月前半の時点で，FNの分裂は既定の事実になった。それから以降は，地方組織を舞台に両派による幹部や活動家の争奪戦の局面に入っていった。たとえば，イル=ド=フランス地域圏では，1998年12月18日にFNの地域圏議会議員36名中15名からなる会派「FNグループ」の結成が地域圏議会事務局に届けられ，メグレ派地域圏議員の会派「イル=ド=フランス・FN」との分裂が決定的になった。まだ，すべての地域圏議員が身の振り方を決めたわけではなく，両派による激しい争奪戦が展開された。イル=ド=フランスでは，活動家のレベルでも情勢はメグレ派に有利に展開していた。8県連中5県連（オート=ド=セー

ヌ，イヴリーヌ，エソンヌ，セーヌ＝サン＝ドニ，ヴァル＝ド＝マルヌ）が臨時全国大会の開催提案に賛成しており，ルガルは，イル＝ド＝フランスで活動している活動家の80％はメグレを支持していると主張している［Le Monde（22 décembre 1998)］。ここに来て，メグレ派の地道な組織活動を通じた努力が報われることになった。

臨時党大会の開催を求める請願には，最終的には，県連書記102名中62名，地域圏議会議員275名中141名が署名した。アルザス地域圏では，12名の地域圏議員のうち11名が，イル＝ド＝フランス地域圏では36名中18名が，ローヌ＝アルプ地域圏では35名中22名がルペンに反旗を翻し，メグレは21の地域圏で信頼に足る支持を確保していた。また，署名者のなかには，ルペンの官房長B・ラクショ（Bruno Racouchot）やマリニャーヌ市長のD・シモンピエリ（Daniel Simonpieri）も含まれていた［Darmon et Rosso (1998)：107，Declair(1999)：230］。

そして，党機関の内部からも公然とルペンへの批判が噴出する。党の警備組織である「保護安全局（le Département Protection-Sécurité：DPS)」の局長B・クルセル（Bernard Courcelle）が側近とともにメグレ陣営に走った[5]。また，党の機関紙『ナシオナル・エブド』にも公然とした批判が掲載されたうえ，FNの衛星組織や青年組織からも臨時大会の開催を妨害しようとするルペンのやり方への失望が表面化している［Declair(1999)：231］。

1991年1月24日，マリニャーヌ市の体育館に2千名が集まりメグレ派の分裂党大会が開催され，FNの分裂は完成する。これまで，FNの統一はルペンによる統合能力にかかっていた。その統合力を担保していたのは，第1には，極右の伝統的な諸潮流のイデオロギーを総合し，FNの理念と政策にをまとめあげたルペンの才覚にあり，第2には，党内の諸潮流をカリスマ的なパーソナリティで統合するルペンのマネージメント能力にあった［Declair(1999)：213］。

第1の点は，ある意味では，ルペンがイデオロギー的にルーズなことが幸いしていた。思想と理論の人というよりは行動と感情の人であるルペンは一貫性を重視するより，その時々の政治状況と必要性に応じてさまざまな言説を駆使するタイプの指導者であった。そのようなこだわりのなさが，党内の諸潮流のイデオロギーの機会主義的利用と総合を可能にした。

また，第2の点に関しては，自らの党内での権力維持のために，ルペンは特

定の潮流や個人が過度に力をつけることを巧みに防いできた。強力な革命的ナショナリスト派に対してスティルボワを起用し，スティルボワの影響力を抑えるためにメグレを対抗馬としたように，ルペンの党内操縦術はきわめて巧みであった。また，党内の諸潮流もFNの成功がルペンの大衆的人気に負っているだけに，彼の指導者としての地位を基本的には承認していた。

　しかし，イデオロギーや組織の面で党内において絶大な影響力をもつメグレ派の台頭は内の諸潮流間のバランスを崩し，ルペンは党内を二分する対立の一方に加担せざるをえなくなった。こうして，党内の諸潮流のバランスに乗った調停者としてのルペンの党内統合力は失われていき，多様な思想の機会主義的総合という手法も使えなくなった。また，FNの組織力の充実はルペンの存在を不要にしていったばかりか，度重なるルペンの逸脱的言動はFNの将来にとって障害となっていた。

　FNは対立と混乱の末に，2つの組織へと分裂してしまった。躍進と発展の果てに，FNは存亡の危機に直面することになった。

2　2つのFNへ

　過去にもFNは何度か分裂を経験している。1974年には，急進的分子がルペンの党運営と運動方針への不満から離党して「新勢力党」を結成しているし，1990年代初めには，J‐F・トゥゼ（Jean-François Touzé）が離党して「民衆同盟（l'Alliance populaire)」を結成している［Declair(1999)：234］。だが，今回の分裂は，党内の少数の不満分子が飛び出した過去のケースとは明らかに違っていた。

　前述のように，今回の分裂は，ある意味ではその発展の帰結であり，FNの勢力伸張によって異議申し立て政党から政権政党への脱皮の可能性が開けたことが背景にあった。FNの戦略的穏健化によって保守との共闘の実現と政権への参加を画策するメグレ派と，新しい右翼政党のアイデンティティに執着するルペン—ゴルニッシュ支持派との非妥協的対立へと行き着いたのだった。また，FNの分裂は，党首ルペンのワンマン政党としての長い神格化の時代の後に，FNのなかで進んでいた脱ルペン化の帰結でもあった。党組織の充実とともに

ルペンのカリスマ的魅力への依存度が低下し，肥大化した組織の運営の必要性から，また，ポスト・ルペン時代の組織の生き残りのためにも，脱ルペン化の流れは現実のものになりつつあった［Demongeot(1997)：232］⁶⁾。そのような状況のなかで脱ルペン化をめざしていたのがメグレ派であり，今回の分裂はルペンによる反撃の帰結であった。

1999年1月24日のマリニャーヌ臨時党大会は，ルペンの党からメグレの党が分離する儀式であった。メグレの党は，「国民戦線―国民運動（Front national-Mouvement national：FN-MN」（1999年10月2日に「共和主義国民運動（Mouvement national républicain：MNR）」と改名。以下，メグレの新党の略称としてMNRを使用する）として発足した。ルペンの党は「フランスの団結のための国民戦線（Front national pour l'unité française）」を名乗り，ここに2つのFNが存在することになった（後に裁判所はメグレらのマリニャーヌ臨時党大会を違法と判断し，FNの名称やロゴマークの使用権はルペン側のものとなった）。

マリニャーヌの大会では，まず，1998年11月以降の党員資格停止や除名処分を無効にする動議が可決され，除名処分を受けていた14名の政治局員が登壇するという演出で始まった［Dély(1999)：286］。ルペンのもとで下された処分の解除という措置は，新党こそがFNの正統な継承組織であることをアピールするものであった。

大会には，ルペンの娘M‐C・ルペン，古参党員のF・ブリニョー（François Brigneau），政治局員でルペン派のG・ヴァグネル（Georges Wagner）の息子F・ヴァグネル（François Wagner），カトリック伝統主義派のO・ピション（Olivier Pichon）とA・ペリエ（Arnaud Périer）などがメッセージを寄せ，メグレ派への支持の広がりを見せつけた［Dély(1999)：285］。

2つの組織への分裂は，FN幹部や議員たちに態度の決定を迫った。組織は二分され，多くの幹部や議員はメグレの新党へと移っていった。いかに，FNの組織が大きく二分されたかを確認するために，ここでは運動の中央・地方幹部でもある地域圏議会議員の例をみておこう。表5－1は，両組織のホームページから作成したもので，1998年に選出された地域圏議員のうち，メグレの新党に移った地域圏議会議員の数を示している。ルペンのFNはホームページで，

表5-1　FN分裂後の地域圏議会議員のMNRへの移行

地域圏	1998年当選者数	MNR所属議員数
アルザス	13	7
アキテーヌ	9	1
オーヴェルニュ	4	3
バス=ノルマンディ	6	4
ブルゴーニュ	9	2
ブルターニュ	7	4
サントル=アルデンヌ	9	1
サントル	13	4
フランシュ=コンテ	9	4
オート=ノルマンディ	10	8
イル=ド=フランス	36	15
ラングドック=ルシヨン	13	6
リムーザン	3	3
ロレーヌ	13	8
ミディ=ピレネー	8	3
ノール=パ=ド=カレ	18	4
プロヴァンス=アルプ=コート・ダジュール	35	10
ペイ=ド=ラ=ロアール	7	4
ピカルディ	11	3
ポワトゥ=シャラント	5	2
ローヌ=アルプ	35	14
計	273	110

出典：両党のホームページ（FN：http://www.front-national.com, MNR：http://www.m-n-r.com）から筆者が作成。

1998年に当選した地域圏議会議員全員のリストを掲載しているので，分裂の際にどちらにも参加しなかった議員の存在はわからない。だが，分裂による地域圏議員の身の振り方の大まかな傾向は確認できるだろう。FNの地域圏議員273名のうち110名が，ルペンに反旗を翻してMNRに参加している。半数に及ばないとはいえ，FNにとって政治活動の面でも政治資金の面でも貴重なリソースである地域圏議会議員の喪失は大きな痛手であった。

FNの指導者間での内紛に関するうわさは，反FN陣営によって捏造された罠だと信じていた一般党員は突然の分裂劇に困惑した。分裂に際して，メグレ派がルペン派との間に政治的対立は存在せず，方法論上の不一致しかないことを繰り返し強調していたことも，一般党員の困惑を助長することになった［Dély

[1999）：298]。

　極右系の新聞も態度の決定が迫られたが，『ナシオナル・エブド』はメグレ派を追放してルペン派のものになり，『ミニュット』『リヴァロール』『プレザン』の各紙は中立を守った。ルペンは，とくに，極右の有力日刊紙『プレザン』がどちらの陣営も選択しないことに怒りを露わにし，活動家に対して同紙の定期購読を中止するように呼びかけた［Dély(1999)：292]。

　さて，マリニャーヌの党大会では，新党の党首には，もちろん，メグレが86％の得票で選出された。メグレの周囲はメグレ派の幹部が固めており，2001年5月の時点では，副党首S・マルチネーズ，全国代表幹事ルガル，全国書記長タンメルマンスという布陣で指導体制が築かれていた。新党の運営からはルペン色の排除が図られ，規約改正では，財政の透明性，選挙での候補選定の透明化，投票による党首選挙，29名の全国執行委員会委員（FNでは中央委員会委員）の全国委員会による承認，全国執行委員会での議決方法の民主化などの規定が盛り込まれている[7]。つまり，「党内民主主義」の導入が図られ，集団指導体制の近代的な政党という外観を整えようとしていた［Darmon et Rosso(1998)：109-110，Dély(1999)：289]。

　新党は，党イメージの穏健化によって，つまり「普通の政党化」を進めることで，保守勢力に対して交渉可能な相手としてアピールしようとしていた。これまで，より広範な国民結集を訴えてきたメグレは，今や，ルペンの影を払拭することで保守勢力との協力路線に大きく踏み込むことが可能となった［Declair(1999)：231]。マスコミに配布された文章には，「われわれは考えを同じくするRPR，UDFの幹部，地方議員に手を差し伸べることができる」と，保守との協力の意志が明言されていた［Dély(1999)：289]。

　党の運営においては脱ルペン色を演出していた新党であるが，理念や政策の面ではルペンのFNとの間に顕著な違いはなかった。類似した理念と政策を掲げ，同じ支持層に訴える2つの政党が競合することになった［Dély(1999)：290]。1999年5月19日の『ルモンド』紙上で，メグレ自身が「われわれはFNプログラムの些細なもの（iota）も放棄するつもりはない」と明言しているように［Bastow(2000)：7]，彼らは，保守との協力によってFNの理念を放棄しようとし

ているというルペン側からの批判を回避するためにも，FNの理念をことさらに踏襲し，強調する必要があった［Darmon et Rosso（1998）：110］。

たしかに，MNRの展開している反グローバリズム，国民の利益とアイデンティティの擁護，反移民，治安の強化，自国民優先といった主張は，FNからそのまま継承したものである。たとえば，分裂直後に迎えた欧州議会選挙では，MNRは，アメリカ主導のグローバリゼーションによる国境なき競争，自由貿易の強化，移民の流入，国家主権の喪失，フランスの産業・農業への打撃といった現象を告発し，そのようなグローバル化を受容して，国家主権を奪い，画一的なヨーロッパへの道を邁進するEU官僚主導の統合に反対している。彼らは，現行の統合モデルに対して，国家主権を尊重する「国家からなるヨーロッパ（l'Europe des nations）」を対置しているが［Mouvement national républicain(1999)］，そのような主張は，1993年のFNプログラムで展開されている「祖国からなるヨーロッパ（l'Europe des patries）」の主張と本質的にはなんら変わるものではなかった［Front national（1993）：356-372］[8]。

MNRはけっしてFNを穏健化させた「FNライト」ではないことには留意しておくべきであろう。マリニャーヌ大会では，運動の基本テキストが採択されているが，そこでは，グローバリズムとコスモポリタン主義，平等主義に対する告発や国民の文化やアイデンティティを脅かす移民と混血への警告，家族と国家からなる自然的・有機的共同体の防衛といった，「新右翼」の思想が全面的に展開されていた［Le Tréhondat(1999)：37-40，Breitenstein(1999)：38］。また，新党のなかには，「新右翼派」のほかにも，歴史修正主義派の弁護士でピカルディ県選出の地域圏議員E・デルクロワ（Eric Delcroix）や過去に反ユダヤ主義の筆禍事件を起こしたことがあるCh・ピカール（Christophe Picard），ウルトラ・ナショナリストの書店支配人G・スーラ（Gilles Soulas），旧ファシスト極小集団のリーダーT・メヤール（Thiery Maillard）といった極右のなかでも急進的な人物が名を連ねていた［Dély(1999)：304-305］。

しかし，そのような急進性にもかかわらず，彼らが採用したのは保守との協力を基盤とした穏健な路線で，FNとの違いをそこに求めていた。メグレは，消滅すべきは「誇張した表現，逸脱した言動，挑発，言葉の悪しき遊び」であ

り,「われわれはある人々の異常で病的な強迫観念から遠いところにいる」と，ルペンたちの急進的な言動から解放された運動のスタイルを強調している［Le Tréhondat(1999)：38］。

結局，そのスタイルや組織運営において責任ある政党のイメージを前面に掲げ，理念や政策においてはFN時代の内容を踏襲した，もうひとつの新しい右翼政党が誕生したといえよう。FNとの最大の違いは，MNRが，保守との協力路線を全面的に追求する点にあった。

多くの活動家，議員を糾合したメグレの党は順調に船出したかにみえた。だが，彼はいくつかの大きなハンディキャップを背負っていた。第1には，裏切り者の烙印を押されたメグレの正統性の問題である。そのことは，彼が保守側に秋波を送りつつも，FNとの連続性を強調し，急進的な言説をとることにつながっていた。第2には，FNが支持を調達してきた民衆層の不満と怒りをメグレが体現できるかという問題である。新しい右翼政党においては，他の政党以上に大衆を動員できる指導者のカリスマ的資質が要求されるが，彼がそのような指導者としての魅力を備えているかは疑問であった［Dély(1999)：305-307, Mouriaux, Osmond et Picquet(1999)：23-24］。

第3は，独特の権威主義的でカリスマ的なパーソナリティで党内をまとめあげてきたルペンの役割をメグレがこなせるかという問題である。党内運営においてFNはルペンと一体化してきたが，メグレが同じような個人的崇拝を党員から集めることが可能とは思えない。

第4に，最大の困難は，FNの成功がルペンの体現する異議申し立て政党としての魅力にあったとしたら，保守との連携が可能な「普通の政党」への転換に成功したとしても，保守勢力のなかに埋没することなくその独自性を発揮することができるのかという問題である。ポピュリスト的なスタイルと手法を手放したとき，FNのように区別化戦略を行使することは至難のわざであろう。

第5に，ルペンのFNとの違いを有権者に理解させることのむずかしさである。有権者にFNの亜流政党というイメージをもたれた場合，オリジナルよりコピーを選択するように説得する根拠が問われることになる。

他方，ルペン陣営は，メグレの新党旗揚げに対して容赦のない反撃を加えた。

彼らは，政治，司法，マスコミを巻き込んだ壮大なメグレの陰謀という独特の解釈にそってMNRに激しい攻撃を加えた。ルペンは，保守陣営の大物政治家Ch・パスクワ（Charles Pasqua）の秘密のネットワークがメグレの陰謀を支援しており，その陰謀はマント＝ラ＝ジョリでのルペンによる暴行事件にまでさかのぼると主張していた[Darmon et Rosso(1998)：115-116][9]。

ルペンの党は分裂によって多くの幹部や党員をもぎ取られたが，党首の大衆的な人気という最大の政治的リソースは残っていた。彼のカリスマ的な人気はなおも多くの有権者を引きつけており，とりわけ，比較的若く，民衆的な社会的カテゴリーがルペンを支持していた[Mouriaux, Osmond et Picquet(1999)：15]。それは，社会的・経済的不満に突き動かされ，既成政治への異議申し立て政党としてFNに投票してきた支持層であった。ルペンのカリスマ的で民衆的な指導者としての魅力は支持者レベルでは健在で，そのことは1999年欧州議会選挙でのFNの議席獲得とMNRの議席喪失として実証されることになる。

ただ，ルペンの党も，メグレ派を切り捨てたことで，その運動の将来にとって大きなハンディキャップを背負い込んだことは確かである。第1に，メグレ派の排除で，彼の運動から実働部隊である最も有能な幹部，活動家や議員たちを大量に失ってしまったことである。また，メグレ派がFNのプログラム作成をはじめとして，知的・イデオロギー的な面でも重要な役割を担ってきただけに，その点でもFNにとってのダメージは計り知れなかった。

そして，第2に，メグレの構想した保守との連携による権力への道を退けるとしたら，それとは違ったどのような戦略的展望を描くのかという問題である。異議申し立て政党の路線に閉じこもることでは，当面の生き残りは可能であろうが，政界での孤立から脱出する戦略なしには将来の展望は生まれてこないからである[Déclair(1999)：231, Mouriaux, Osmond et Picquet(1999)：20-21]。

さて，分裂した両政党にとっての最初の試練は1999年の欧州議会選挙であった。とくに，メグレのMNRにとって，選挙運動費用の公費助成と議席配分が受けられる5％の得票率をクリアできるかどうかに新党の生き残りがかかっていた。結果は，FNが5.7％，MNRは3.3％の得票率で，両党合わせても前回（1994年）の欧州議会選挙での10.51％から後退している[10]。FNは5議席を確保

したが，メグレの党は議席を獲得できず惨敗であった。また，2001年の市町村・県議会選挙でも，FNはオランジュで，MNRはマリニャーヌとヴィトロールで市政を守り，双方とも何とか生き残りはしたが分裂前の勢いはみられなかった。

MNRは最大の政策争点として治安問題に照準を当て，1999年2月18日には，メグレが，犯罪への「寛容ゼロ」，新しい公共交通政策，警察官への犯罪の重罰化などを含む「治安再建のための50の提案」を発表して世論へのアピールを図った。だが，そのような狙いに反して，MNRは大事な初戦で手痛い敗北を喫してしまった。

メグレは，最後のチャンスとして2002年の大統領選挙に照準を合わせていた。L・ジョスパン（Lionel Jospin）の率いる左翼連合に対して，ルペンを切り離した新党によって保守再編に介入することを狙っていた。MNRに参加した旧FN幹部たちは，ルペンよりメグレの方が政権に接近できるという希望，メグレの方が遠くまで連れて行ってくれるという確信に依拠していた［Dély(1999)：325］。その意味で，1999年欧州議会選挙で5％の得票にとどかず，スタートでつまずいたメグレにとって，2002年大統領選挙こそが政治生命をかけた正念場であった。そして，メグレはその賭けに破れることになる。対照的に，ルペンは念願の第2回投票への進出に成功する。分裂劇からの混乱に終止符が打たれ，軍配はルペンのFNにあがった。

1) ルペンの学生時代の活動やインドシナ，アルジェリアでの軍隊生活については，Bresson et Ch.Lionet(1994) に詳しい。
2) ルペンの極右活動の経歴については，畑山（1997）3章を参照。
3) FNの拠点都市となったヴィトロールでは，メグレが1993年から活動を開始して着々と勢力を築いてきた。その点では，ドルーをFNの拠点都市に育てあげたJ‐P・スティルボワ（Jean-Pierre Stirbois）と同様に，メグレが組織者，実務家としての才能をもっていることは確かである。また，ヴィトロールが，労働者と事務職が多く，失業，治安悪化，経済不況，移民問題を抱えた自治体であることもドルーと類似している。ヴィトロールでのFNの市政掌握と支配の詳細については，畑山（1999）を参照。
4) ただ，メグレのFN掌握作戦が順調に進んだわけではない。FNの弱点である勤労者層での支持拡大のために，メグレのイニシアティブのもとで展開された労働組合の結成は司法によって次つぎと結社禁止の判決を受け，思惑どおりにはいかなかった。また，メ

グレ個人も，マルセイユの行政裁判所によって，選挙費用が法定額の上限を超えていたことを理由に被選挙権の停止を申し渡されている。FN指導部は，メグレの代わりの人物をヴィトロールに派遣することを画策し，反メグレの急尖峰であるS・マレシャル（Samuel Maréchal）の名前があがっていた［Dély（1999）:102, 109］。メグレにとって，1996年は試練の年であり，彼の野望は頓挫しつつあるかのように思えた時期であった。

5) ルガルは，11の地域圏のDPS組織がメグレ陣営を選択したと主張している［*Libération*（24 décembre 1998）］。

6) 多様な構成要素を抱えるFNにとって，2つの接着剤が組織の統一とルペンの支配を担保していた。ひとつは，他の政党と同様に，FNも選挙での成功に基づく利益共同体であった。党が上昇機運に乗っているかぎり，FNはすべての構成要素にとって維持すべき価値のある組織であった。第2には，ルペンの存在であった。カリスマ性と権威を備えたリーダーとしてのルペンが党の成功を支えているかぎり，FN組織とその党首であるルペンは有益な存在であった。逆にいえば，選挙での敗北やルペンの高齢化による後継問題の浮上は，FNの組織に内部危機をもたらす可能性があった［Konopnicki（1996）:330-333］。今回の分裂は，接着剤であった第2の要因が分裂の決定的要素として作用していた。そして，その脅威は，ルペンの後継問題が切迫している現在もFNにつきまとっている。

7) 規約第2条では，「共和制度と民主主義的多元主義の枠組み内で，選挙による表現に働きかける政治組織」「出自，人種，宗教の違いなく，すべてのフランス市民の法の前の平等と結びついた」運動であると規定されている。第11条では，党首は通常の党大会（総会）で選出され，党首候補は，少なくとも20名の県書記の推薦が必要なことが明記されている。全国執行委員会，とりわけ，書記と会計担当は全国委員会の承認が必要であること（第12条），全国執行委員会は各自1票の議決権をもつこと（第14条），選挙での候補者選考委員会の設置（第19条），党員の5分の1以上の署名で臨時党大会が開催されること（第24条），党大会の議題は，少なくとも10の県連を代表する100名の党員の署名で提案されること（第25条）といった，党内民主主義に配慮した規約が制定されている（http：//www.m-n-r.com）。

8) FNもMNRも，現行のEU統合については反対であるが，ヨーロッパ統合自体に反対しているわけではない。ただし，彼らにとって望ましいオルタナティブな統合であればという条件つきであるが。彼らは，国民国家の主権やアイデンティティが侵害される形の統合ではなく，経済的な関係を超えた，より強力で特殊ヨーロッパ的な共通基盤をもった，すなわち，文明，宗教，歴史，文化，アイデンティティに立脚したもうひとつのヨーロッパ統合を望んでいた［Davies（1999）:100］。

9) メグレの長年にわたる盟友であったブローは，マリニャーヌ大会後にルペンのFNに復帰している。その理由としては，ブローは，メグレがJ・シラク（Jacques Chirac）の周辺からの資金援助によって分裂を進めたこと，臨時党大会の開催には規約上は20％の党員，すなわち，14,689名の署名が必要であるにもかかわらず，5,137名の署名だけで臨時大会を不当に開催したこと，そして，保守勢力と共謀してFNを破壊し，その思想を裏切ろうとしていることをあげている［Fontange（1999）:6, Blot（1999）:7］。

10) 1999年欧州議会選挙についての詳細は，岩本（2000）を参照。

第6章
2002年大統領選挙の衝撃
―― 国民戦線（FN）の復活

1　FNの新世紀――分裂を超えて

　2002年大統領選挙第1回投票は，大統領選挙史上で最も予期に反する結果であった［Caillot et Denni (2004)：23］。分裂によって満身創痍と思われた国民戦線（FN）とJ‐M・ルペン（Jean-Marie Le Pen）は，マスコミからの注目を集めることはなかった。第2回投票には左翼候補L・ジョスパン（Lionel Jospin）と保守候補J・シラク（Jacques Chirac）の一騎打ちであることを前提に，選挙戦は進んでいった。フランス全体に激震が走る第1回投票の夜は，どのように準備されていったのだろうか。2つのFNへの分裂による深刻な状況からたどってみよう。

　1999年1月の分裂はFNに大きな打撃を与えた。ルペンの右腕であったB・メグレ（Bruno Mégret）は，約3分の2の県連書記と地域圏議会議員の半分近く，警備組織の責任者たち，そして，ルペンの側近（そのなかにはルペンの娘マリー・カロリーヌ〈Marie-Caroline Le Pen〉も含まれていた）を連れて離党してしまった。FNの政権担当能力を示すショーウインドーであったFN系自治体も，2001年市町村議会選挙後には，J・ボンパール（Jacques Bompard）が市長を務めるオランジュ市しか残っていなかった。そのような損失は党活動にとって深刻な戦力低下であったと同時に，党のプログラムや政策づくりを担当してきたメグレら「新右翼派」の離反は，知的・イデオロギー的影響力の面でもFNにとって打撃であった。

　後継者争いを核とした指導部の個人的な確執と路線闘争に端を発するFNの分裂は，党員や支持者を困惑させ，運動の勢いは大きくそがれたかに思われ

た。1999年5月1日に開催された恒例のジャンヌ・ダルク祭ではFNとMNRの双方が約3千名を集めて互角の動員力を示したが，両組織合わせた参加者は6千名ほどで例年の半分にとどまった。そのような動員の低調さは翌年も変わらなかった。2000年のジャンヌ・ダルク祭でも，FNはかろうじて2,500名の参加者を確保できただけだった。また，FNの党員も，1998年末には4万2千名を擁していたが，2002年には約2万名まで減少している。

分裂の影響は選挙の結果にも明確に表れていた。1999年欧州議会選挙でFNとMNRは振るわなかった。結果は，FNリストが5.7%，メグレの国民共和運動（MNR）リストが3.3%の得票にとどまった。かろうじてFNは5%を突破して5議席を獲得したが，MNRは議席の獲得に失敗してしまった。FNが躍進した1984年以来，欧州議会選挙で新しい右翼勢力が得票率10%を割るのは初めてのことであった。1990年代に得票を伸ばしていた労働者層でも12%の得票率で，1998年地域圏議会選挙に比べても半減している。

2001年市町村議会選挙でも，前回は1万人以上の435自治体で候補者リストを提出したが，今回は284自治体でしか提出できなかった。理念や政策面で大きな相違がない両組織の間の激しい対立に支持者はとまどい，うんざりしていたことは確かであった[1]。

分裂によって，ルペンは政治生命が終わった政治家と見なされ，2002年大統領選挙のキャンペーン中には，多くのコメンテーターによって「過去の遺物」扱いされている［Le Bohec(2005)：4］。過去の極右運動がたどった運命がFNのそれに重ね合わせられ，多くの観察者や反FNの活動家たちはあまりにも早急にFNの終焉を結論づけてしまった。FNへの投票行動がたんなる異議申し立てを超えて，現行の社会に根をもったある種のアイデンティティの表現であり，あるタイプの社会的拒絶の行動であることが看過されていた［Le Gall(2002)：16］。

よく観察すると，大方の見方の予想に反して，それ以前からFN復活の兆しは存在していた。2000年5月に実施された世論調査で，ルペンの考え方への共感が回復の兆しをみせ，とくに，労働者層では25%がルペンの立場を肯定していた。保守支持者でも25%がFNの分裂と消滅を残念に思うと答えている［Perrineau(2003)：38］。

そのような世論での根強いFNとルペンへの支持は選挙結果にも表現されていた。2001年県議会選挙では，1994年の9.8％から7％へと後退しているがMNRの3％を加えると10％を超えており，新しい右翼の勢いはけっして衰えていなかった。また，同年市町村議会選挙でも前回（1995年）の得票（13.5％）から両党合わせて約10％と後退はしているが，コンスタントに2桁の得票率に乗せる力を保持していることを証明した。世論の支持においても，選挙の得票においても，FNは，けっして終わった運動ではなかった。

ルペンは，大統領選挙に向けて反撃を開始する。2001年11月，彼は，報道陣にFNの全国評議会で可決された動議を配布した。そこには，暴力と犯罪の増加に直面している警察と治安部隊を支持するという内容が書かれてあり，「秩序と法の再建は断固とした政策と寛容ゼロに立つ意志を必要とする」と強調されていた。社会の空気を敏感に読み取ったルペンは，治安悪化を大統領選挙のテーマに設定していた。それはFNにとってそれまで一貫して追求してきたテーマであった［Cole（2002）：319，324］。

他方，ルペンは，ソフトで穏健なイメージの演出に努め，従来の主張を微妙に転換していった[2]。その象徴的な例が，移民問題をめぐる言説であった。『フィガロ』紙上でルペンは，フランスを救うためにはアフリカを救うべきだとして，移民はアフリカ諸国にとって脅威であり，フランスにとって危険であると述べている。きわめて若く，デラシネ化して道徳を守らない移民たちは，往々にして，やすやすとドラッグや売春，犯罪の巨大なネットワークの犠牲となる。そして，利潤に飢えた強欲な多国籍企業は，より悲惨な境遇の人々に利益を配分することなくアフリカから富を収奪している。ゆえに，ルペンは，アフリカとカリブ諸国の発展に資するように多国籍企業の利潤に課税することを提案している［Cohen et Salmon（2003）：166-167］[3]。ルペンは，従来の移民排除の立場を変えたわけではないが，移民も犠牲者であるとして，移民を排斥する運動というこれまでのイメージを緩和しようとしている。同時に，グローバル企業を移民現象の元凶と告発することで，1990年代から力を入れている反グローバリズムにそった立論につなげている。移民を一方的に非難するのではなく，また，「市民を支援するために金融取引に課税を求めるアソシエーション」

(ATTAC)の唱えているトービン税を彷彿とさせるような課税を提案するなど，大統領選挙これまでと違ったイメージの演出に努めている。

以上のように，分裂によって大きなダメージを受けたFNであったが，注意深く観察すると，新世紀に入って明らかに息を吹き返している兆候が散見された。そして，復活の兆しのなかで，2002年大統領選挙に向けてルペンは着々と選挙に向けて布石を打っている。新しい右翼の分裂と衰退によって，世論の関心が低下するなか，FNの復活劇が始まろうとしていた。

2　2002年のルペンとFN

FNとルペンは，分裂の影響について不安を抱えながら大統領選挙・国民議会選挙という重要な選挙戦に突入することになる。大統領選挙は，ルペンにとってもともと苦手なタイプの選挙ではなかった。というのは，個人的な要素が強く，世論の動向を敏感に反映し，人気投票的傾向が強く，地方での組織的力量に左右されることが少ないといった特性から，ルペンのカリスマ的魅力とポピュリズム的言動，ナショナリズム的扇動が有力な武器となるからである。

ルペンにとって有利なことに，2001年後半には経済は急速に悪化し，失業率は上昇していった。ジョスパン政権によって鳴り物入りで導入された35時間労働制であったが，必ずしも雇用の創出効果は感じられず，多くの批判を招いていた。また，中東の危機や9・11事件に端を発する暴力やテロリズムによる不安と緊張の雰囲気，国内でのショッキングな暴力的事件の多発といった事態を背景として，世論のなかで治安問題への関心が急速に高まっていった。経済的ペシミズムや不安の雰囲気の拡大は，ルペンにとって好材料であった[Perrineau（2003）：203][4]。

有権者の間に治安悪化への懸念が強まっていくのには，マスメディアによる過剰な報道が作用していた［Lemieux(2003)：19-40］。2001年に入ると，メディアでは治安問題が失業問題と肩を並べる勢いで報道されるようになった。同年7月16日に，3人の青年がホームレスを殺害する事件が大々的に報じられると，世論のなかで犯罪への関心は加熱していった。

大統領選挙第1回投票も近づいた2002年4月19日，フランスのテレビ局TF1は20時台のニュースで，オルレアンに住むポール・ヴォワーズという70歳代の老人が2人の青年に恐喝されてひどく殴打され，家にも放火されるという事件を報道した。翌日から，その事件はすべての放送局で何度も取りあげられた。各放送局が競って暴力事件を報道することで，治安悪化の感情が社会のなかに広がっていった。

　有権者の関心が治安問題に傾斜しつつあることは，すでに，2000年から明らかになりつつあった。2001年2月の世論調査では，治安悪化のテーマへの関心（65%）は，排除（43%）と失業（37%）を大きく上回っていた。そのような傾向は2001年市町村議会選挙時にすでに表面化し，各自治体での選挙では犯罪問題が大きな関心を集めていた。しかし，当時の多元的左翼政権の指導者たちは，そのことに目を閉ざしていた［Cohen et Salmon（2003）：52］。

　国政レベルでの犯罪の争点の支配やイスラエル・パレスチナ紛争の激化やイスラム原理主義者によるテロリズムの拡大といった国際的状況は，外国人ぎらいの感情を刺激した。犯罪とテロの問題が移民問題と結びつき，FNに有利な争点が注目を集めることになった。移民問題が有権者にとってFNに投票する重要な動機となったことは「フランス政治生活研究センター（CEVIPOF）」が実施した調査からも明らかになっている。実際に，移民を優先的な争点としてきわめてエスノセントリックな傾向を示す有権者の63%は，2002年大統領選挙第1回投票でFNに投票している［Mayer et Roux（2004）：113］。

　以上のように客観的には有利な状況のなかで大統領選挙を迎えたが，かといって，ルペンの選挙キャンペーンが順調に推移したわけではなかった。選挙前の世論調査では，ルペンはいささか忘れられた存在で，支持率も不安定であった。SOFRESの調査では，2001年10月の時点で，ルペンは旧社会党候補のJ－P・シュヴェヌマン（Jean-Pierre Chevènement）を上回っていたが，11月には，その差は0.5%に縮小している（ルペン9%，シュヴェヌマン8.5%）。ルペンへの支持は拡大の兆しをみせていなかった。

　そのような停滞状況は，大統領選挙の立候補に必要な500名の署名をめぐるトラブルが象徴していた。フランスの大統領選挙では，代議士や上院議員，欧

州議会議員，県議会議員，地域圏議会議員，自治体首長など4万名以上の有資格者のなかから500名の推薦署名を集めることが義務づけられている。既成政党はともかく，国会議員や自治体首長を多く抱えていない小政党にとって，それはむずかしい要件である。FNにとって，それまでも署名集めは困難な作業であったが今回も容易には進まなかった。署名は公表されるので，議員や首長は有権者の目を気にして，FN候補への署名を躊躇する傾向があるからである。ルペンは署名集めが順調に進んでないことを公表して，それがシラクの妨害によるものであると主張した。ルペンは自らを被迫害者として演出することで，世論の注目と同情を集める作戦に出た。

ルペンの立候補をめぐってマスメディアで議論が交わされ，結果として，ルペンとFNの存在に世論の注目が集まった。彼の作戦は見事に成功し，世論調査でのルペンの支持率は上昇に転じてシュヴェヌマンを追い越し，12%から13%を記録するようになった。

他方，ジョスパンに関する不安な予測がささやかれはじめた。2002年4月13日に実施された世論調査機関IFOPによる調査では，ジョスパンへの支持率が選挙キャンペーン開始以来最悪の16.5%になったことが明らかになり，世論調査機関CSAの調査でも，3月の初めからジョスパン陣営にとって不安な結果がでており，左翼支持票の分散傾向は明らかであった。他方，第1回投票の直前には，ルペンがフランス社会で有益な役割を果たしているという回答が25%から45%に急上昇をみせ，ルペンの高い得票率が予測された［Cohen et Salmon (2003): 265］。ルペン支持の急伸と，ジョスパンの不振を重ね合わせたとき，ルペンの第2回投票進出というシナリオはけっして信憑性のないものではなかった[5]。

ルペンは選挙キャンペーンのなかで，「ルペン，人民」というスローガンに象徴されるポピュリズム的アピールと 移民と犯罪を組み合わせた選挙キャンペーンを展開した[6]。ふたを開けてみると，不安な予測は的中してルペン票はジョスパン票を上回っていた（表6-1）。ルペンは4,804,713票（16.9%）を獲得し，前回（1995年）よりも約15万票を上乗せした。メグレ票も加算すると，新しい右翼政党は約547万票（19.2%）を集めており，前回よりも約80万票伸ばし

表6-1 2002年大統領選挙第1回投票候補者別得票率（%）

候補	得票数	得票率（%）
J・シラク	5,665,855	19.9
J-M・ルペン	4,804,713	16.9
L・ジョスパン	4,610,113	16.2
F・バイルー	1,949,170	6.8
A・ラギエ	1,630,045	5.7
J-P・シュヴェヌマン	1,518,528	5.4
N・マメール	1,495,724	5.2
O・ブザンスノ	1,210,562	4.2
A・マドラン	1,113,484	3.9
R・ユー	960,480	3.4
B・メグレ	667,026	2.3
Ch・トビラ	660,447	2.3
C・ルパージュ	535,837	1.9
Ch・ブタン	339,112	1.2
D・グリュックスタン	132,686	0.5

第1回投票（2002年4月21日）：有権者数＝41,194,689，投票者数＝29,495,733，棄権率＝28.4%，有効投票数＝28,498,471
出典：Revue française de science politique, Vol.52, no.5-6, oct.-déc. 2002, p.484 より筆者が作成

ている[7]。

　今回のルペン票をみると，有権者の社会的性格に関していくつかの変化がみられる。男性優位で労働者，事務職といった民衆層での支持が好調であること，収入と学歴が相対的に低い社会層に浸透していることは従来どおりである。変化の要素としては，躍進以来の安定した基盤である大都市部と1990年代に浸透した準都市部に加えて，今回は農村部と小都市で伸張していること，35歳以上の比較的年齢の高い層で支持を集めていることである（表6-2）[8]。以前から強かった都市部と工業地帯で安定した得票を維持しつつ農村部で集票力を高めることで，FN票は大西洋岸を除いて全国化することになった。

　今回のFNの支持者像を，1988-2002年の大統領選挙でのFN投票者のプロフィールの変化に注目して確認しておこう。

　年齢層としては，2002年大統領選挙では，これまで支持の高かった青年層に加えて中年層での支持が伸びている。1988年，1995年の大統領選挙に比べて18-24歳，25-34歳では低下気味であるが，35-49歳，50-64歳では顕著な伸び

表6-2 FN投票者の社会的プロフィール（1988-2002年）（%）

	大統領選挙 1988年	大統領選挙 1995年	大統領選挙 2002年(第1回)	大統領選挙 2002年(第2回)	国民議会選挙 (FN＋MNR)
全 体	15	15	17	18	12
性 別					
男 性	18	19	20	22	15
女 性	11	12	14	15	11
年 齢					
18-24歳	14	18	13	12	12
25-34歳	15	20	17	18	15
35-49歳	15	16	18	20	14
50-64歳	14	14	20	21	15
65歳以上	16	10	15	15	17
職 業					
農 業	10	10	22	17	5
経営者	19	19	22	23	10
企業幹部・知的職業	14	4	13	13	9
中間管理職	15	14	11	14	8
事務従事者	14	18	22	21	18
労働者	17	21	23	24	17
ステータス					
自 営	15	14	22	21	7
公共部門被用者	14	14	14	15	4
私的部門被用者	16	16	20	19	11
失業者	17	28	20	30	22
最終学歴					
初等教育	15	17	24	25	19
中等教育	17	20	21	13	13
バカロレア	13	12	15	15	11
大学一般教育免状	10	13	11	10	8
それ以上	9	4	7	9	11
宗 教					
恒常的に教会に行く	13	8	12	15	9
間欠的に教会に行く	13	13	18	19	13
教会には行かない	16	19	20	19	14
無信仰	10	14	15	19	12
居住都市規模					
2,000人以下	12	14	19	21	12
2,000-5,000人	14	15	11	12	10
5,000-10,000人	12	19	17	16	12
10,000-20,000人	14	16	17	18	19
20,000-50,000人	10	24	26	25	19
50,000-100,000人	12	14	18	18	16
100,000-200,000人	14	17	13	18	18
200,000人以上	20	15	17	19	12
パリ地域圏	17	14	11	11	7

CEVIPOF調査（1988・1995年），PEF調査（2002年）

出典：[Mayer(2002):508] に基づき作成。

を示している。青年層の異議申し立て票を超えて中高年まで支持が広がっている。職業的には、労働者、事務従事者といった勤労者層で高い支持率を伸ばし、1990年代の民衆的社会層での支持が持続していることが確認できる。それと同時に、2002年は農業従事者で伸びが顕著である。また、自営層でも支持を伸ばしていることは、伝統的中間層と勤労者層という「ブティックとアトリエの同盟」というFNの必勝パターンが再現されていることがわかる。

最終学歴では、初等、中等教育の修了者で高い支持率を記録しており、低学歴層の間で支持が高いことは[9]、生活的・職業的に比較的恵まれない民衆的社会層での支持の強さを裏づけている。

次に投票動機であるが、FNを選択した投票者は予想どおり治安悪化を最大の動機としていた。世調調査（IPSOS）によれば、投票選択において治安悪化を最も重視したのは有権者全体では58％、シラクへの投票者では73％であったのに対して、ルペンへの投票者では74％に及んでいる（CSA調査でも、投票者全体48％、シラク56％、ルペン68％という結果になっている）［Cohen et Salmon（2003）：325］[10]。他方、失業者や青年層での支持の高さからは、失業と雇用の不安定化という文脈において、社会的な不満や疎外感から異議申し立てや不快感の表明手段としてルペンに投票する有権者像が浮かびあがってくる[11]。

2002年大統領選挙に際して、政治的な不満や幻滅は先例のないレベルに達していた。たとえば、「政治家はわれわれのような者たちが考えていることに関心をもっていない」と考える回答は、1977年：42％、1989年：51％、1995年：72％、2000年：81％、2002年：82％と一貫して増加している。とくに、ルペンに投票する意図をもつ有権者では、98％が政治家の国民への無関心を糾弾し、77％が政治家が腐敗していると考えていた［Mayer（2002）：516-517］。

3　フランスの新しい右翼の復活

1990年代からFNは、「新右翼」からの人材補給もあって、体系的プログラム、効率的指導部、安定した組織と熟練の活動家といった条件を整えていった。その成果は、1995年大統領選挙で初めて15％を超える得票をあげることに結実した。

そして，15％を超える大量得票が可能な時代に入って，その次の展望をめぐって党内では路線対立が決定的なものとなる。保守でも左翼でもない「第三の道」路線を維持しようとするルペンと，保守との提携をもくろむメグレ路線との対立が表面化し，運動は分裂に追い込まれていった。しかし，そのような危機的状況をくぐり抜けて，ルペンはFNの再建に成功した。ルペンの得票は，絶対得票率では，1995年大統領選挙時は11.64％，2002年は11.66％であった。投票数でみると，1995年から2002年にかけて有権者は約120万名の増加をみているが，ジョスパンが249万票，シラクが約7万票を失っているときに，ルペンは約23万票を上積みしている。

　また，大統領選挙の直後に実施された国民議会選挙は小選挙区制で実施されて，FNにとってけっして有利なタイプの選挙ではないが，それでも11.1％を得票している。MNRの得票を加えると12.4％に達し，1997年の約15％には及ばないが，1993年（12.41％）の水準は維持している。

　2004年地域圏議会選挙では，FNは14.7％（MNRは1.4％）を得票し（MNRを含めると16.1％），新しい右翼全体では前回（1998年）から約1％票を伸ばしている。今回の地域圏議会選挙では，商人・手工業者といった伝統的中間層で前回よりも票を伸ばしている。従来の「ブッティックとアトリエの同盟」が維持され，商人・手工業者で10％票を伸ばしている一方で，ディプロームをもたない低学歴層（+20％），事務従事者（+2％）と労働者（+1％）でも確実に票を積みあげている（表6-3）。

　結局，低所得層での高い得票（月収762ユーロ以下で16％の得票率），失業と産業空洞化，脱産業化の問題が深刻な東部と北部のフランスで平均以上の票を集めている事実も加味すると，グローバル化と脱産業化によって苦境にある地域や社会層での浸透という従来の傾向が再確認できる［Minkenberg et Perrineau (2005): 84, Perrineau (2005): 152-153］。そして，今回もそのような社会層の既成政党への不満がルペンの好成績につながったといえる［Cole (2002): 329］。

　FNは，1972年の結成から運動の軌道修正を図りながら今日に至っている。彼らが長期にわたって政党システムに定着し，無視できない勢力を築くことに成功したのは，彼らが時代の求めるものを表現しているからだといえよう。そ

表6-3 新しい右翼政党の過去2回の地域圏議会選挙での投票者の変化 (%)

	1998年地域圏議会選挙	2004年地域圏議会選挙	過去2回での変化
全国平均	15.5	16.5	+1
性別			
男性	18	21	+3
女性	13	12	−1
年齢			
18-24歳	17	7	−10
25-34歳	13	20	+7
35-49歳	20	20	±0
50-64歳	12	20	+8
65歳以上	17	10	−7
世帯主の職業			
農業	12	10	−2
商業・手工業	17	27	+10
自営	15	5	−10
管理職・知的職業	8	16	+8
事務従事者	12	14	+2
労働者	27	28	+1
無職	13	14	+1
教育水準			
免状なし	13	33	+20
初等教育修了証書	15	10	−5
第1段階初等免状・職業適性証・職業学習免状	19	22	+3
バカロレア	14	15	+1
高等教育修了	11	12	+1
政党支持			
共産党	3	2	−1
社会党	4	2	−2
緑の党	0	2	+2
UDF	8	4	−4
RPR-UMP	11	4	−7
FN	90	90	±0
支持政党なし	24	7	−17

上の数字はFNとMNRを合計した新しい右翼全体の数字である。
出典：[Perrineau(2005):152]

表6-4 「あなたの意見では，一般的に政治家はあなたのような人たちの考えていることを気にかけていますか？」(%)

	1978年	1987年	1995年	1997年	2000年	2002年
非常に	5	7	3	3	7	2
まあまあ	31	36	24	16	18	15
少しは	44	29	51	47	37	51
まったく	15	25	22	34	38	31
無回答	5	3	1	1	1	1

上の数字はCEVIPOFの1978年，1988年，1995年の調査と，CEVIPOF-CIDSP-CRAPSの1997年調査，SOFRESの1987年調査，CEVIPOFの2000年調査，PEFの2002年調査によるもの。
出典：[Caillot et Denni(2004):50]

れは新世紀に入っても，FNが少なからぬ有権者から支持されつづけている理由である。

それは第1に，古い政治の行き詰まりへの不満と不信を巧妙に利用して，それに対するオルタナティブとして自己を提示し，異議申し立て票の獲得に成功していることである。

左翼―保守の既成政党が政策的距離を縮小して，双方の違いが不鮮明になるという「コンセンサス政治」のなかで，2002年大統領選挙でも，ルペンは一貫して体制やエスタブリシュメントへのラディカルな反対派，「アウトサイダー」としての姿勢を貫いている［Perrineau(2004):33］。同大統領選挙第2回投票では，第1回投票でルペンに投票した選挙民のうち約30％がルペンに入れておらず，4月21日のルペン票が本来の支持者以外の異議申し立て票の動員に成功していることを物語っている［Cole(2002):333］。

「アウトサイダー」としてのイメージの演出によって国政議会での議席獲得や政権参加の可能性を奪われたことは，1999年の組織分裂の一因となったが，その反面，FNに「唯一の」反体制野党としての正当性を付与することにもなった［Lecoeur(2003):27］。政党や政治家の威信や信頼性が大幅に低下し，選挙での投票率が恒常的に低下するといった「政治的代表制の危機」が進行する時代に，FNは政治への不信や不満を表現する「抗議の器」としての役割を一貫して果たしつづけている[12]。

もちろん，FN側もそのような役割を自覚していて，既成のエリートや政

党・政治家による政治を激しく攻撃し，民衆の境遇に無関心という世間に流布している政治家像（表6-4参照）を有効に利用した。

彼らは，既成政党・政治家とは異なって，自分たちが「体制からのアウトサイダー」であり，真の民衆の味方であることをアピールしている（ポピュリズム運動としてのFN）。1990年代中葉には，FNは「民衆政党（parti populaire）」と自己をアピールするようになった［Lecœur(2003)：71］。彼らは，人民とエスタブリシュメント，「社会の上層と下々の人々の対立（de ceux d'en bas contre ceux d'en haut）」を強調して，自らの「護民官」の役割を強調し，民衆の代表としてエリート挑戦的な姿勢をアピールするのだった［Cautrès et Mayer(2004)：151］[13]。

第2に，異議申し立て票の結集だけではなく，冷戦が終焉して左・右のイデオロギー的対立軸が後景に退いた時代に，FNが新たな対立軸を打ち出すことに成功していることである。

FNは，従来の左右の対立軸に属さない争点，すなわち，治安や移民問題，国民的アイデンティティ，文化といった争点を掲げ，国民のなかのエスノセントリックで外国人ぎらいの感情に働きかけ[14]，国民的利益を脅かすグローバル化への批判を展開している。彼らは，自国民の利益とアイデンティティを優先的に防衛し，グローバル化の弊害と闘う唯一の国民的勢力として自己を呈示している。そして，彼らは，グローバル化を推進するコスモポリタン勢力と国民的利益とアイデンティティを防衛するナショナルな勢力の対立として世界を描き出そうとしている（ナショナリズム運動としてのFN）。

明らかに，1990年代以降のFNの主要な攻撃目標はグローバル化であり，EU統合，自由貿易，アメリカニズム，国内移民の増加といったグローバル化に連なる現象が厳しい批判の対象になっている（第7章参照）。2002年大統領選挙のキャンペーンでも，ルペンは言説のなかで，フランスの「後退」の第1の原因としてヨーロッパ統合に批判の強調点をおいていた。そして，FNの思惑どおりに，EU統合の争点は既存の左翼—保守の対抗軸を混乱させながら，統合に不安を感じる有権者をルペンへの投票へと誘っている［Belot et Cautrès(2004)：122, 125, 131-133］。

結局，「開かれた社会」—「閉じられた社会」の対立がフランスのイデオロ

ギー空間を再編するひとつの軸になろうとしている時代に［Belot et Cautrès (2004):133］，国境を再び高くするという処方箋をFNは提示している。

　ルペンによれば，現在のフランスの抱える苦境が領土主権の放棄，法的国境を含めたフランスの国境の自主的な廃止に由来する以上，国境の保護は公権力の義務である。「国境こそが生命であり，国内と国外，国民と外国人，自由な国民のアイデンティティ・モデルと世界政府の帝国モデル間に差異をつくり出し，人類の豊かさを担保するのは多様性である」というルペンの発言に，「閉じた空間」へのFNのアピールが集約されている［*National hebdo*（du ler au 7 septembre 2005）］。

　第3には，従来の物質主義に立脚した左翼―右翼の対立軸が後景に退き，普遍主義的価値が政治舞台の前面に出てきている時代のなかで，反普遍主義的な価値を代表する機能をFNは発揮している。

　普遍主義的価値は，伝統への一致や帰属集団の重要性よりも個人の発展や成長を至高の価値と見なし，民族や国民，社会的性格，性別にかかわらず，個人の平等な威信や価値を擁護する。反普遍主義的な価値という点では，FNの支持層はすべての他の政党の支持者とは異なった独自性をもっている。FN支持層は，人間の価値の不平等を肯定し，外国人を敵視し，その異質性ゆえに共存の可能性を否定する傾向がある。その点では，彼らの支持者は普遍主義的価値のラディカルな拒絶においてイデオロギー的一貫性を示している［Knapp (2004):346-357］。

　さて，MNRを駆逐して新しい右翼陣営でヘゲモニーを確立したFNであるが，その未来はけっして安泰ではない。党内の世代間対立と絡んだルペンの後継問題と，政党としてのアイデンティティと路線をめぐる対立が消滅したわけではないからである。

　後継者対立は，ルペンの女婿であるS・マレシャル（Samuel Maréchal），ルペンの娘であるマリーヌ（Marine Le Pen）たち中堅幹部とB・ゴルニッシュ（Bruno Gollunisch）が代表する古参幹部との間で展開されている。そのような世代対立は，マレシャルやマリーヌの若手党員を中心とする改革派でありポピュリストである「ルペン世代（Génération Le Pen）」とゴルニッシュら伝統的極右

派やカトリック伝統主義派の対立である。「ルペン世代」は，メグレとの対立の渦中で，全国書記長C・ラング (Carl Lang) のもとで若手の党職員や議員によって結成され，2002年大統領選挙を中心的に担うことでFNのなかで勢力を築いてきた。

マレシャルは，党の改革とイメージ転換のために，フランスを多信教国家 (pays malti-confessionnel) と考えることや全国書記長と全国代表幹事の二頭立て体制から集団指導体制に変えること，「悪しき」移民と「良き」移民との区別を導入すること，といった提案をしているが，そのような柔軟な立場は伝統的極右派から激しい反発を受けている。マレシャルの指揮下に2002年大統領選挙のキャンペーンが展開され，「ルペン，人民 (Le pen, le people)」というシンプルなスローガンのもと，民衆の「護民官」としてのイメージが演出された。2002年大統領選挙での成功は，「ルペン世代」にとって最初の勝利であった [Lecœur(2003):148-153]。これからも，世代交代の要求や運動スタイルの違いを含めて，FNで純粋培養されてきた「ルペン世代」の存在が党内対立の要因になる可能性がある。

ルペンの後継者候補の一人であるマリーヌ・ルペンの宣伝用ポスト・カード

他方，FNの路線をめぐって1999年の分裂と同じ対立が党内で再現されている。すなわち，保守との協力によって新たな展望を開こうとする現実主義派の動きが表面化している。サオン＝エ＝ロワール県の自治体ショフェーユ (Chauffaille) の首長であるM-Ch・ビニョン (Marie-Christine Bignon) が2006年3月にFNを離党した。彼女は，高齢のルペンに見切りをつけて「フランスのための運動 (MPF)」の党首Ph・ドヴィリエ (Philippe de Villier) のもとに走ったのだった。2005年の9月には，すでにオランジュ市長でボクリューズ県会議員のボンパールも離党してドヴィリエの運動に合流していたが，彼の妻でプロヴァンス＝アルプ＝コートー＝ダジュール地域圏議会議員M‐C・ボンパール (Marie-Claude Bompard)，FNの司法サービス担当者M・セッカルディ (Marcel Ceccaldi)，

FNのホームページ担当者R・レタン（Romain Létang）もボンパールと行動をともにしている。前回のような大規模な分裂に発展するかはわからないが，ルペンが高齢を迎えながら後継者も確定しないなかで，保守右派との連携を探る動きが再び表面化している。

さらに，もっと根本的な問題が存在している。FNの中心的シンボルであり，対内的にもメンバーを統合する役割を果たしているルペンの存在である。彼のようなカリスマ的な魅了を備えたリーダーが去った後，FNは果たして存続していけるのだろうか。地方選挙での善戦は，ルペンなしでもFNが存続できる可能性を示唆している。だが，メグレのMNRの敗北と挫折の歴史をみると，また，オーストリアやスイス，オランダなどで傑出したリーダーが存在する新しい右翼政党が成功していることを考えると，ルペンなきFNの将来はけっして楽観を許さない。

1) 分裂の影響で，世論においても，FNへの共感は低下を示していた。1999年4月に実施された世論調査では，ルペンの考え方に共鳴するという回答は11％にとどまり，拒絶の回答は86％にのぼった。肯定的回答が1991年には32％，1996年には28％であったことと比べて，FNの言説の影響力は大きく低下していた［Cohen et Salmon(2003):13］。
2) ルペンの娘マリーヌ・ルペンの証言によると，マスコミで「新しいルペン」といわれた慎重で穏やかなイメージへの転換は，F・トウゼ（François Touzé）のもとでマリーヌも参加したチームが担当したものであり，選挙キャンペーンに新しいトーンを与えることが追求されていた［Le Pen, M.(2006):216］。
3) そのような主張は，FNから小冊子のかたちで出版されている。Le Pen(2002) を参照。
4) 2002年大統領選挙を前にして新しいイデオロギー的雰囲気が存在していたとして，①高まる秩序への要求，②グローバル化に由来する不安，③自己本位（chacun pour soi）の個人主義の高まりと個人主義の独特の形態であるコーポラティズム化，④民衆層や左傾化した中間層の一部も含んだ社会保障への高まる敵意が指摘されている［Le Gall (2002):11］。
5) IPSOSによる投票前に実施されたの最終調査によれば，シラク，ジョスパン，ルペンの支持率は，それぞれ20％，18％，14％であった。ただし，投票に絶対行くと回答した有権者のうち30％が投票先を決めておらず，11％が投票日の時点で選択を変える可能性があると回答している。FN支持者が世論調査で支持政党を明らかにしない傾向も加味すれば，結果は流動的であった［Cohen et Salmon(2003):276］。
6) FNは機関誌で，「その広がりと展開によってフランス国民の利益と同様に，世界の均衡と平和にとって脅威」である移民問題を大統領選挙キャンペーンの中心に据えることを明らかにしている［Français d'abord(2002):16-17］。他方，シラクも，早くも2001年1

月には「治安悪化と闘うフランス的手法」を提唱して，治安の中心的争点化への適応を図っている［Cole（2002）：324］」。
7) 2002年大統領選挙第1回投票の結果は，次のように要約できる。①保守勢力の平凡なスコア，②左右での反体制的候補の伸張，③ジョンスパン首相のもとで多元的左翼を構成していた勢力の屈辱的敗北，④政党支持の拡散である。左右の急進的政党候補が予想外の健闘をみせる一方で，既成政党の側は芳しい成績ではなかった。保守系候補全体でも得票は歴史的に低いレベルであったし，シラクは現役の大統領としては最低の得票であった。また，「多元的左翼」の側にとっても厳しい結果であった。そして，2002年の大統領選挙は，記録的な棄権の多さと投票の拡散が目だつ選挙でもあった。
8) 農村部でのFNの伸張は，農業の不振とグローバル化の脅威によって農村地帯に不安が広がるなかで，EU拡大と農業補助金削減問題を訴えたことが功を奏したと指摘されている［Cohen et Salmon（2003）：328-332，Cole（2002）：329］。
9) 移民をフランスの抱えるすべての問題の唯一の原因であり，「自国民優先」を失業への特効薬とするFNの単純化された言説は教育レベルの比較的低い人々に反響を見いだしていた［Cautrès et Meyer（2004）：159］。
10) 投票に際して重視した3つの問題を質問した別の調査（PEF）で，ルペンへの投票者が有権者全体より高い数値を示している項目をピックアップすると，犯罪 68％（選挙民全体60％），移民 68％（23％），フランスの主権 9％（5％），税金の引き下げ 20％（19％）である。法と秩序を重視し，外国人ぎらいでエスノセントリックな感情にとらわれているFNへの投票者像が浮かびあがっている［Mayer（2002）：507］。
11) 1988年から2002年まで継続的に有権者の投票行動を対象とした調査では，継続してFNに投票している有権者は政治家にきわめて強い敵意をもっており，2002年大統領選挙ではジョスパンとシラクの間に違いがないことを強調するという特徴が確認できる［Chiche, Haegel et Tiberj（2004）：314］。
12) 2002年大統領選挙第1回投票で，政治家に良好なイメージをもっている有権者ではルペンに9％しか投票していないが，政治家に悪いイメージをもっている有権者ではルペンに24％が票を投じている。有権者のなかに存在していた政治不信が，FNの第2回投票進出の原動力のひとつであった。とくに，労働者，事務従事者，商業・手工業といったカテゴリーで政治不信は高く，FNが「ブティックとアトリエの同盟」の結集に成功した理由が理解できる［Caillot et Dennis（2004）：61, 65］。
13) 2001年4月にルペンの「現実がフランス国民に重くのしかかる時代が来るだろう。それは，民衆的，社会的，国民的で信頼に足りる国民戦線の時代だろう。FNの役割は護民官である。真実と国民のために闘うのはFNの第一の使命である。危険を知らせて告発するのがFNの義務である」という発言が，そのような役割の自覚をよく示している［Lecoeur（2003）：271］。
14) 外国人ぎらいでエスノセントリックな感情への働きかけは，選挙結果をみるかぎりは一定の効果を発揮している。表6－5は，エスノセントリズムと移民問題への態度の投票行動に対する影響を表現しているが，エスノセントリズムが強く，移民問題に重要性をおく有権者は，明確に新しい右翼政党への投票指向を示している。

表6-5 2002年大統領選挙第1回投票におけるエスノセントリズムの程度と移民問題に付与された重要性による投票意向

エスノセントリズム	極左	左翼	保守	新しい右翼	サンプル数
低い	31	52	31	1	832
中位	11	29	52	8	786
高い	7	17	34	43	1,030
移民問題					
0	12	38	41	9	2,188
1	7	15	35	43	295
2	7	17	29	47	218
3	4	8	22	66	196

移民問題の項目は，2002年大統領選挙に際して重視する争点をたずねて，12の争点中で移民問題に関するものをいくつ回答するかによって0-3に分類している。
出典：[Mayer et Roux(2004):114]

第7章
新しい右翼とナショナリズム
──「閉じた社会」への誘惑

はじめに

　1990年代の初めに冷戦が終焉に向かったが，世界が緊張の緩和と協調の時代を迎えるという楽観的な予測は見事に裏切られた。冷戦が終焉してグローバル化が本格化する時代のなかで，中東欧をはじめとして全世界にナショナリズムの再生という現象が広がり，多くの民族紛争が発生している。
　そのようなナショナリズムの再生現象は，先進社会にとっても無縁ではなかった。ヨーロッパにおいては，1990年代に入ると，多くの国で新しい右翼政党の台頭を経験している。戦後の経済発展のなかで社会は安定し，議会制民主主義は大きな混乱もなく運営されてきた。そのような繁栄と安定の時代のなかで，急進的で暴力的な極右勢力は政治システムのなかで周辺的な存在に追いやられてきた。極右の現代的バージョンである新しい右翼政党の突然の躍進は，冷戦の終焉とグローバル化という新たな時代に対応した現象であり，新しいナショナリズムは彼らが息を吹き返す原動力になっている。
　そして，現在の日本でも，中国や北朝鮮との外交的軋轢をバネに新たなナショナリズムの台頭が始まっている観がある。人権や寛容の価値が定着し，排外主義や外国人ぎらいの感情が克服されつつあるかのようにみえた先進社会で，なぜ，ナショナリズムの再生現象が起きているのだろうか。そこには，どのような時代的要因があるのだろうか。本章では，ナショナリズムという観点からフランスの新しい右翼政党である国民戦線（FN）を検証することで，そのような問いへの回答をさぐってみたい[1]。

1　グローバル化時代におけるナショナリズムの復活

　ナショナリズムは純粋に近代の構成概念であり，国民国家に固有のイデオロギーである。そして，その内容は時代とともに変化してきた。たとえば，1789年のフランス革命に源を発する共和制国家のイデオロギーとして，ナショナリズムはフランス革命と共和制と一体になっていた。やがて，ナショナリズムの担い手は右側の政治勢力に移り，対独復讐や植民地支配のイデオロギーに変質していった。ナショナリズムは帝国主義と結合して領土拡張を優先事項とすることで，攻撃的で拡張主義的なものとなっていった［Hall(2003)：23］。19世紀の1880年代から第一次世界大戦の勃発までの時期は，大衆の排外主義的ナショナリズムと新しい疑似科学的な人種主義が説く民族的優位性の感情が動員されやすくなり［姜・吉見(2001)：15］，戦間期には，ナショナリズムはファシズムの重要なイデオロギーとして利用されることになった。

　そして，膨張主義的なナショナリズムに突き動かされたファシズム国家は敗戦によって崩壊していった。第二次世界大戦後の世界では，悲惨な戦争の反省に立って国連を中心とした国際紛争の予防と国際協調のための努力が払われ，ヨーロッパでは平和を確かなものにするために欧州統合が進められてきた。そして，グローバル化の時代に入ると，国境の壁が低くなって世界がひとつの村のように緊密に結び合わされるという楽観的な未来が語られ，偏狭なナショナリズムが跋扈する時代は過ぎ去ったかのように思われた。

　ところが，1990年代にグローバル化の影響が本格化するのと符合するかのように，ヨーロッパでは新しいナショナリズムの再生現象がみられた。その担い手は，従来は各国の政治システムにおいて周辺的な存在であった極右政党を継承する勢力であった。野外集会では白人ばかりの参加者によって国旗がうち振られ，「フランス人優先」「ドイツ人のドイツ」といった排外主義的で自民族中心主義的なスローガンが唱えられる光景がみられるようになった。それは街頭の風景にとどまらず，戦後の政治史においては忘却されていた勢力が，突如として各国の選挙で大量に得票するという光景が目につくようになった。

フランスのFNの党首J－M・ルペン（Jean-Marie Le Pen）は2002年大統領選挙第1回投票で16.8%を得票し，社会党候補L・ジョスパン（Lionel Jospin）を退けて決選投票に進出している。オーストリア自由党は1999年総選挙で26.6%，オランダのピム・フォルタイン・リストは2002年総選挙で17.0%，スイスの中道民主同盟（UDC）は2003年総選挙で26.6%を獲得している。そのほかにも，ベルギー，デンマーク，ノルウェーでも国政選挙で新しい右翼政党は10%内外の票を集め，オーストリア，イタリア，オランダでは政権参加も果たしている。

　新しい右翼政党が各国で伸張している要因は多様である。しかしながら，新しい右翼政党は国ごとの多様性をもちつつも，共通の政治現象として収斂しつつあるといわれている。すなわち，反移民・外国人ぎらいの感情を利用した「自国民優先」のアピール，治安の悪化に対する法と秩序の争点の前面化，国民に限定した福利の提供を要求する「福祉ショーヴィニズム」，反エリート・既成政党の感情を動員したポピュリズム的スタイルといった共通の要素が指摘されている［Evans, Ivaldi et Jocelyn(2002)：70-72］。

　新しい右翼政党の言動には，内外の脅威によって祖国が危機に瀕しているという意識が散見される。彼らにとって，脅威の主要な源泉はグローバル化であるが，それは移民問題とヨーロッパ統合によって象徴的に表現されていた。新しい右翼政党の代表的存在であるFNにとっても，1990年代以降は移民問題とヨーロッパ統合は優先的課題であった［Lecoer(2003)：238］[2)]。

　移民問題は，国境の壁を越える自由なヒトの移動がもたらしたものという意味で，グローバル化の可視的現象のひとつであった。1990年代には，フランスにおける移民人口は約417万人を数えており，とくに，イスラム系移民の存在は国民の中に不安を生じさせ，政府の対応に対する不満が高まっていった。そのことは，**表7－1**からも明らかである。政府の移民政策に対して「どちらかといえば不満」も含めると，すべての国と地域で不満は高い割合に達している。新しい右翼政党は，そのような不安や不満の感情を利用して，国家が抱える深刻な諸問題（失業の増加，犯罪の増大，家族や地域社会の崩壊，ドラッグ・エイズの蔓延，教育の行き詰まり，社会保障財源の逼迫など）と移民問題を巧妙にリンクさせることに成功している。

表7-1 政府の移民政策への満足度(1999年)(%)

	大いに不満	どちらかといえば不満	どちらかといえば満足	満足
ドイツ	16.5	49.3	31.4	2.8
オーストリア	16.3	50.0	30.4	3.3
ベルギー(フランドル)	46.0	42.9	10.7	4.0
ベルギー(ワロン)	45.2	40.0	14.3	5.0
デンマーク	15.9	43.3	35.0	5.9
フランス	25.7	43.3	27.5	3.4
イタリア	31.4	46.4	19.9	2.2
オランダ	23.4	40.3	32.0	4.2
スウェーデン	14.2	40.4	42.4	3.1

出典：[Betz(2004):78]

　EU統合については，国民国家の主権を制約して，国民の利益とアイデンティティが犠牲になるという不安が国民のなかに根強く存在している。そのような批判的なEU統合観は世論調査でも鮮明に示されている。2003年に実施された世論調査(BVA)では回答者の70%がグローバル化と社会的不平等の拡大を結びつけ，半数以上の回答はグローバル化がナショナル・アイデンティティに脅威であると考えている。また，1998年から2002年にかけて実施された一連の世論調査でも，グローバル化をポジティブな変化と考える回答が50%から38%に後退し，逆にネガティブな現象と考える回答は33%から46%へと増加している [Betz(2004):67]。

　そのようなEU統合へのネガティブな姿勢は，統合の進捗につれて表面化することになる。1992年のマーストリヒト条約の批准はフランスの国民投票ではかろうじて僅差で承認されるが，EU統合への抵抗は，2005年のフランスとオランダの国民投票での欧州憲法案の否決といった動きとして現在でも続いている。EU統合に反対する言動は，ヨーロッパでは一般には「ヨーロッパ懐疑主義(euro-sceptisme)」と呼ばれているが，フランスでは「主権主義(souverainisme)」として左右両翼の既成政党の一部に浸透し，ヨーロッパ統合に対する侮りがたい抵抗勢力を形成している[3]。主権主義者たちは，グローバル化による国民主権の侵害を問題にしており，国民国家に依拠して国民の利益

とナショナル・アイデンティティを防衛し，グローバル化の影響をコントロールすることを共通の課題にしている[4]。

　FNも，EU統合に対して厳しい評価を下している。彼らによると，EUは創立時の原点を否定して「グローバル化の風に開かれた"マシーン"」になっており，ヨーロッパのアイデンティティと繁栄に経済的，人口論的，社会的，文化的攻撃を仕掛けている［Front national(1993)：23］。そして，何よりも，EU統合には，国民国家を超えた超国家的な実体をつくり出すという目的が秘められている。つまり，FNにとって，マーストリヒト条約やアムステルダム条約は，明らかに「政治的主権の終焉」を意味しているのである［Minkenberg et Perrineau（2005）：79］。

　彼らにとって，国家の主権とナショナル・アイデンティティの保全が最重要な課題であり，ナショナリズムは彼らのイデオロギーにとって第一の要素であった［Givens（2005）：35］。移民問題やEU統合の問題に直面して，国民の利益やアイデンティティをめぐる不安は高まり，その防衛を掲げて新しい右翼政党は，右からの反グローバリズム運動としての性格を強めていく。

2　グローバル化時代のナショナリズムの論理

　グローバル化時代のなかで新しい右翼政党によって発せられているナショナリズムの言説は，かつての帝国主義やファシズム時代の人種主義的で対外膨張主義的なナショナリズムではなく，現代社会に固有な特徴をもっている。フランスの政治研究者P・ペリノー（Pascal Perrineau）は，新しい右翼の台頭という政治現象の根底には「現代の奥深い不安感」が存在しており，それを考慮した社会学的説明が必要であると指摘している［Perrineau(2005a)：40］。たしかに，現代は不安の時代である。これまで人類が追い求めてきた豊かな社会が実現した反面，人々は新しい質の困難と不安を抱え込んでいる。

　経済領域では，安定した経済成長の時代は終わり，資本主義経済は脱産業的段階を迎えている。経済の重心は製造業からサービス産業へ移り，生産部門から事務部門まで波及したコンピュータ化やグローバル化による産業の空洞化は

雇用を縮小させている。その結果，リストラが横行し，構造的失業が定着し，不安定で周辺的な雇用が増加している。社会・文化的領域では，福祉財源は逼迫し，所得と資産の社会的格差が増大している。犯罪の増加によって安全な社会の神話は崩壊し，個人を包摂してきた地域社会や団体，家族も揺らいでいる。国民は帰属する階級や文化集団を喪失して個人主義化し，大量の移民の存在は国民文化の同質性を破壊している。

　そして，そのような経済的領域や社会・文化的領域での困難な状況は，政治的領域での代議制民主主義の機能不全とも連動している。左翼・右翼の古い対立軸が有効性を失い，それにともなって政党支持の安定的構造が解体に向かっており，政治的代表制は危機に瀕している［Perrineau(2005a)：30-33］。その結果，政治的無関心の増大，選挙での棄権や無効・白票の増加，政治家や政党の信頼性の低下，政党や労働組合への加入者数の減少，急進的政党への支持の高まりや直接的な政治参加（デモ，スト，社会運動など）の活発化といった現象が起こっている。

　各国の新しい右翼政党が，EU統合とともに移民問題をプロパガンダの中心に据えていることは前述したが，それは現代社会の不安の背景を簡潔に説明するには格好のテーマだからである。移民がフランス人から雇用を奪っている，移民が福祉制度を悪用するので福祉財源が逼迫している，移民がドラッグやエイズをフランスに持ち込んでいる，移民が犯罪やテロの温床になっている，教育の荒廃も移民の子弟が増加したからだ，低家賃社会住宅（HLM）が移民によって占拠されフランス人が閉め出されているといった，国民の不安と不満をあおるキャンペーンが展開されている。

　また，移民はフランスの社会・文化的同質性を破壊して多文化社会をもたらし，イスラムの侵入によってキリスト教文化が脅かされている，多産な移民がこれ以上増加すると白人でキリスト教のフランスはやがては「イスラム共和国」になってしまうといった，国民の文化とアイデンティティに関する不安をあおる言説も駆使されている。ナショナル・アイデンティティと国民的同質性が揺らいでいる現代社会だからこそ，固有の文化や伝統の破壊と多文化社会に対する不安の言説は説得力を発揮しているのである。

新しい右翼政党は，国民のなかにあるナショナル・アイデンティティの喪失，より一般的には国民国家の文化的同質性の喪失に対する不安を利用している。彼らにとって，多文化主義はグローバリズムのイデオロギーであり，国民を解体して，国民と文化の混交をもたらし，すべての差異を消去するために国境を廃止することである。結局，それは，国民のアイデンティティを破壊することをもくろんでいるに等しいものである[5]。

そのような新しい右翼の言説が説得力を発揮するのは，現代社会で個人がおかれている

反グローバリズムを訴える党機関紙『ナショナル・エブド』

状況を抜きには理解できないだろう。脱産業社会における社会的・精神的な帰属先の喪失は安全感の低下やアノミーをもたらし，個人を孤独や疎外の状況に追いやっている。そのような社会では，市民社会的領域や共同体への帰属に「意味」を提供するような価値や共通の目的や統合感に関わる要求が高まる。ゆえに，厳格な規範，深くて広い宗教的感情，統制された性的慣習，伝統的な家族関係，よりヒエラルキーに基づいた社会の組織化，社会的な役割と機能の明確化，「法と秩序」の再建，ナショナル・アイデンティティの再確認，超国家的な組織への批判といった要求が，新しい右翼政党にとって有効に活用されることになる［Ignazi(2001)：373］。

グローバル化のもとで，戦後の安定した経済社会モデルは行き詰まり，安定と繁栄の時代は過ぎ去ろうとしている。フランス経済は激しい国際競争に直面し，多くの企業や地域，個人は為す術もなくグローバル化の波に翻弄されている。フランスが経験しているそのような苦境を，新しい右翼政党は「開かれた社会」への転換がもたらしたものとみている。そこから，「閉じた社会」への転換によって国民共同体を外側からの脅威から守ることをアピールする防衛的ナショナリズムが発動されることになる。

新しい右翼政党の言説が説得力を発揮しているのは，結局は，新しい対立軸

を設定する能力に由来している。すなわち，FNの言説の魅力は，グローバル化の弊害を告発し，経済面と社会・文化面での開放によってもたらされた苦悩に注目して，「閉じた社会」への回帰というオルタナティブを提示している点にある [Perrineau(2001)：9]。主権主義者の登場が示しているように，旧来の左翼—保守の対立軸を越えて，「開かれた社会」と「閉じた社会」という対立軸，すなわち，現在のボーダレスに向かう動きを支持するのか，それとも，国民国家という枠組みを再強化するのかという選択肢が浮上しているなかで，新しい右翼はその対立軸の「閉じた社会」の側へと国民を誘っている。

それは，具体的には，国民国家という自己完結的な空間を再強化する方向を選択することである。彼らの最大の敵はグローバル化という「開かれた社会」への流れを強いている勢力，すなわち，「コスモポリタン」勢力である。そして，アメリカがそのような勢力の中枢として世界支配を着々と進めているのである。FN党首ルペンの言葉を紹介すれば，それは次のように主張されている。

「人種主義との闘いを口実に，エスタブリシュメントは，ヨーロッパ統合のプロジェクトや移民の増加，多くの点からアメリカの帝国でしかない新世界秩序への従属によるフランスの国民性の消滅を追求し，そのコスモポリタン的プロジェクトに反対するすべての人々に攻撃の照準を合わせている」[Betz(2004)：139]。

ゆえに，FNの最大の使命は，超国家的統合の促進や国境の廃止，反国家的政策，大量の移民や帰化といった手段によって国民国家を破壊し，フランス国民を新しい世界秩序に従属させようとしているコスモポリタン勢力の「陰謀」によって脅かされ，消滅の危機に瀕している国民共同体を防衛することにある [Habbad(1998)：186]。

3 国民のアイデンティティと利益の防衛

1990年代以降，ヨーロッパ各国で新しい右翼政党がグローバル化とEU統合への反対を基調とするナショナリズムの主張を強調するようになり，それは選挙での彼らの成功と符合している。そのようなナショナリズムの主張は，どの

ような社会層に受容されて支持を調達しているのだろうか。1990年代に伸張する新しい右翼政党は，労働者，事務従事者や失業者といった社会層からの支持増加を特徴としている。それは，既述のように，国際競争の激化による雇用の流動化・非正規雇用化や産業のスクラップ・アンド・ビルド，空洞化から移民の増加，貧富の格差拡大，治安の悪化，ドラッグ・エイズの拡大，アメリカ文化の流入まで，雇用や生活条件の悪化をグローバル化によって説明することが容易になっているからである。

1980年代にFNが移民問題によって現代社会の諸困難を説明したように，1990年代には，グローバル化の現象によって民衆的社会層の抱える困難な状況を説明している。そして，FNが強調しているのは，国民の生活を守る「護民官」としての彼らの役割であり，国民の生活や利益，文化やアイデンティティを犠牲にしてグローバル化を推進する「コスモポリタン勢力」との闘いである。

その闘いは，現在のような主権を放棄し，堕落した国家によっては不可能であり，主権を回復した強力な国家の再建が急務なのである。だからFNは主権を取りもどし，国民国家を復権させることを訴えて，左右両翼の主権主義者に共闘を呼びかけている［Le Pen(1999)］。

FNは，1984年ヨーロッパ議会選挙で突然の躍進を遂げた時期には新自由主義的な理念や政策を前面に掲げていたが，1990年代には新自由主義に対して厳しい視線を投げかけるようになっていたことは既述した。1992年にFNは，『グローバリズム，神話と現実』という冊子を出版しているが，そこでは，世界を平準化し同質化する新しい形のユートピアであるグローバル化が，その主要な道具であるEU統合を通じて社会的悪弊を加速し，文化侵略によって伝統の破壊と記憶の喪失をもたらし，大量の移民によってナショナル・アイデンティティを破壊しつつあることが告発されている。そのような新しい主敵に対して，FNは人々の自由と，それが宿っている共同体の防衛の側に立つことを宣言している［Front national(1992)：7-9］。

国民共同体の防衛は，経済のコントロールと国民の文化とアイデンティティの防衛を通じて可能であり，それはグローバリズムと闘う主権国家の中心的任務と考えられている。その任務は「新しい保護主義」と「自国民優先」の政策

によって遂行される。1997年国民議会選挙に向けて発刊された党の政策集で，フランス経済の破壊に責任があるイデオロギーと決別して，FNは経済優先ではなくフランスに奉仕する経済というコンセプトを擁護している。そして，国民の経済的社会的バランスを保つためにグローバルな貿易をコントロールすることを主張している［Front national (1997)：55］。

すなわち，国民経済にとってグローバルな自由貿易へのコミットメントは致命的であるという診断から，経済的アクターの行動に国民とその文化，アイデンティティの防衛への配慮を導入することが不可欠で，関税をフランスとヨーロッパのレベルで再確立することで，忠実かつバランスのとれた競争を実現するという「新しい保護主義」が提唱されている。

FNが打ち出しているもうひとつの処方箋が「自国民優先」の原則である。国家がフランス人の精神的・物資的利益を優先的に実現することにより，異質な分子を排除して国民共同体を純化することで，ナショナル・アイデンティティを守ることを意図している。1993年のプログラムでも，「フランス国民とその文化的・自然的遺産の防衛と，フランス人がフランス人であることの諸価値を革新することをめざして，ナショナル・アイデンティティに的を絞った偉大な政策を支持する」と明言されている［Front national (1993b)：23］。

左翼政党が新自由主義に妥協して民衆的社会層に対する政策的配慮を放棄しつつあるとき，自由化やグローバル化によって脅かされている社会層に向けて，FNは富の再配分と不平等の縮小を保障する「保護者国家（État protecteur）」を約束している［Evans, Ivaldi et Jocelyn (2002)：80］。ただし，「保護者国家」の配慮はフランス国民に限定されたものである。「自国民優先」のFNのスローガンは，フランス人の利益，アイデンティティ，文化が優先的に保護されることを意味している。

それが社会政策として具体化されるとき，移民を排除して自国民への富の再配分の限定を要求する「福祉ショーヴィニズム」の主張となる。豊かな社会が経済・財政的困難に直面するとき，国民国家の正規メンバーに豊かさの再分配を限定する「福祉ショーヴィニズム」のプロパガンダが浸透していく。とくに，フランスでは，外国人が福祉を食い物にしているという感情が他のヨーロッパ

諸国と比べても強いだけに,FNの主張は少なからぬ国民に受容されている[6]。

　FNは,可能なかぎり移民の流入・滞在を制限し,国民を移民よりも優遇することによって国民共同体から移民を排除する政策を提唱している。彼らは,合法的移民の停止,家族の呼び寄せ停止,亡命権の制限,帰化以外での国籍所得の制限,婚姻による自動的帰化の見直し,失業中の移民の帰国,不法滞在や犯罪者の強制送還,10年期限の滞在許可の廃止,モスク建設の制限,外国人団体の統制といった移民の流入滞在を制限する政策とならんで,フランス国民の優先的雇用（移民の優先的解雇）,フランス国民の低家賃社会住宅（HLM）への優先的入居,フランス国民への家族手当の限定と社会給付の優先的付与といった「自国民優先」の政策を打ち出している［Front national(1993b):30-50］。

　結局,FNの自国民優先の行きつく先は,非フランス国民の排除であり,その意味で,彼らのそのような主張は「排除のナショナリズム（nationalisme d'exclusion)」［Lecœr(2003):257］と性格づけることができる。

　グローバル化の時代に国境の壁をふたたび高くして,「新しい保護主義」と「自国民優先」の原則を実現することが可能であるかはともかく,そのような「排除のナショナリズム」に基づく処方箋を掲げる新しい右翼政党に少なからぬ有権者が投票していることが,グローバル化の負の側面を表現していることは確かである。

おわりに

　現代の先進社会では,豊かな社会の繁栄と安定を防衛するナショナリズムが広がっている。アメリカは唯一攻撃的で膨張的なナショナリズムで突き動かされているようにみえるが,そのアメリカも視線は常に内部の安全や利益の防衛に向けられているように思える。グローバル化のゆえにというべきであろうが,国民国家の復権と国家主権の回復を求める声は高まり,社会の安全と安定,経済の繁栄とその果実の分配,伝統と文化,ナショナル・アイデンティティの防衛を求める声は,移民をスケープ・ゴートにして排除のナショナリズムを強化している。ドラスティックな経済社会の変化に直面して不安と不満のはけ口が,

新しいナショナリズムの台頭を招いている。

　ヨーロッパでの新しい右翼政党の台頭という最近の政治現象は，先進社会の政治，経済，社会が抱える諸困難に根ざしており，また，戦後の繁栄と安定を提供してきた社会の行き詰まりと変容を映し出してもいる。戦後冷戦の終焉による左右対立のイデオロギー空間の変容，グローバル化による社会の新たな二元化の進行，家族や地域社会という統合と安定の装置の変容，政治の利益調整・配分機能の不全といった現象がその根底には横たわっている。

　そういう意味では，FNをはじめとした新しい右翼政党の訴えかけていることは，時代の趨勢にさからって，失われつつある安定と繁栄を国民国家という空間のなかで国家の保護のもとで確保することに集約できる[7]。経済が繁栄し，犯罪が少なく，移民の姿が目だたない，家族と地域社会が安定し，伝統と文化が息づき，国家が威信と栄光を備えていた空間，そのような過ぎ去ろうとしている時代と空間を惜しむ声を彼らが代表しているといえる。

　豊かな社会のなかで，生活の豊かさを感じられずに不満や怒りを抱き，あるいは，従来享受してきた利益が剥奪される不安に脅えて暮らす人々，自分たちではコントロールできないグローバル化の流れのなかで翻弄されていると感じる人々が，先進社会で既成政治への不満と不信を高めている。そのような人々が存在する以上，国家による保護を期待し，強力な国家の再建を望む声はけっしてなくなることはないだろう。いや，そのような声は，逆に少しずつ大きくなってきている。そして，豊かな社会での不安とフラストレーションに依拠したナショナリズムの広がりは，日本社会でも目につく風景になりはじめているのではないだろうか。

1) 本章は，ヨーロッパ各国で台頭している新しい右翼政党を本格的に扱ったものではなく，フランスのFNを新しいナショナリズムという視点から検証したものである。ヨーロッパ諸国での新しい右翼現象については第8章を参照。各国の新しい右翼の共通性や独自性に関しては，各国ごとの研究が進められ，比較研究が深められることが必要である。
2) イスラムの異質性を根拠にキリスト教を核にしたナショナル・アイデンティティを防衛することが，ドイツやデンマーク，ノルウェー，オーストリア，スイス，ベルギー，イタリアなどの新しい右翼によっても強調されている［Betz(2004):141-147］。
3) たとえば，1999年ヨーロッパ議会選挙では，保守陣営の主権主義者であるCh・パスク

ワ（Charles Pasqua）が率いるリストが13.05％を獲得して，保守陣営に属する3つのリストのなかで最多の得票をしている［畑山(2004):98］。

4) 現在，グローバル化に対しては，2つの方向から対抗が試みられている。D・ヘルド（David Held）とA・マッグルー（Anthony McGrew）は，グローバリズムに反対する政治勢力を，市民社会から出発して抵抗と連帯の国際的コミュニティーによる対抗を指向する「ラディカル派」と国民的コミュニティと国民国家，国家に組織された国民を重視して，国家の統治能力の強化を指向する「国家中心主義・保護主義派」に分類しているが［ヘルド，マッグルー(2002):153-156］，前者が社会運動や政党のインターナショナルな連携によってグローバル化に対抗しようとしているのに対して，フランスの主権主義者が含まれる後者は，国民のナショナリズムに依拠することを指向している。

5) 新しい右翼は，ナショナリズム理論のベースに自民族の「差異」を維持するというきわめて防衛的姿勢に立った「差異論的人種主義理論（racisme différentialiste）」を取り入れている。かつての人種の優劣に基づく他民族支配の正当化ではなく，自国民の文化や伝統，慣習などの防衛，すなわち，ナショナル・アイデンティティの擁護を正当化する根拠として，「差異」の論理が使われている。それは，人種の優劣を問題にしないことから人種主義であることを否定し，自民族のアイデンティティと文化の保全を「多様性」の尊重を名目に肯定する。たとえば，FN党首のルペンは「民族と文化の多元性は保全すべきである。全般化した混血による人類の統一はユートピアであり，それはきわめて深刻な対立を引き起こす可能性がある」と，差異を根拠に，アイデンティティの防衛を主張している。この論理は，フランスの極右系知識人の運動である「新右翼」によって理論化され，FNが移民問題のプロパガンダに活用しているが，ドイツの共和党やオーストリアの自由党でも同様の論理が駆使されている［Betz(2004):134-135］。なお，差異論的人種理論については，畑山（1997）を参照。

6) 表7-2は，外国人ぎらいの感情についてフランスとEU15カ国で1997年に実施された調査の結果である。フランス国民の外国人ぎらいの意識はEU諸国民に比べて全般的に強いことがわかる。とりわけ，「移民は社会保障システムを悪用している」という項目が最も意識の差を示している。FNの「自国民優先」という「福祉ショーヴィニズム」の政策が受容される条件がフランスに存在することは明らかである。1990年代に，ヨーロッパ

表7-2　フランスとEU15か国における外国人ぎらいの感情（肯定的回答の割合：%）

	フランス	15カ国	フランスとEUの差
移民は社会保障システムを悪用している	64	48	+16
教育の質は過剰な移民から被害を受けている	57	46	+11
移民の存在は失業を増加させている	51	54	-3
移民の存在は治安悪化の原因である	46	37	+9
移民は多すぎる	42	38	+4
移民の宗教活動はフランス人の生き方に脅威である	37	25	+12
移民はフランスの権力によって優遇されている	34	27	+7

出典：［Ivaldi et Bréchon(2000):279］

で「福祉ショーヴィニズム」の主張が台頭する背景とオランダのケースについて，水島 (2006) を参照。福祉国家の再編を支えるロジックの中に，移民や難民を「部外者」として排除する仕組みが出現しているという指摘は説得力がある。

7) 2001年の新しいプログラムに寄せられたルペンの序文でも，ヨーロッパの首かせからフランスを解放すること，そして，すべてのフランス人にとって国民国家こそが自由と主権の自然的枠組みであることが訴えられている ［Front national(2001)：10］。

第8章
ヨーロッパでの新しい右翼現象を考える

はじめに

　前章までは，フランスの国民戦線（FN）について検証したが，本章では，FNを通じて得られた知見に依拠して，ヨーロッパの新しい右翼について考えてみたい。FNの部分は前章までの内容と重複するが，ヨーロッパの新しい右翼政党について考えるために必要なかぎりで紹介することにする。

　1990年代の後半に入って，ヨーロッパ諸国では新しい右翼政党の選挙での伸張がみられた。それは，質的にも量的にも，過去の極右運動を超えるものである。ただ，すべてのヨーロッパ諸国で新しい右翼政党が躍進を経験しているわけではない。ドイツやイギリス，スウェーデン，スペイン，ポルトガル，ギリシャでは，新しい右翼政党はマージナルな存在にとどまっている。また，選挙で成功を収めている国でも，国政議会への進出の時期は一様ではない。たとえば，オーストリア自由党は，1986年の連邦議会選挙で9.7％を得票し，1990年には16.6％へと躍進している。国民同盟（旧イタリア社会運動）は1994年の下院選挙で13.5％，FNは1984年の欧州議会選挙で11.4％，ベルギーのフラームス・ブロックは1991年の下院選挙で10.3％を得票している。また，スイスでも「中道民主同盟（UDC）」が1991年の下院議会選挙で11.9％を獲得し，2003年には26.6％に票を伸ばしている。ヨーロッパ各国で新しい右翼政党が躍進する時期や文脈，選挙での成功の程度は異なっており，そのイデオロギーや言説においても多様性がみられる［Perrineau（2002）：606-607］。

　新しい右翼政党は，時には選挙での敗北を経験しながらも多くの国で政党システムのなかに定着している。マージナルな存在にとどまっている国（ドイツ，イギリス，スウェーデン，ポルトガル，スペイン）から，選挙の帰趨に影響を

表8-1 ヨーロッパにおける新しい右翼政党の状況（2002年時点）

国　名	政　党	最近の総選挙	有効得票率(%)	獲得議席数	状　況
ドイツ	共和党	1998年9月	1.8	0/669	周辺的
ドイツ	ドイツ民族同盟	1998年9月	1.2	0/669	周辺的
オーストリア	自由党	1999年10月	26.6	52/183	政権参加
ベルギー	フラームス・ブロック	1999年6月	9.9	15/150	妨害勢力
ベルギー	ワロン国民戦線	1999年6月	1.5	1/150	周辺的
デンマーク	進歩党	2001年11月	0.6	0/175	周辺的
デンマーク	デンマーク民衆党	2001年11月	12.0	22/175	連合可能勢力
フランス	国民戦線	2002年4月	16.9	大統領選挙	妨害勢力
フランス	国民共和運動	2002年4月	2.3	大統領選挙	周辺的
イギリス	英国国民党	2001年6月	—	—	周辺的
イタリア	北部同盟	2001年5月	3.9	30/618	政権参加
イタリア	国民同盟	2001年5月	12.0	99/612	政権参加
イタリア	イタリア社会運動（三色の炎）	2001年5日	0.4	0/618	周辺的
ノルウェー	進歩党	2001年9月	14.7	26/165	連合可能勢力
オランダ	ピム・フォルタイン・リスト	2002年5月	17.0	26/150	政権参加
スウェーデン	新民主主義	1998年9月	—	—	周辺的

出典：[Evan, Ivaldi et Jocelyn (2002):69]

与える力をもっている国（ベルギー，デンマーク，フランス，ノルウェー，スイス），そして，政権参加を経験している国（オランダ，オーストリア，イタリア）まで，ヨーロッパの極右政党といっても，その置かれた状況は多様である（表8-1）。

　新しい右翼政党の性格は，各国の歴史や文化，経済社会構造によって強く規定されているし，選挙での成功や組織の拡大は経済社会状況や政治的機会構造，制度的環境，新しい右翼政党側の主体的な力量などの要因によって左右されている。とくに，政党システムと選挙制度のファクターは，各国の新しい右翼政党の選挙でのパフォーマンスの違いや台頭の時期を説明するうえで重要である。というのは，それらの違いによって政党の戦略や有権者の投票行動は大きく左右されるからである。たとえば，政党システムを規定する制度的ルールや既成

政党側の対応の違いは新しい右翼の成功に大きく影響している［Givens（2005）：9, 17］[1]。

1990年代以降に多くのヨーロッパ諸国で同時に新しい右翼政党の躍進がみられることは，国境を超えた共通の要因が考えられる。それは，自営業者を主要な支持基盤にしながら，徐々に労働者を中心とした社会層で支持を拡大しているといった点においても，移民問題に焦点を当てた排外主義的プロパガンダ，既成政党とエリートの拒絶を軸としたポピュリスト的主張においても共通性がみられる。

この時期に各国で新しい右翼政党が成功することに関して，N・マイエル（Nonna Mayter）は4つの共通の要因を指摘している［Mayer(1999): 289-300］。

第1に，FNのJ-M・ルペン（Jean-Marie Le Pen）やオーストリア自由党のJ・ハイダー（Jörg Haider）のような民衆的リーダーの存在である。政治的コミュニケーションのプロであり，メディアを巧妙に操作し，移民や政治家に対するルサンチマンを利用することに長けたリーダーの存在は重要である。

第2に，運動の組織的拡大である。新しい右翼政党の組織が全国に拡大して可視化することは，運動の成功にとって不可欠である。多くの党員，活動家，幹部を擁し，系列のアソシエーションやサークルを通じて影響力を拡大することなしに選挙での勝利はありえないからである。

第3に，過去の文化や政治的伝統に根ざした正統性を巧妙に利用したことである。危機と不安定の時代には，伝統的な思想や過去の憎悪が有効に利用されることになる。FNもジャンヌ・ダルクのシンボルを有効に利用したり，家族や信仰の価値を称讃し，また，ユダヤ人への差別感情を国際的「陰謀」の告発に用いるのがその例である。

第4に，既成政党の新しい右翼政党への対応がその成功を左右している。また，政党システムの編成や保守政党の対応，選挙制度なども新しい右翼政党の成功に影響している。

そのようなマイエルの指摘は誤りではないが，彼らの成功を考える場合，より構造的な要因が考慮に入れられるべきであろう。ヨーロッパでの新しい右翼の成功は，戦後の安定した経済社会や政治体制の危機状況に由来する不満と不

安の存在を的確に感じとり，独自の診断と処方箋を提示している点にある。民衆層の不安やルサンチマンが，「不満分子の党」[Lecœur(2003):162]としてのFNの成功をもたらしたことは否定できないが，同時に，新しい右翼政党への共感を引き出したのは，彼らのナショナリズムとポピュリズムを基調とした言説とプログラムであった。

その意味で，ナショナリズムを掲げたポピュリズム運動（「ナショナル・ポピュリズム」）という，FNによく使用されている性格づけは，ヨーロッパの新しい右翼にも適応可能である[2]。1990年代以降，ヨーロッパの新しい右翼政党において収斂のプロセスが進行しており，イデオロギーや組織，支持層における共通性をともなった新しいタイプの極右政党という理解が必要である[Heinisch(2003):92]。すなわち，反移民，外国人ぎらいの感情を利用した「自国民優先」のアピール，治安の悪化を受けた法と秩序の争点の前面化，国民に限定した再配分的利益を擁護する「福祉ショーヴィニズム」の強化，反エリート・反既成政党の感情を動員する姿勢を共通の要素とする現代的質を備えた運動としての理解が必要である [Evans, Ivaldi et Jocelyn(2002):70-72]。それに，1990年代から鮮明になる反グローバリズム的色彩を加えれば，ナショナリズムを掲げたポピュリズム運動としての新しい右翼の共通像が浮かびあがってくる。

1　ヨーロッパ政治の変容と新しい右翼

1990年代以降のヨーロッパで，新しい右翼が選挙において台頭する背景に，経済社会，政治，文化から価値観にまで及ぶ多様な要因が作用していたことは，FNのケースからも理解できる。新しい右翼政党の勢力伸張は，単一の原因による説明ではなく，複合的な要因によってしか理解できないものである。本節では，FNの検証から得た知見を土台にして，視点をヨーロッパに拡大して新しい右翼現象の基本的特質を紹介し，あわせて，その「新しさ」についても考えてみよう。

近年，新しい右翼政党に関しては，ヨーロッパ・レベルでの収斂傾向が指摘されているが，それは前言したように，ナショナリズムの争点を巧みに駆使す

第8章 ヨーロッパでの新しい右翼現象を考える　179

るポピュリズム運動として性格づけることができる。

　それでは，FNをはじめとした新しい右翼に共通する特質はどのような点にあるといえるのだろうか。

　まず，第1に，新しい右翼の台頭は現代的な現象であり，先進社会で進行している大きな変化に根ざしたものであることである。

　その点で確認しておくべきことは，多くの研究者の指摘していることであるが[3]，新しい右翼は，けっして過去のファシズムの再現ではないことである。たとえば，P・ペリノー（Pascal Perrineau）は，戦間期のファシズムと直接的・一般的に混同するのは曖昧であり誤謬であると断言している。その理由としては，ファシズムが，①今日経験されているものに比べてきわめて深刻な経済社会的危機の文脈で出現したこと，②屈辱の敗戦と無視された戦勝によるフラストレーションが存在したこと，といった条件が今日では欠けていること。そして，新しい右翼政党が一党支配をもくろむ全体主義政党ではなく，指導者原理も採用していないし，経済への強力な国家介入や社会のコーポラティズムにそった組織化も追求していないと指摘している。ゆえに，ファシズムの系譜で新しい右翼を考えると，その現象の独自性を見逃してしまうと警告を発している［Perrineau（2005a）:39］。

　新しい右翼は，ファシズム運動も含めた過去の極右のように，反共・反左翼，資本主義の擁護といった古い対立軸にそったポジショニングを選択してはいない。移民問題という，必ずしも配分的政治や左右の対立軸に還元されない，普遍主義的価値をめぐる新しいクリーヴィッジを表現する争点を梃子に台頭してきたということ自体，それが脱産業社会の政治現象であることを示している。

　すなわち，移民問題は優れて現代社会の変容を表現している争点である[4]。戦後のフォード主義的な大量生産・大量消費を基盤とする経済成長にピリオドが打たれて，戦後の安定した経済社会，文化，政治の秩序は大きく変容している。完全雇用状態から大量の失業者や不安定就労者が存在する社会へ，安全な社会秩序が崩れて犯罪やテロが横行する社会へ，豊かな生活を提供してきた社会保障財源が逼迫し，学校教育が社会統合と社会的流動性を保障できなくなった社会へ，近代家族が機能不全に陥って離婚やシングルマザー現象が目だつ社

会へ，地域社会が崩壊してドラッグやエイズが蔓延する社会へと個人をとりまく環境は様変わりしている。

そのような変化が生み出す不安と危機感を，彼らは移民の存在に結びつけて有効に活用している。それが可能であるのは，根本的には，左翼と右翼が共有してきた，至高の価値として個人の成長や発展を考え，個人の平等な威信や価値を肯定する普遍主義的ヒューマニズムに対して，伝統への順応や民族，人種，国民，社会，共同体，アイデンティティ，性別への帰属を重視する反普遍主義の新しい要求とクリーヴィッジを新しい右翼が表現しているからである［Grunberg et Schweisguth (2003)：346，Perrineau (2001b)：8，Heinisch (2003)：93］。つまり，これまで政治を支配してきた左翼―右翼の対立軸に加えて「権威主義―リバタリアン」（「特殊主義」―「普遍主義」）と「物質主義―非物質主義」の対立軸が重要性を増している時代に，彼らは，治安，伝統，権威，国家主権，経済的安定，社会保障を擁護することで「物質主義―権威主義」のポジションを明確に選択することで，有権者の少なからぬ部分の支持を調達することに成功したわけである[5]。

第2に，新しい右翼現象は，戦後の経済社会モデルや政治的秩序の行き詰まりに根ざし，それに対する挑戦であることである。とくに，政治的エリートと政治的代表制への攻撃によって，ポピュリズム的色彩を帯びた運動になっている。新しい右翼は，社会の構造的変化によって引き起こされた国民の不安や苦悩の拡大を反映した現象であるし，「危機の運動」としてのポピュリズム運動として登場しているのである［Betz (2004)：43，50，54］。

1980-1990年代のヨーロッパでの発展の多様な軌跡やイデオロギーの違いを超えて，ポピュリスト的な新しい右翼政党は中心的な争点についてきわめて類似した立場をとっているし，伝統的な政党システムの深くて恒常的な危機から養分を得ている［Givens (2005)：5］。

既成政党・政治家への不満が新しい右翼の支持拡大に結びついていることは，世論調査の結果にはっきりと表れている。1995年のフランスにおける調査で，FNに好意的な有権者の85％が諸問題に正面から取り組み解決する本当の指導者が必要だと考えているし，そのようなポピュリズム的傾向はイタリアの北部

同盟やオーストリアの自由党の支持者にもみられる［Betz(2004):55-56, Moreau (2001):253］。

　産業社会から脱産業社会への移行は，戦後の安定した経済社会秩序を揺るがし，新しい諸問題を出現させたが，それらに真摯に向き合い，有効な解決策を打ち出せない既成政治への有権者の不満と不信が噴出することになる。新しい右翼の既成政治批判は，経済社会の変化に不安をもつ支持層に浸透している。その典型的な社会層は，グローバル化のもとで経済社会的地位を脅かされている労働者をはじめとした民衆的社会層である。

　フランスでは，1980年代の後半以降に有権者の「プロレタリア化」が進行していくが，そのような傾向はドイツのドイツ民族同盟，共和党，オーストリアの自由党，イタリアの北部同盟，デンマークとノルウェーの新しい右翼政党でも観察されている［Ignazi(2001):398, 416, Givens(2005):64］。たとえば，オーストリア自由党は社会民主党の伝統的支持層で，経済社会的なマージナル化の犠牲者になることに不安を感じている労働者層が経済社会の現状維持と既得権の確保を軸とした厳格な社会秩序に執着し，それにとって直接の脅威と映る外国人の存在に危機感を高めている。1996年欧州議会選挙では，労働者層の50％が自由党に投票し，社会民主党には25％にとどまった。1983年には自由党に投票した労働者は3％で，その点では隔世の観がある［Moreau(2001):244, 251-252, Givens(2005):57-58］。

　結局，既成政治の無能と腐敗を攻撃し，民衆の側に立つことを強調する新しい右翼のエリート対抗的でポピュリスト的な運動は，社会的市場経済や福祉国家，ネオ・コーポラティズムといった「戦後的妥協」の社会民主主義的コンセンサスからのラディカルな転換への抗議であった。

　第3に，資本主義の必然的な発展過程である国境を越えたグローバルな展開に対応する現象であることである。

　たとえば，1990年代になると，FNの攻撃はアメリカ主導のグローバル化に向かうことになる。2001年9月23日の「三色旗祭り」でルペンは，アメリカのグローバル・ヘゲモニーを批判して，アメリカの「国家テロリズム」と「アメリカの政策によって巨大な苦しみと不正義が引き起こされ，無限のルサンチマ

ンと憎悪が生み出されている」ことを告発している［Perrineau(2003)：205］。反グローバリズムのテーマは，1990年代以降，各国の新しい右翼にとって有力な動員テーマとなっている。たとえば，北部同盟も国民の廃墟の上に全体主義的地球村を樹立する計画を進めているとアメリカを非難し，国民に立脚するヨーロッパ社会を対置している［Ignazi(2001)：421］。

　FNについてすでに言及したが，グローバル化が本格的に進展する時代のなかで，新しい政治的争点として，国民国家を「閉じた社会」として位置づけるのか，それとも，「開かれた社会」であることを指向するのかという対立が浮上している。1990年にヨーロッパ統合の争点が大きく浮上するのは，基本的にはそのような選択が背景にあるからである。新しい右翼は，グローバル化を推進し，国境の壁を取り払って金融や資本，商品の自由な流通を促進し，文化や伝統，習俗などの差異の解消を図るアメリカを中心とした「コスモポリタン勢力」と，新しい保護貿易主義と移民流入の制限，国民の文化とアイデンティティの防衛によって国民国家を「閉じた社会」として再構築することを指向する国民的勢力の対立へと，政治的対抗図式を再編成しようとしている。

　そして，国民国家のなかでは，社会的再配分を国民国家の正規メンバーに限定する政策を実施し（「福祉ショーヴィニズム」），社会の失われつつある安定と安全，経済的繁栄と文化的純粋性を回復することが，新しい右翼の提示するシナリオである。

　以上のように，新しい右翼の運動はヨーロッパ政治における新奇な現象であり，ヨーロッパの抱える社会経済的危機に根ざし，グローバル化時代のなかでナショナリズムを掲げるポピュリスト運動であるということを確認した。

　それでは，そのような運動が世紀末から世紀初めに登場する時代的意味をどのように考えたらいいのだろうか。

2　「脱近代的近代主義」としての新しい右翼

　最後に，本節では，新しい右翼の特質をふまえて，なぜに現在，そのような政党の台頭がみられ，それはどのような時代的意味をもっているのか，といっ

た問いに答えてみたい。新しい右翼現象は比較的新しいものであり，十分な研究の蓄積，比較研究が可能な程度に各国での新しい右翼についての研究が蓄積されていないし，それをふまえた比較研究も十分には取り組まれていない。そのような現状から，新しい右翼の本質的な意味を考える作業も，仮説的なものを提示する以上のものではない。

　さて，前節で，1980年以降に台頭する新しい右翼が，過去のファシズムとは根本的に異なっていることは指摘したが，そのことは，その運動の時代的意味における本質的な違いに由来している。H・キッチェルト（Herbert Kitschelt）は，戦前のファシズムを，人間に対する操作的で組織的なコントロールの最新テクノロジーを基盤とする政治的大衆動員を通じた近代工業の操作能力の肯定と，有機的でヒエラルキー的・共同体主義的な社会経済秩序のビジョンを結合させた「反近代的近代主義（anti-modern modernism）」［Kitschelt(1995)：36］と性格づけているが，現代の新しい右翼は，西欧社会の脱近代社会への変化のなかで登場してきた。それは，近代社会が提供してきた物質的繁栄や安定した経済社会秩序，同質的な国民文化やアイデンティティが危機に陥っていることへのリアクションであり，強力な国民国家を梃子に危機の克服を指向する運動である。その意味で，脱近代に向かいつつある時代に登場した近代社会を擁護する運動であり，「脱近代的近代主義（post-modern modernism）」と性格づけることができる。つまり，経済，社会，文化，政治の局面に及ぶ近代性をめぐる深刻な不安に根ざす現象と考えることができる［Perrineau(2002)：609］。彼らは，ポスト近代へと向かう時代のなかで，近代の価値（国民経済，国民国家，近代家族，同質的文化など）を防衛する機能を担う運動として登場してきたといえる。

　ヨーロッパに始まる近代化は，産業革命と国民経済の成立を土台にした経済的豊かさの追求の過程であったし，国民国家を単位とした政治的民主主義と国民統合の発展の過程でもあった。その延長線上に，第二次世界大戦後のヨーロッパでは，高度経済成長を背景にして高度な消費社会が実現すると同時に，公的財政の出動による高度な福祉サービスの体制が整備されていった。つまり，市場経済を前提にしつつ総需要管理を中心にした政府の介入政策によって安定的な経済成長と国民の高い生活水準が確保され，そのことによる税収の増加が

潤沢な社会保障を可能にした。そして，国民生活の向上がさらなる経済成長を導くという好循環が成立していた。ヨーロッパで築かれた「福祉国家」は，国民国家の枠組みのなかでの経済的豊かさの追求と政治的民主主義の拡充，個人の権利の尊重と社会的安定の実現という点では近代化の到達点であった。

だが，成熟した近代社会は，同時に深刻で構造的な問題を抱えることになる。つまり，市場を前提に国民国家を原動力とした経済発展と政治的・社会的安定の実現という成功の方程式はグローバル化の時代のなかでかげりをみせ，欲望の無限性を前提としたフォード主義による大量生産・大量消費システムは資源と環境の限界にもぶつかっている。産業社会から脱産業社会段階の資本主義への移行は，サービス経済の発展や労働市場の分断，不安定で周辺的な雇用が「下層の人々」に割り当てられる「二元的社会」をもたらし，社会階層やイデオロギー，政治集団への安定的帰属感を供給してきた同質的な階級社会を解体しつつある。そこから，あらゆる種類の苦悩やノスタルジーが吹き出している［Perrineau（2002）:609］。

また，経済だけではなく，近代国家の基礎単位と考えられてきた家族の崩壊やコミュニティの解体によって社会的な統合が弛緩し，治安が大幅に悪化している。近代社会の行き詰まりがさまざまな面で明らかになり，ドラスティックな変化が進行して脱近代社会が姿を現しつつある。近代を体現する諸制度と価値の全般的危機が表面化して，それを超える制度や価値が模索される時代を迎えているのである［Chevallier（2003）:15-20］。

1980年代から，近代社会の行き詰まりを打開するためのいくつかの処方箋が登場してきた。新しい右翼の処方箋を含めて，基本的に3つの方向性が提示されている。第1は，近代の価値や経済社会モデルをさらに高度化する方向であり（「ハイパー・モダン（hyper-modern）」），第2は，近代の価値や社会経済モデルを超える方向である（「ポスト・モダン（post-modern）」）。

第1の「ハイパー・モダン」は市場原理を徹底して，競争や効率性，生産性を極限まで追求し，国民国家の枠組みを超えて商品と資本の流通をグローバルに拡大するという処方箋である。それは，新自由主義の考え方に依拠したグローバル資本主義の方向性であるが，彼らは，欲望の無限性と物質主義的価値観

を肯定して，グローバル規模での市場競争と生産の拡大・効率化を追求するという点で近代社会をさらに発展させようとしている。

　第2の「ポスト・モダン」の方向性は，成長優先主義と産業主義，効率主義といった近代社会の中心的価値を批判して登場したものであり，脱物質主義的・リバタリアン的価値観に立脚して環境問題やエネルギー問題，女性やマイノリティの権利，政治参加をはじめとした争点をめぐって運動を展開するニュー・ポリティクスの方向性である。それは，ドイツやフランスなどの先進諸国で登場し，その延長線上に緑の政党が結成されている。

　そして第3の処方箋が，新しい右翼が体現している「脱近代的近代主義」の方向性である。彼らは，冷戦が終焉して資本主義体制がポスト産業社会に移行するなかで右側から登場してきた急進的なポピュリスト運動であるが［Heinisch (2003):92］，彼らは近代社会の行き詰まりのなかで出現してきた不安やルサンチマンから養分を得ている。

　前述したように，彼らは，これまでの極右と違って，資本主義体制を基本的に肯定している。そして，彼らは，経済成長の構造的障害を排除し，新しい雇用の創出に向けた優先的方法として市場原理と「小さな政府」を基本的に肯定している。

　ただ，脱産業社会とグローバル資本主義に向かうなかで，それがもたらしている変化と困難に抗して，国民国家の枠内で安定した経済社会秩序を擁護する点で，新しい右翼は他の2つの処方箋と異なっている。そこから，彼らの反グローバリズム（反「ハイパー・モダン」）であると同時に反リバタリアン（反「ポスト・モダン」）の指向性が由来しているのである［Ignazi(2001):402］。彼らは，国民的な利益よりも経済的利益を優先し，国家のアイデンティティと主権をないがしろにしてグローバル化を肯定する新自由主義の処方箋に敵意をもっている。新しい右翼は，ナショナルな価値を優先しているがゆえに国境の壁を越えるグローバリズムの現実を受容できないからである。他方，豊かな社会がもたらした富裕で快楽主義的な社会層のものと彼らには映るニュー・ポリティクスにも敵意をもっている。というのは，言論の自由や政策決定過程への参加よりも法と秩序と経済的安定性を優先する点で，彼らは物質主義的で権威主義的な

価値観にとらわれているからである［Kichelt（1995）:66, 75］。

　グローバル化の時代のなかで，経済のサービス化や労働の柔軟化・多様化をともなう脱フォーディズムの過程が進行し，それは国家の政策的自立性を限定して社会的統合を弛緩させている［新川（2004）:16-17］。社会と文化の面で，近代は「開かれた社会」に向かうが，それは，経済・金融的交換のグローバル化と結びついた経済的開放，ヨーロッパ統合による政治的開放，国際関係面での超国家化の傾向，移民の流入の加速，国民の流動性の上昇，社会の多文化的性質の強化によって表現されている。そのような「開かれた社会」に対して，社会の上中層に属する個人はポジティブな評価を与えているが，低学歴で社会の下層に属する個人は変化の意味が理解できないまま，新しい右翼の「閉じた社会」の呼びかけに引き寄せられている［Perrineau（2005a）:41］。

　新しい右翼は，緑の政党とは反対に産業社会を基本的に擁護し，国民の経済的利益の防衛を重視している。とくに，1990年以降の労働者をはじめとした民衆的社会層の支持増大に対応して，FNは超国家的でリベラル，個人主義的なポスト産業資本主義によって脅かされている産業的で国民国家的資本主義にノスタルジアを感じている労働者層に，富の再配分と不平等の縮小を担い，国民に限定した福祉国家のリソース配分を保障する「保護者国家（l'État protecteur）」を提示している［Perrineau（2005）:41］。

　ただし，労働者や事務職員，失業者といった「近代化の負け組（perdants de la modernisation）」を結集した運動としてFNを描くのは不正確であろう。正確には，アメリカの保守的な宗教回帰の現象と共通するような，「脱近代」の時代の個人主義的でリバタリアンな価値に疑問を感じる保守層，グローバル化の競争時代のなかで生活レベルの低下に脅える自営業者，そして，脱産業社会のなかで雇用の喪失や不安定化に直面している民衆的社会層など，新しい右翼を支持する社会層は多様である。近代社会が行き詰まりをみせている現在，近代社会が築いてきた安定と繁栄を奪い取ろうとしている既成エリートを激しく糾弾し，その回復を約束する新しい右翼のメッセージが多様なカテゴリーの有権者を魅了していることは確かである。

おわりに

　新しい世紀を迎えたヨーロッパのデモクラシーは，多くの解決しなければならない課題を抱えている。経済社会構造や政治システム，国民国家，国際関係の領域で進行してきた変化は，1990年代に入って一気に加速する。国民国家の枠内で営まれていた経済活動は急速にボーダレス化し，経済成長の果実を国家によって再配分するシステムである福祉国家は急速に行き詰まっている。そして，国民国家の主権や役割は縮小し，ボーダレス化のなかで国民の文化やアイデンティティも希薄化しているようにみえる。

　新しい右翼は，国民国家の枠内で経済成長が持続し，安定した政治と社会の秩序が確保されていた時代が終焉しつつある時代に台頭してきた。その成功の鍵は，現在ある「危機」の原因をシンプルに説明し，「危機」にあるシステムへのオルタナティブを提示する彼らの能力にあった［Lecœur(2003):18］。そして，その運動は，産業社会と同様に，近代社会の価値や経済・社会構造，政治システム，同質的国民文化が経験しているドラスティックな変化に対するリアクションであると解釈できる。

　現代社会の危機は，産業社会的近代がかげりをみせているにもかかわらず，「ポスト近代」や「ハイパー近代」への移行が不可能なことに由来している。そのようななかで，進歩と歴史についての不確実性と懐疑，情報を整理して諸事件を説明することの困難性が高まっている。それは，個人にとっては自己を取り巻く生活と世界に対して意味を付与することが不可能な時代を意味しており，そこから，個人と集団のアイデンティティの喪失につながる「意味の危機」がもたらされている［Lecœur(2003):167］。

　そのような危機の時代に，新しい右翼は安定した意味を与える役割を果たしている。過去が象徴する安定した社会への回帰によって，失われつつある秩序を再建することが彼らのメッセージの核心である。すなわち，失業や犯罪が少なく，外国人が過剰に存在しない，地域社会と家族が安定しており，経済的に繁栄し，国民国家が確固とした存在感を示していた時代，今や過ぎ去ろうとし

ている近代という時代の防衛へと国民を誘っている。それは，失われようとしている同質の国民という神話，国民のエスニックで文化的な独自性，社会の同質性を回復することも意味している［Ingazi(1992):390］。国民国家の枠内での同質的国民という神話は，自由，平等，個人主義，普遍主義の価値をともなったリベラルで多元主義的なデモクラシーのコンセプトとは正反対のものである［Minkenberg et Perrineau(2005):78］。

さて，災厄をもたらしている異質な存在である移民を排除して問題を解決するという衝動は現在でも一向に衰えていない[6]。1986年-1993年にかけて，FNに関する保守の言説は変化し，移民問題へのアプローチも変容する。両者の言説や政策の間の類似性が顕著になっている。ともに，人口論的な脅威，統制されない国境，移民の社会的恩恵の制限，帰国プログラム，フランスのアイデンティティへの文化的脅威について語っている［Cohen(1996):27］。2006年現在，N・サルコジ（Nicola Sarkozy）内相は，フランスに有益な移民以外を排除する法律を国会で成立させた。一説によると，2007年の大統領選挙・国民議会選挙でのFN票の獲得という動機が背後にある，といわれている。新しい右翼の言説と政策は，政党システムでの競合を梃子に無視できない影響力を発揮しつづけている。

そのように既成政党の政策選択にも影響を与えながらも，FNは政党システムで孤立から脱却する可能性を見いだせないままである。ルペンのカリスマ的魅力によって難局も乗り切り選挙民の支持も調達してきたが，ルペン後の組織の生き残りという課題は依然としてFNに重くのしかかっている。政党システムに定着し，階統的組織の整備や全国に張り巡らした地方組織網，一連の系列組織，高度に洗練された選挙とプロパガンダの組織といったオーソドックスな政党の要件を満たしているものの［Pedahzur and Brichta(2002):44］，いわゆるカリスマ政党の制度化という矛盾した状況は根本的には克服されないままである。

ともあれ，2007年4月，ルペンは大統領選挙に挑戦しようとしている。右側にウイングを伸ばしてFN支持層の取り込みを図る保守陣営の有力候補者サルコジは，治安と移民のテーマを前面に立てようとしている。そして，スペインやスイスをはじめとしてヨーロッパ諸国では，治安移民問題は深刻なテーマで

ありつづけている。そのような状況のなかで，ルペンの支持率は上昇し，根強い人気を示している[7]。2007年大統領選挙に向けて，ルペンの最後の闘いが始まっている。

1) もちろん，新しい右翼政党の成功は，政党のイメージ戦略や路線設定に限定されるものではない。M・ラバーズ（Marcel Lubbers）とP・シーパーズ（Peer Scheepers），M・ガスバーツ（Mérove Gusberts）は，新しい右翼政党への投票を指向する社会的カテゴリー（教育・社会的立場・年齢・性別）の存在，世論における反移民的姿勢とデモクラシーへの不満といった「個人レベル」の要素と経済的条件，政治的条件，魅力あるリーダーや強固な政党組織などの「文脈レベル」の要素も総合して，ヨーロッパ諸国でのそれらの政党のパフォーマンスの違いを検証しているが［Lubbers, Gusberts and Scheepers（2002）:346-354］。

2) P‐A・タギエフ（Pierre-André Taguieff）は，現代のヨーロッパにおけるナショナル・ポピュリズム運動の特徴として5つの特徴を提示している［Taguieff（2004）:9-10］。①指導者によって国民に発せられる個人的アピール，②「陰謀を画策している」と疑われている正当性をもたないエリートを除いた国民全体への，ゆえに，国民結集を照準としたアピール，③自分自身でありつづけている，すなわち，ナショナル・アイデンティティを保全している真の国民へのアピール，④反税の異議申し立てと不可分で，時として，民衆イニシアティブのレファレンダムの要求と結合した，「腐敗している」と想定された体制との純化的断絶を含む変革へのアピール，⑤それが反移民を主調とした「排除のナショナリズム」のプログラムを規定している，「同化不可能」と想定される分子を国から「一掃する」ことのアピール。

3) P・イニャーツィ（Piero Ignazi）も，1980年代以降にヨーロッパで出現する新しい右翼はファシズムのノスタルジアとは無縁で，脱産業社会の新しい紛争とニーズに対応した新しい政治現象であると，ファシズムと違った新しい右翼の現代的質に言及している［Ignazi（2001）:381］。同様に，H・キッチェルト（Herbert Kitschelt）も，現代の新しい右翼に関して，古いファシズムの再現という仮説は支持されないと指摘しているし［Kischelt（1995）:77］，H‐G・ベッツ（Hans-George Betz）も，リベラリズム，多元主義，デモクラシーへの敵意をファシズムと共有し，民主主義秩序に対する暴力的闘争を称賛することがあるにしても，それは新しい右翼のなかの相対的に限定された少数派にすぎない，と指摘している［Betz（2004）:40-41］。

4) 脱産業社会に向かう時代のなかで，普遍主義的な開放空間を指向するエコロジストと特殊主義的な閉鎖的空間を指向する新しい右翼という対極の方向性が登場している。FNについて言及したことであるが，左翼―右翼のような古い対立軸が後退し，そのような新しい対抗図式が重要な位置を占めていることはベルギーでも指摘されている。それは，産業社会のアイデンティティと繁栄をもたらしてきた制度の残滓を擁護して，独自の起源や言語，文化に立脚した，閉鎖的で特殊主義的な理想を紡ぎ出している新しい右翼のフラームス・ブロックと，自立や市民参加，個人の発達・自由，分権，参加民主主義，

社会的連帯といった価値を掲げる，開放的で普遍主義的な価値モデルを追求するエコロジストとの対立として体現されている［Swyngedouw(1995):785-790］。

5) オーストリア自由党に関して，男性，中高年，教養や学歴の低さを特徴とする権威主義指向の支持層の存在が指摘されている。彼らは，政治の問題解決能力への不満，政治腐敗への怒り，移民問題への不安，経済的社会的将来への悲観的感情をもち，明確な権威と秩序の再建というポピュリスト的選択を鮮明にして，不満表明の手段として投票を活用している［Moreau(2001):252］。そのような権威主義的でポピュリスト指向の支持者と伝統的に社会民主主義政党を支持してきた民衆的社会層（労働者，事務従事者，失業者）の合流に，新しい右翼の成功の鍵がみられる。

新しい右翼の権威主義は，道徳，価値観，習俗，ライフスタイルなどの面での個人主義化，自由化といったポスト近代性に対して広がった不安のなかで，文化面での権威主義と伝統的価値への嗜好性が強化されていることに由来している［Ignazi(2001):395-396］。その点で，新しい右翼に支持層として「近代化の負け組（perdants de la modernisation）」という場合，それは，社会的格差の広がりによる社会的貧困化の犠牲者と同時に，文化的な面での差異化・多元化への不適応者という意味で使うと，新しい極右の権威主義的有権者の動員が理解可能である。

6) 移民問題は，FNにとって社会の抱える諸問題を説明する「マトリックス」「オムニバスな争点」であったが［Hainsworth and Michell(2000):444］，現在でも，相変わらず，移民の存在が犯罪やテロ，失業といった社会問題の根源であり，国民的アイデンティティへの脅威であると喧伝されているが，近年，FNが移民についてコストの視点を強調していることが注目される。第三世界からの移民はフランスの豊かな社会給付や優遇政策に引きつけられて流入しているが，それが大きなコストになってフランス経済を硬直化させている，という主張である。RMI（再就職促進最低賃金保証制度）や家族手当といった社会給付や移民向け都市政策が財政的コストを膨らませているという指摘［Le Pen(2002):12-14］は，外国人の福祉コストを理由に排外主義的な感情をあおっている。また，1997年総選挙に向けて出版された小冊子でも，従来の社会的・文化的な論点に加えて，「外国人の大量の存在はすべてのフランス人によって支えられたかなりの費用を表現している」として，1994年にはすでに移民の年間費用は500億フランに達して所得税にほぼ匹敵することが強調されている［Front national(1997):23］。「福祉ショーヴィニズム」と性格づけることができるような現象は，フランスにとどまらず，スイスでも，失業の増大と雇用保障の後退，社会保険や年金へのコストの増大への不安が高まっているし［Betz(2004):56-57］，移民への排外主義と国民に限定した福祉国家の擁護を掲げる傾向は，ノルウェー，デンマーク，スウェーデンの北欧諸国でもみられる［宮本(2004):72-82］。

7) 2002年大統領選挙前のBVA調査では，ルペンに投票する意向の有権者は7％で，結果として得票は16.9％であったが，2007年大統領選挙に向けた複数の調査では10-15％の有権者がルペンへの投票意向を示している［*Le Canard enchaîné*（27 septembre 2006）］。FN候補への投票の意向が実際の投票率より低いという傾向を勘案するなら，10-15％という数字から2007年大統領選挙でのかなり高いスコアが予想される。また，2006年12月

6-7日にTNS-SOFRESによって実施された世論調査でも，主要な問題についてルペンの立場を「正しい」と考える回答者が15％にのぼり，1997年3月の調査結果より6％増えている。逆に，「受け入れられない」という回答は48％から34％に減っている。「FNとルペンはデモクラシーにとって危険」と考えない回答者は29％にのぼり，過去10年間で2番目の高い数字に達している［*Le Monde*（15 décembre 2006）］。ルペンへの投票意図の高さとあわせて考えると，マリーヌ・ルペンが進めているFNの急進的イメージの緩和と近づきやすいイメージの演出による「脱悪魔視（dédiabolisation）戦略がある程度成功しているといえよう。2007年大統領選挙でも，FNは前回と同様に左・右の両候補にとって脅威となっている。

終章
フランスの新しい右翼の新世紀

1 不安の時代を養分として

　現代は不安の時代である。1993年に出版されたA・デュアメル（Alain Duhamel）の『フランス人の不安』のなかで，フランス人のなかに渦巻いている不安が描かれている。改革への不安，移民への不安，経済の先行きへの不安，ヨーロッパ統合への不安，民主主義をめぐる不安など，これまでの政治・社会を支えていた価値観や制度に対する信頼が揺らぎ，自信喪失と劣等感が国民の一部をとらえていると指摘されている［Duhamel(1993)］。

　世界が経験している急速な変化は，当然のこととして社会のなかに不安を引き起こす。国境の壁で守られていた時代は過ぎて，今や国民はグローバル規模の競争に巻き込まれている。戦後の繁栄した国民経済のもとで築かれてきたものが，さまざまな領域で崩壊しつつある。「完全雇用」の時代は過ぎ去りつつあり，国民は失業と不安定雇用の増加によって苦しめられ，生活や雇用の不安をカバーしてきた社会保障システムも財政難のもとで揺らいでいる。人々の安定した暮らしの場であった家族や地域社会も崩壊しつつあり，個人主義化して希薄な人間関係のなかで個人は孤独と不安にさいなまれている。とくに，生活環境の悪化，民衆の文化を支えてきた生活様式の解体，人間関係とコミュニケーションの希薄化は，民衆のなかに移民への不安や反感を強化して，人種主義的言動を生み出している［Jacquin(1992)：163-164］。

　経済のグローバル化は国家と国民国家の枠組みの空間を問い直し，そのことは政治の伝統的形態を不安定化し，ポピュリスト運動の台頭に有利な環境をつくり出している。それと並行して，伝統的エリートの統治能力の問い直しや投票行動における政党忠誠の低下，西欧の政治体制における政治腐敗の

露呈が政治的正統性の危機を招き，それはポピュリスト政党にレトリックの素材を提供し，正統化の基盤として機能している［Mény et Surel (2000)：133］。

　多くの国で，右側からのポピュリズム運動は将来への不安に働きかけている。執拗なプロパガンダによって現状への不安と不満は，容易に移民の存在へと誘導されている。多くの領域で直面している困難は，グローバル化と移民のテーマによって説明されている。「白人の，キリスト教徒のヨーロッパ」は，移民による「逆方向の植民地化」［山本 (2003)：94］によって脅かされているというナショナル・アイデンティティをめぐる脅迫観念が広がっている[1]。それは，排外主義的で自民族中心的な気分を国民の間に瀰漫させ，新しい右翼のナショナリズム的言説への共感を生み出している。

　そのような現代の不満と不安に対して，フランスでも既成の政党や政治家は的確な対応を打ち出せていない。新しい右翼が伸張する背景には，既成政治の対応が大きく作用している。すなわち，移民や犯罪，失業といった諸問題に典型的に示されているように，既成の政治アクターが国民の不安の根源に対する対処能力を発揮できない状態が続いている。左右両翼の政党は，グローバル化のなかで新自由主義的な政策へと収斂をみせ，左右の対立軸は相対的に消滅しつつある。というのは，既成政党は，左翼―保守に分かれていても国立行政学院（ENA）やパリ政治学院（シアンスポ）を卒業した超エリートが政治を牛耳り，ともに中道指向を強めて政策の類似性は高まっているからである。エリート支配によって民衆を置き去りにした「民衆なき民主主義」［国末 (2005)：16-21］のなかで，国民の間に強烈な政治不信や深刻な政治的無関心が横行している。そして，政治に対する嫌悪と絶望は，エリート挑戦的でポピュリスト的な新しい右翼の支持へと結実している。

　以上のように，不安の時代のなかで，ナショナリズムを言説の基調としてポピュリズム的なスタイルを強調するナショナル・ポピュリズムの新しい右翼政党が台頭している[2]。その点から，新しい右翼現象は，現代社会の変容と，それに由来する政治的代表制の危機に根ざす政治現象なのである[3]。

2 FN現象をどう考えるのか？

　さて，本書では，前世紀末から今世紀の初めにかけてのフランスの新しい右翼を支持者の変化や運動の戦略や内部構造の変容を通してみてきた。そして，脱冷戦時代のグローバル化しつつある世界の中で，フランスの国民戦線（FN）が，社会の権威主義的ビジョンと経済・財政面での新自由主義的ビジョンを結合した路線（「右翼権威主義」）から新しい路線（「ナショナル・ポピュリズム」）へと転換する持続と変容のプロセスを紹介し，その発展の帰結として，内部対立から分裂へと至る過程を明らかにした。

　1999年初頭の激しい分裂劇によって，FNの生命力は絶たれたかに思えた。だが，そのような診断が過ちであったことはまもなく明らかになった。ヨーロッパ全体に目を転じてみても，1990年代以降，新しい右翼は，ベルギーやオーストリア，スイス，イタリア，デンマーク，ノルウェー，オランダなどの国々で，伝統的な極右では考えられなかっためざましい成功を収めている。新しい右翼現象は現在進行形であり，それについての総括を行うのは時期尚早であろう。ここでは，FNの運動がフランスの政治生活にとってもっている意味を確認しておこう。

　第1に，FNは，フランス民衆の経済社会の現状への異議申し立てであったし，そのような現実に責任をもつ左右両翼の既成政治エリートへの激しい抗議の表現であった。

　1980年代には，景気の落ち込みとともに，犯罪の増加，失業の増大や雇用の不安定化，都市問題の深刻化，福祉財源の逼迫など，社会経済的環境は悪化していった。そのような状況を前に既成政党は的確な解決策は打ち出せず，政治への信頼は低下していく。フランス政治の行き詰まりは，政治への信頼感を大きく低下させ，「民主主義へのアパシー」［Guastoni(1998)：4］「フランス社会の代表制の深刻な危機」［Le Gall(1998)：6］と表現されるような政治の機能不全を深化させた。それは，選挙での棄権の増大とともに既成政党・政治家への信頼の低下をもたらし，新興政党の台頭という形で新しい政治的アクター

の出現を容易にした。FNの成功は，既成政治の行き詰まりに対する異議申し立ての役割を政治の場で代表することで，日常生活の場で多くのフランス人が経験していた不安やいらだち，恨み，怒りを表現することでもたらされた［Girardet(1995)：49］。

その意味で，FNの成功の鍵は排除と拒絶のメッセージにあり，都市型社会の危機と経済的危機に応える政治の無力によって広がった不安と恨みに応答できた唯一の政治勢力であった［Perrineau(1997)：136］。

第2に，移民問題の深刻化とFNの躍進は，戦後において機能してきた共和制的統合の機能不全の表現であり，平等主義的でジャコバン的な共和主義国家というフランス・モデルの揺らぎと弱体化を意味している［Wieviorka(1990)：36, Yamgnane(1995)：138-141］。共和制秩序は，エスニックな出自に関わりなくすべての個人に平等な権利と義務を保障することを建前として運営されてきたが，FNの躍進はそのような共和主義的契約の失敗を表現している［Raoult(1995)：120］。

これまでフランスのコンセンサスであった共和主義的価値の平等や人権，進歩といった価値を否定し，差異による不平等を肯定し，固有の伝統・歴史・文化に根ざしてナショナル・アイデンティティを価値づけるFNの思想は，結果として，国民国家にとっての異質な存在，すなわち，非ヨーロッパ系移民の存在を排斥し，人種差別を正当化するものである。それは，フランスの共和制的統合への挑戦を超えて，西欧社会が立脚してきた普遍主義的諸価値に対する挑戦も意味している。

第3に，FNは，グローバル化が拡大・深化し，ヨーロッパ統合が進捗する時代のナショナリズム運動である。

FNは，日常の生活とアイデンティティをめぐる現実の，もしくは，想像上の危機に脅かされた民衆的社会層の拒否と排除のナショナリズムを原動力とした運動である。その意味で，FNのアピールは，安定した強固なナショナル・アイデンティティへの回帰に集約できるが［Perrineau(1995a)：168］，彼らの言説の有効性は，ナショナル・アイデンティティを脅かしている敵を明確にし，シンプルな処方箋を提示したことにある［Mény et Surel(2000)：281］。すなわち，

1990年代のFNにとって最大の敵は，内外から有機的共同体であるフランスの弱体化を図っている勢力であるが，それは，フランスの外からボーダレス化を推進し，国境の廃止と国民の解体，人種・文化・民族の混交を追求しているアメリカを中心とした「コスモポリタン勢力」であり，国内においてナショナル・アイデンティティの弱体化を図っている支配的エリートである［Clamecy(1998)：43-47］。

そして，FNは，社会的・文化的変容や国民国家の揺らぎという新しい現象に由来する諸困難，すなわち，平等主義，フェミニズム，多文化主義といった新しい流れやボーダレス化といったフランスの文化や伝統を脅かす危機に対して，同質的な国民と文化という幻想を回復することで，明確なナショナル・アイデンティティを確立することを対置している。

以上のように，FNが多くの有権者をとらえて離さないのは，拒絶の言説だけではなく，フランスが抱える困難に対して独特な処方箋を打ち出していることにある。それは，国民国家を再生して国民の利益とアイデンティティを守るという「護民官」的メッセージである。グローバル化のもとで不安に脅え苦しんでいる民衆層にとって，国家による生活と利益の防衛は切実な願いであり，国民国家という「閉じた空間」の再生と国民の同質性の回復という主張が，失われた安定を回復する福音のように聞こえていることも否定できない。その意味で，FNをたんなるデマゴーグの集団として切り捨てることはできないし，そのイデオロギーや言説の有効性はけっして無視することはできない。

さて，FNの底力を見せつけたのは2002年大統領選挙第1回投票であった。4月21日の夜は異常な雰囲気で過ぎていった。第1回投票の夜，20時まで選挙結果の公表を禁じる規制によって，直前の報道番組は「すごい驚き」「なんらかのことが起こりつつある」といったほのめかしの表現が繰り返された。20時になってJ-M・ルペン（Jean-Marie Le Pen）がL・ジョスパン（Lionel Jospin）を抑えて2位につけていることが一斉に報道されると，フランス中で携帯電話の通信が飛び交った。翌日からは第2回投票の日まで，大規模な対抗デモンストレーションがフランス中で組織された。しかし，第2回投票で

J・シラク（Jacques Chirac）が圧勝し，その後の国民議会選挙でFNが想定内の得票率にもどると，国民のFNに対する警戒心と熱狂は冷めてしまった観がある。はたして，新しい右翼の危険性は去ってしまったのだろうか。

　その問いに対して，YESと簡単にはいい切れない。というのは，現代社会の抱えている深刻な諸問題を背景にFNが登場してきた以上，その根源にある問題の解決が進まないかぎり，新しい右翼現象が終息することはないからである。たとえば，FNへの支持が男性で高いのは，性別役割分業の揺らぎによって混乱した男性のアイデンティティの現状が関係している。とくに，若くて低学歴の男性が，FNへの投票によって男性の不快感と権威の回復への願望を表現している［Betz(2004)：178-179］。失業と雇用の不安定によって社会的格差が拡大し，リベラルな価値観とライフスタイルが広がるなかで，伝統的な男性としての自信とアイデンティティを喪失した社会的カテゴリーがFNの支持基盤になっている。そうであるならば，そのような社会の状況と変化が続くとしたら，FNは彼らの政治的表出の手段として存在しつづけるだろう。

　そして，新しい右翼現象は，フランスの国境内だけにとどまるものではない。先進社会が失業や移民といった同じような困難な課題に直面しているとき，極右現象は国境を越えてヨーロッパ大に拡大している。新しい右翼政党は，イデオロギー面でもプログラム面でも多くの共通性をもっている。つまり，脱産業社会化とグローバル化のなかで，経済成長が終焉し，従来の社会や文化が急速に変容し，国民国家の枠組みが揺らいでいる時代に登場してきた運動であり，そのような時代へのひとつの解答であるからである。変化し不安定化する社会のなかで，秩序と安心の必要性を感じている人々に訴える言葉とシンボルを提供する運動であるかぎり，新しい右翼の存在はヨーロッパ各国で民主主義政治を脅かしつづけるだろう。

　そして，本書では新しい右翼の本質を「脱近代的近代主義」と性格づけたが，その意味するところは，近代社会が変容しつつあることへの抵抗，あるいは，過ぎ去ろうとしている近代という時代を固守することにある，というのが本書の仮説である。そのユニークさの核心は，ポスト・モダンの差異化（多元社会化）のプロセスとその弊害を否定して同質性を保守し，社会的差異化の考え方

へのオルタナティブとして国民国家という枠組みによって定義される共同体の価値を対置することにある［Minkenberg et Perrineau（2005）：77］。

それは，一種のノスタルジーを養分とする運動である。現代はペシミズムの時代であり，「危機」以前の時代，完全雇用と購買力の恒常的上昇，社会的上昇，都会の犯罪や郊外の荒廃を知らない平穏な社会といった理想化された過去へのノスタルジーがフランス人の心を支配している時代だからである［Albertini（1997）：14］。

現代の新しい右翼は，次の3つの点で，ポストモダンへの社会の変容に対するリアクションである。

その第1は，国民国家の役割と主権が後退しつつあるグローバル化へのリアクションである。グローバル化にともなう激しい変化に生活を脅かされ，将来にも不安を感じている人々にとって，国家によって守られ，安全で閉鎖的な共同体の再建を約束する新しい右翼の言説とイデオロギーは，過ぎ去ろうとしている安定したよき時代へのノスタルジーを喚起し，魅力的で心地よい響きを奏でているのだろう。

第2は，左翼―保守の安定した対立構図と，それを支えてきた階級的対立軸の混乱に対するリアクションである。これまで左翼政党を支持してきた労働者や事務職層が大量に新しい右翼政党に投票しているが，その背景にはグローバル化と脱産業化の流れのなかで，雇用や生活を脅かされている民衆的社会層の不安と不満が存在していた。

第3に，新しい右翼は，「普遍主義」に対して「反普遍主義」の価値を掲げた対抗運動である。

政治的・イデオロギー的対立は，過去ほどは経済的対立軸や階級帰属に直結していない。文化的な普遍主義をめぐるイデオロギー的対立軸が重要性を増している。すなわち，社会・文化・民族的帰属を越えてすべての個人に基本的価値を等しく承認する「人道的普遍主義」は左翼の新しいアイデンティティの基準となり，寛容，個人の自由，多文化主義を掲げているが，他方では，マイノリティのアイデンティティの正当性を認めず，身内とよそ者の区別に執着する「反普遍主義」が，外国人ぎらいや権威主義，ナショナリズム

の主張の形で勢いを増している［Caniglia（2002）：191］[3]。

　そのような新しい対立軸において，「反普遍主義」のベクトルを体現している。新しい右翼の移民を攻撃対象とした排外主義的主張は，マイノリティのアイデンティティを否定して同質的なナショナル・アイデンティティの回復を主眼としている。また，FNに典型的な女性の解放の成果を否定する言説は，現代社会の個人の自由やライフスタイルの多様化を否定して近代家族の秩序を擁護するものである。

　結局，新しい右翼は，時代の変化に強硬に反対し頑強に抵抗するという意味で本質的に反動的でノスタルジックな相貌を呈している。グローバル化のもとで脱産業化しつつある世界が経験している経済社会の混乱と不安定化や政治的意味空間の変容や意味喪失，国民的アイデンティティの変容や希薄化といった困難と格闘している。結果として，その客観的役割は，変化に抵抗して，過ぎ去ろうとする時代を保守しようとすることにある。われわれは，過去の安定した社会への回帰によって失われつつある秩序を再建することに新しい右翼のメッセージの本質を読み取っている。すなわち，失業や犯罪がなく，外国人が過剰ではない，地域社会と家族が安定しており，経済的に繁栄し，国民国家が確固とした存在感を示していた時代，今や過ぎ去ろうとしているモダンという時代の防衛へと国民を誘っているのである。

　大きく変化する社会のなかで，政治が対応能力を発揮できずに不安の時代が続くかぎり，新しい右翼のメッセージは一部の有権者を魅了することをやめないだろう。ルペンの見果てぬ夢は，ルペンなき時代にも，そして，フランスの国境を越えて先進社会に取り憑いた悪夢として徘徊しつづけるであろう。

　さて，ナショナリズムとポピュリズムの危険性は，現代の日本にも無縁ではない。高原基彰が『不安型ナショナリズムの時代』で書いているように［高原（2006）］，高度成長時代の終焉を迎えた日本でも，社会的流動化に投げ込まれた社会層のなかに「個別不安型ナショナリズム」が顕在化している。現に，北朝鮮や靖国神社などの問題をめぐって，若者を中心に嫌韓・嫌中感情が広がり，政府に強硬な外交姿勢を要求する世論が勢いを増している。

　日本で，このようなナショナリズムの政治的受け皿としてポピュリズム型の

政治運動として表現される可能性は低いが，新しいタイプのナショナリズムの動向は，これからの日本政治にとっても重要な要素であることは確かである。

1) 姜尚中・吉見俊哉『グローバル化の遠近法―新しい公共空間を求めて』（岩波書店，2001年）のなかで，「こうして『日本』というナショナルな空間の同一性と安定に慣れ親しんだ人々にとって，グローバル化とは，経済システムを社会的な共同性から切断するだけではなく，後者を浸食し，ナショナルな共同体の価値や規範をズタズタに切り裂く『悪魔のひき臼』（カール・ポラニー）と化しつつある。それは，ある意味で『地政学的めまい』を人々に生じさせ，ナショナル・アイデンティティ解体の危機感を抱かせる。この『めまい』がメディア空間を介して日常のモーレスや感性，規範意識や他者感覚に浸透していくにつれ，分裂した要素をふたたび国民の全体性という坩堝のなかに投げ入れて，共同体主義的な国家イメージをねつ造しようとする動きも広がろうとしている」（VII頁）と指摘されているが，そのようなメカニズムはフランスというナショナルな空間における新しいナショナリズムの拡大も説明するものである。

2) 民衆の不満を動員するFNのポピュリズム運動が民主主義にとって脅威であると一般にみられているが，体制にとって有害な影響をもつ可能性がある不満を集約し，枠づけるという意味で民主主義にとって「実用的」でもありうる。ポピュリズム機能は，進行中の変化によって脅かされ既成政党や指導者によって守られていないと感じている社会集団に対し体制への最低限の受容を促進することで，権力者への時として激しい批判をともなうとしても，民主主義体制への正当化の一形態となるというY・シュレル（Yves Surel）の指摘は一考に値する［Surel（2004）:105］

3) 現代的な政治運動としての新しい右翼をめぐっては，このような「普遍主義」（ニュー・ポリティクス），「反普遍主義」（ニュー・ライト）という価値対立に着目した，脱産業社会の新しい政治現象という観点からの議論がある。1960-1970年代の「脱権威主義革命」の時代，すなわち，一連の社会運動が既成の社会的ヒエラルキーを問い直し，より多くの平等を求め，国境を越えることを希求し，少数者の権利を擁護し，権力への参加を要求した時代への反動として，1980-1990年代には，国民国家への自閉，社会の不平等なビジョン，少数者の排除の意志，強力な権力を嗜好する勢力が台頭したと解釈できる。その観点からいえば，脱物質主義の「静かな革命」（R・イングルハート〈Ronald Inglehart〉）は「静かな反革命」を生み出し，「新しい政治」の「リバタリアン」の軸に対して「権威主義」の軸が形成されている。そのような解釈を提示しているのがP・イニャーツィ（Piero Ignazi）である。彼は，世紀末の新しい右翼が緑の党と同様に脱産業社会の「新しい政治」の正統な子どもで，脱物質主義的「静かな革命」は，新しい政治の「リバタリアン」の極に対抗する権威主義の極を生み出したと主張している［Ignazi（1992）:6］。H・キッチェルト（Herbert Kitschelt）も，ポスト産業社会の政治は左翼リバタリアンと右翼権威主義を分かつ主要なイデオロギー的クリーヴィッジによって特徴づけられるとして，「社会主義政治」と「資本主義的政治」の古い政党競合の水平軸と新しい軸である「リバタリアン政治」と「権威主義政治」の垂直軸によって政党の競合空

間を想定し，新しい「右翼権威主義政治」の領域の存在可能性を指摘している[Kitschelt (1995):2, 14-18]。そのような説明に対しては，それは興味深いものであるが文化主義的欠点があり，新しい右翼の成功は，ヨーロッパ社会の新しい経済・社会的環境に対する政治的リアクションとして理解されるべきだという批判も出されている [Perrineau (2000):268]。しかし，アメリカの宗教右派が，1960年代後半以降の文化と習俗のリベラル化，脱宗教化へのリアクションとして，社会・文化の再道徳化・宗教化の運動を展開していることにみられるように，現代社会では文化的次元はけっして無視できない役割を果たしている。

わが国では，1991年の時点で，すでに高橋進が「古い政治」である経済的な次元の「水平の軸」に対して，「新しい政治」として環境問題と人種差別主義を対極とする「垂直の軸」を設定して，その比重の増大を指摘している [高橋(1991):193-195]。また最近では，ニュー・ポリティクス論から，新保守主義，新しい右翼が考察されているが [丸山 (2000)]，「新しい政治」の視座からの新しい右翼についての研究はまだ始まったばかりである。そのような「新しい政治」「古い政治」という先進社会の政治を解釈する観点から新しい右翼を位置づける論点は今後の課題として興味深いものである。

参照文献

【邦文文献】

稲葉奈々子「EU統合と国境を超える社会権構築の可能性―社会的ヨーロッパを求める失業者による『ヨーロッパ行進』の事例から―」『茨城大学地域総合研究所年報』第32号（1999年）

稲葉奈々子「90年代フランスにおける『もうひとつの移民問題』―脱工業社会とアリカ系移民―」宮島喬編『現代ヨーロッパ社会論』人文書院，1998年

稲葉奈々子・樋口直人「脱産業社会の社会運動？：フランスにおける住宅への権利運動を中心に」『ソシオロゴス』第21号（1997年）

イヴ・メニイ（岡村茂訳）『フランス共和制の政治腐敗』有信堂，2006年

岩本勲「1995年大統領選挙と1995年市町村議会選挙」『大阪産業大学論集　社会科学編』101号（1996年3月）

――「1998年フランス地方選挙と右翼諸政党の再編」『大阪産業大学論集　社会科学編』113号（1999年6月）

――「1999年欧州議会選挙とフランス諸政党の再編成」『大阪産業大学論集　社会科学編』114号（2000年3月）

及川健二『沸騰するフランス―暴動・極右・学生デモ・ジダンの頭突き』花伝社，2006年

奥島孝康・中村紘一編『フランスの政治』早稲田大学出版部，1993年

国末憲人『ポピュリズムに蝕まれるフランス』草思社，2005年

姜尚中『ナショナリズム』岩波書店，2001年

姜尚中・吉見俊哉「混成化社会への挑戦―グローバル化のなかの公共空間をもとめて―」『世界』第662号（1996年6月）

――『グローバル化の遠近法―新しい公共空間を求めて』岩波書店，2001年

『事典現代のフランス［増補版］』大修館書店，1997年

新川敏光「福祉国家の危機と再編―新たな社会的連帯の可能性を求めて」齋藤純一編著『福祉国家／社会的連帯の理由』ミネルヴァ書房，2004年

高橋進「環境問題をめぐる西欧の『新しい政治』」東京大学公開講座『環境』東京大学出版会，1991年

高原基彰『不安型ナショナリズムの時代』洋泉社，2006年

土倉莞爾「フランス1993年総選挙―政界再編の足音―」『選挙研究』No.9（1994年3月）

――「フランスにおける選挙制度と政治形態―1995年大統領選挙に関して―」『法学

論集』第45巻第4号（1995年10月）

ドマジエール, D.（都留民子訳）『失業の社会学―フランスにおける失業の闘い―』法律文化社，2002年

ドマジエール, D., ピニョニ, M. = T.（都留民子監訳）『行動する失業者―ある集団行動の社会学―』法律文化社，2003年

中木康夫「シラク政権の成立―1995年大統領選挙―」『朝日法学論集』16号（1997年7月）

中野裕二『フランス国家とマイノリティー共生の「共和制モデル」』国際書院，1996年

畑山敏夫『フランス極右の新展開―ナショナル・ポピュリズムと新右翼―』国際書院，1997年

――「国民戦線（FN）の自治体支配」『佐賀大学経済論集』第32巻第1号（1999年5月）

――「もうひとつの対抗グローバリズム―国民国家からのグローバル化への反攻」畑山敏夫・丸山仁編著『現代社会のパースペクティブ』法律文化社，2004年

――「フランス緑の党とニュー・ポリティクス（1）(2)(3)」『佐賀大学経済論集』第36巻第1・第2・第3号（2003年5月・7月・9月）

東原正明「極右政党としてのオーストリア自由党（1）・(2)(3)」『北海学園大学法学研究』第41巻第2号・第3号，第42巻第1号（2005年5月・9月，2006年6月）

古矢旬「ポピュリズムという妖怪が―民主主義空洞化の危険」『朝日新聞』（2001年6月22日）

ペリノー, P.（畑山敏夫・八谷まち子訳）「ヨーロッパにおける代議制の危機」『佐賀大学経済論集』第37巻第6号，2005年a

――（土倉莞爾・大久保朝憲訳）「ヨーロッパにおける極右とポピュリズム」『Nomos』第17号，2005年b

ヘルド, D., マッグルー, A.（中谷義和・柳原克行訳）『グローバル化と反グローバル化』日本経済評論社，2002年

松村文人「大量失業下での時短による雇用創出―仏週35時間法の効果について」『オイコノミカ』第35巻第3・4号（1999年）

丸山仁「ニュー・ポリティクスのフロンティア」賀来健輔・丸山仁編著『ニュー・ポリティクスの政治学』ミネルヴァ書房，2000年

宮本太郎「新しい右翼と福祉ショーヴィニズム―反社会的連帯の理由」齋藤純一編著『福祉国家／社会的連帯の理由』ミネルヴァ書房，2004年

山口定・高橋進『ヨーロッパ新右翼』朝日新聞社，1997年

山本賢蔵『右傾化に魅せられた人々―自虐史観からの解放』河出書房新社，2003年

渡辺啓貴『フランス現代史』中央公論社，1998年

【欧文文献】

Aguiton, Ch et Bensaïd, D., *Le retour de la question social*, Éditions Page deux, 1997.

Albertini, P., *La crise du politique. Les chemins d'un renouveau.*, L'Hamattan, 1997.

d'Appolonia, Ch., *L'extrême-droite en France. De Mauras à Le Pen*, Éditions Complexe, 1996.

Backes, V., "L'extrême droite: les multiples facettes d'une catégorie d'analyse" dans Perrineau, P.(dirigé), *Les croisés de la société fermée*, Éditions de l'Aube, 2001.

Bastow, S., "Front National economic policy: from neo-liberalism to protectionism", *Modern & Contemporary France*, 5(1), 1997.

―, "Le Mouvement national republicain: Moderate Right Wing Party or Party of the Extreme Right?", *Pattern of préjudice*, vol.34, No.2, 2000.

Bayle, M., *Le Front national. Ca n'arrive pas qu'aux autres*, Plein Sud, 1998.

Belot, C et Cautrès, B., "L'Europe, invisible mais omniprésente" dans Cautrès, B. et Mayer, N.(sous la direction de), *Le nouveau désordre électoral. Les leçons du 21 avril 2002*, Presses de sciences Po., 2004.

Betz, H.-G., "The New Politics of Resentment: Radical Right-Wing Populiste Parties in Western Europe", *Comparative Politics*, 24(4), 1993.

―, "Entre succès et échec: L'extrême droite à la fin des annés quatre-vingt-dix" dans Perrineau, P (dirigé). *Les croisés de la société fermée*, Éditions de l'Aube, 2001.

―, *La droite populiste en Europe. Extrême et démocrate?*, Éditions Autrement, 2004.

Bihr, A., *Pour en finir avec le Front national*, Syros, 1992.

―, "Le Front national en Alsace", *Raison Presente*, Vol.116, 4e triméstre 1995.

―, *Le spectre de l'extrême droite. Les Français dans le miroir du Front national*, Les Éditions Ouvrières, 1998.

Birenbaum, G., *Les stratégies du Front national: Participation au champ politique et démarcation*, Mémoire pour la DEA de sociologie politique, Université de Paris I, 1985.

―, *Le Front national en politique*, Éditions Balland, 1992.

Birenbaum, G. et François, B., "Unité et diversité des dirigents frontistes" dans Mayer, N. et Perrineau, P.(sous la direction de), *Le Front national à découvert*, Presse de la Fondation nationale des sciences politiques, 1989.

Bizeul, D., *Avec ceux du FN. Un sociologue au Front national*, Éditions La Découverte, 2002.

Blot, Y., "Appel aux militants abusés", *Français d'abord!*, No.294, février 1999.

Le Bohec, J., *Sociologie du phénomène Le Pen*, La Découverte, 2005.

Bréchon, P., "Qui choisit le Front national?", *Études*, Janvier 1992.

―, "Crise de confiance dans les élites politiques" dans Cautrès, B. et Mayer, N. (sous la direction de)", *Le nouveau désordre électoral. Les leçons du 21 avril 2002*, Presses de la sciences Po., 2004.

Breitenstein, J., "L'Extrême droite en ses habits populistes. Offensive sociale du Front national.", *Le Monde diplomatique*, Mars 1997.

—, "Régions, Nations, Europe: le mythe ethnique", *Mauvaise Temps*, 1999.

Bresson G. et . Lionet, Ch., *Le Pen,biographie*, Seuil, 1994.

Bruckner, P., "Le rhétorique du paria" dans Castelnau, D.-M., *Combattre Le Front national*, Éditions Vinci, 1995.

Buzzi, P., "Le Front national entre national-populisme et extrémisme de droite", *Regarde sur l'actualité*, Mars 1991.

Caillot, Ph. et Denni, B., "Les attitudes politiques existent-elles?" dans Cautrès, B. et Mayer, N.(sous la direction de, *Le nouveau désordre électorale. Les leçons du 21 avril 2002*, Presses de sciences Po., 2004.

Cambadélis, J et Osmond, E., *La France blafardé. Une histoire politique de l'extrême droite*, Plon, 1998.

Camus, J.-Y., *Le Front national, Histoire & analyses*, Éditions Ouvrier Laurens, 1996.

Cautrès, B. et Mayer, N., "Les métamorphoses du 《vote de classe》" dans Cautrès, B. et Mayer, N. (sous la direction de), *Le nouveau désordre électoral. Les leçons du 21 avril 2002*, Presses de sciences Po., 2004.

Chevallier, J., *L'État-moderne*, Librairie Générale de Droit et de Jurisprudence, 2003.

Chiche, J., Haegel, F. et Tiberj, V., "Érosion et mobilités partisanes" dans Cautrès, B. et Mayer, N. (sous la direction de), *Le nouveau désordre électoral. Les leçons du 21 avril 2002*, Presses de sciences Po., 2004.

Chiche, J. et Mayer, N., "Les enjeux de l'élection "dans Boy, D. et Mayer, N., *L'Électeur à ses raisons*, Presses des Sciences Po., 1997.

Clamecy, Ch., *Léttre à un ami qui part pour le Front*, Arlea, 1998.

Cohen, M., "Challenge on the Right and the National Front", *Contemporary French Civilization*, No.20, 1996.

Cohen, Ph., *La Bluff républicaine*, Arles, 1997.

Cohen, Ph. et Salmon, J.-M., *21 avril 2002. Contre-enquête sur le choc Le Pen*, Danoêl, 2003.

Cole, A., "A Strange Affair: The 2002 Presidential and Parliamentary Elections in France", *Goverment and Opposition*, 37(2), 2002.

Comité Le Pen Président, *Initiative nationale pour un co-développement français*, Éditions d'Heligoland, 2002.

Crépon, S., *La Nouvelle extrême droite. Enquête sur les jeunes militants du Front national*, L'Harmattan, 2006.

Cuminal, I., Souchard, M., Wahniche, S. et Wathier, V., *Le Pen, les mots. Analyse d'un discours d'extrême-droite*, Le Monde Éditions, 1997.

Darmon, M., *Front contre Front*, Seuil, 1999.

Darmon, M. et Rosso, R., *L'Après Le Pen. L'Enquête dans les coulisses du FN*, Seuil, 1998.

Davies, P., *The National Front in France. Ideology, Discourse and Power*, Routledge, 1999.

Declair, E. G., *Politics on the Fringe. The People, Polities and Organaization of the French National Front*, Duke University Press, 1999.

Dély, R., *Histoire secrète du Front national*, Bernard Grasset, 1999.

Demongeot, Ch., *Gauche, droite*, Denis Jeanson, 1997.

Dorna, D., *Le Populisme*, Presses Universitaires de France, 1999.

Duhamel, A., *Les peurs françaises*, Flammarion, 1993.

L'État de la France. Éditions 97-8, Éditions La Découverte, 1997.

Eatwell, R., "The Dynamics of Right-wing Electoral Breakthrough", *Patterns of Prejudice*, Vol.32, No.3, 1998.

Evans, G. Ivaldi, G. et. Jocelyn, A., "Les dynamiques électorales de l'extrême droite européenne", *Revue politique et parlementaire*, No.1019, Mai-juin/juillet-août 2002.

Fieschi, C., "The Other Candidates: Voynet, Le Pen, de Villier and Cheminade" in Gaffney, J. and Milne, L., *French Presidentialisme and the Election of 1995*, Ashgate, 1997.

Fontange, B., "Yvan Blot: les raisons de mon retour", *Français d'abord!*, No.294, février 1999.

Fourest, C. et Venner, F., *Le guide des sponsors du Front national et de ses amis*, Raymond Castells, 1998.

Front national, *Pour la France-Programme du Front national*, Albatros, 1985.

―, *Le mondialisme, Mythe et realité*, Éditions nationales, 1992.

―, *20 ans au Front. L'Histoire vrais du Front national*, Éditions nationales, 1993a.

―, *300 mesures pour la renaissance de la France*, Éditions nationales, 1993b.

―, *Le Pen La liberté. Discours de Jean-Marie Le Pen à la fête des Bleu-Blanc-Rouge 1996*, Éditions nationales, 1996.

―, *Le Grand changement*, Front national, 1997.

―, *Pour un avenir français. Le programme de gouvernement du Front national*, Éditions Godefroy de Bouillon, 2001.

Fysh, P., "Candidates and Parties of the Right" in R. Elgie(ed.), *Electing the French*

President. *The 1995 Presidential Election*, Macmillan Press, 1996.

Fysh, P. and Wolfreys, J., "Le Pen, The National Front and the Extreme Right in France", *Parlementary Affairs*, No.45, July 1992.

Gauthier, N., *L'Extrême droite. Un danger pour la démocratie?*, Éditions Casterman, 1998.

Geisser, V. et Travetto, F., "Vitrolle: Crise urbaine et tentation populiste", *Revue méditerranéenne d'études politiques*, no.1, Automne 1995.

Girardet, R., "Le Front national en politique" in Martin-Castelnau(éd.), *Combattre Le Front national*, Éditions Vinci, 1995.

Givens, T. E., *Voting Radical Right in Western Europe*, Cambridge University Press, 2005.

Grunberg, G. et Schweisguth, E., "La tripartition de l'éspace politique" dans Perrineau, P. et Ysmal, C (éd.) *Le vote de tous les refus*, Presses de sciences Po., 2003.

Guastoni, M., "Dossiers élections", *Revue politique et parlementaire*, No.993, Mars-avril 1998.

Guiland, O., *Le Pen, Mégret et les juifs. L'obséssion du 《complot mondialiste》*, Éditions La Découverte & Syros, 2000.

Habbad, S., *Le Pen, Sujet et objet de discours: études des stratégis argumentatives*, Presses universitaires du Septentrion, 1998.

Hainsworth, P.(ed.), *The Extreme Right in Europe and the USA*, Pinter Publishers, 1992.

—, "The Front National: from ascendancy to fragmentation on the French extreme right" in Hainsworth, P.(ed.), *The Politics of the Extreme Right. From the Margins to the Mainstream*, Pinter, 2000.

Hainsworth, P. and Michell, P., "France: The Front National from Crossroad to crossroad?" *Parliamentary Affairs*, No.53, 2000.

Hall, J. A. "Conditions for National Homogenizer" in Ozkrml, U., *Nationalizm and its Futures*, Palgrave Macmilan, 2003.

Hameau, Ch., *La campagne de Jean-Marie Le Pen pour l'élection présidentielle de 1988*, L・G・D・J, 1992.

Heinisch, R., "Success in Opposition-Failure in Goverment: Explaining the Performance of Right-Wing Populist Parties in Public Office", *West Europe Politics*, Vol.26, No.3, 2003.

Hermet, P. G. *Les populismes dans le monde. Une histoire sociologique XIXe-XXe siècle*, Fayard, 2001.

Hunter, M., *An Aéricain au Front. Enquête au sein du FN*, Stock, 1997.

Husbands, T., "The Other Face of 1992: The Extreme-right Explosion in Western Europe", *Parliamentary Affairs*, 45(3), 1992.

Ignazi, P., "The silent counter-revolution: Hypotheses on the emergence of right-wing parties in Europe", *European Journal of Political Reserch*, 22(1), 1992.

——, "The Extreme Right in Europe: A Survey" in Merkl, P. H. and Weinberg, L.(ed.), *The Revival of Right-Wing Extremism in the Nineties*, Frank Cass, 1997.

——, "Les parties d'extrême droite; les fruits inachevées de la société postindustrielle" dans Perrineau, P.(dirigé), *Les croisés de la société fermée*, Éditions de l'Aube, 2001.

L'Institut de Formation National, *Militer au Front*, Éditions nationales, 1991.

Ivaldi, G., "Anatomie de la poussée nationaliste xénophobe en Europe", *Regards sur l'actualité*, No.208, février 1995.

——, "Conservation, Revolution and Protest: A Case Study in the Political Cultures of the French National Front's Members and Sympathizers", *Electoral Studies*, Vol.115, No.3, 1996.

——, "Le Front national à l'assaut du système", *Revue politique et parlementaire*, No.995, Juillet-août 1998.

——, "L'analyse comparée des soutiens électraux du national-populisme en Europe occidentale. Apports et limites des grands programmes d'enquêtes transnationales" dans Perrineau, P.(dirigé), *Les croisés de la société fermée*, Éditions de l'Aube 2001.

Ivaldi, G. et Bréchon, P., "Le rapport à l'autre: une culture xénophobe?" dans Laurent, A. et Perrineau, P.(sous la direction de), P., *Les cultures politiques des Français*, Presses de Sciences Po., 2000.

Jackman R. W. and Volpert, K., "Conditions Favouring Parties of the Extreme Right in Western Europe", *British Journal of Political Science*, 26(4), 1996.

Jacquin, D., "Face au racisme populaire", *Revue française des Affaires Sociales*, No. Hors série, 1992.

Kitschelt, H., The *Radical Right in Western Europe. A Comparative Analysis*, The University of Michigan Press, 1995.

Knapp, A., *Parties and the Party System in France. A Disconnected Democracy?*, Palgrave Macmillan, 2004.

Konopnicki, G., *Les Filièles noires*, Denoël, 1996.

——, "Et s'il était fini?" *L'Évéenement du jeudi*, No.722, 1998.

Lecœur, E., *Un néo-populisme à la française*, Éditions La Découverte, 2003.

Le Gall, G., "Présidentielle 95: une opinion indécise", *Revue politique et parlementaire*, No.976, Mars-avril 1995.

——, "La tentation du populisme" dans SOFRES, *L'État de l'opinion 1996*, Seuil, 1996.

——, "Succès de la gauche quatre ans après sa déroute de 1993", *Revue politique et parlementaire*, No.989, Juillet-août 1997.

—, "Cantonales et régionales: Quand 1998 confirme 1997", *Revue politique et parlementaire*, No.993, Mars-avril 1998.

—, "Réélection de Jaques Chirac, Vote de conjoncture confirmé aux élections légíslative", *Revue politique et parlrmentaire*, No.1020-1021, Sept.-oct./Nov.-déc. 2002.

Le Gallou, J.-Y., *Le livre bleu, blanc, rouge. Plaidoyer pour une région enracinée*, Éditions nationales, 1991.

Le Gallou, J.-Y. et Le Club de L'Horloge, *La préférence nationale: Réponse à l'immigration*, Albin Michel, 1985.

Lemieux, C., "Faux débats et faux-fuyants. De la résponsabilité des journalists dans l'élection du 21 avril 2002" dans Duclert, V., Prochasson, Ch. et Simon-Nahum, P.(sous la direction de), *Ils'est passé quelque chose ··· le 21 Avril 2002*, Denoël, 2003.

Le Monde, *L'Élection présidentielle, numéro spécial des dossièrs et documents du Monde*, mai 1995, Le Monde, 1995.

Le Pen, J.-M., *La France est de retour*, Carrès/Michel Lafon, 1985.

—, "Protéger notre économie, Rapatrier les immigrés et sortir de l'Europe de Maastricht, *Revue politique et parlementaire*, No.976, Mars-avril 1995.

—, *Le grande changement. Et si on esssayait le Front National?*, Éditions nationales, 1997.

—, *Léttres françaises ouverts*, Éditions Objectif France, 1999.

—, *Immigration et souveraineté*, Éditions Objectif France, 2002.

—, *À contre flots*, Grancher, 2006.

Lesselier, C. et Venner, F., *L'extrême droite et les femmes*, Éditions Golias, 1997.

Lubbers, M., Gusberts, M. and Scheepers, P., "Extreme right-wing voting in Western Europe", *European Journal of Political Reseach*, No.41, 2002.

Marcel, B. et Taïeb, J., *Le chômage aujourd'hui. Analyses et perspectives*, Nathan, 1997.

Marcus, J., *The Front national and French Politics*, New York University Press, 1995.

—, "Avance or consolidation? The French National Front and the 1995 Elections", *West European Politics*, Vol. 19, no.2, April 1996.

Martin, P., "Élections municipales: enjeux et résultats", *Regarde sur l'actualité*, Juin 1995.

Matonti, F., "Le vote de Front national. Enjeux scientifiques,enjeux pratiques", *Études*, février 1997.

Mayer, N., "De Passy à Barbès: deux visages du vote Le Pen à Paris", *Revue française de science politique*, 37(6), 1987.

――, "Du vote lepéniste au vote frontiste", *Revue française de science politique*, Vol.47, No.3-4, Juin-août 1997.

――, *Ces français qui votent FN*, Flammarion, 1999.

――, "Les hauts et les bas du vote Le Pen 2002", *Revue française de science politique*, Vol.52, No.5-6, 2002.

Mayer, N. et Rey, H., "Avancée électorale, isolement politique du Front national", *Revue politique et parlementaire*, no.964, mars-avri 1993.

Mayer, N. et Roux, G., "Des votes xénophobes ?" dans Cautrès, B. et Mayer, N.(sous la direction de), *Le nouveau désordre électoral. Les leçons du 21 avril 2002*, Presses de sciences Po., 2004.

Mégret, M., *La flamme. Les voies de la renaissance*, Robert Laffont, 1990.

――, *L'Alternative national. Les priorités du Front national*, Éditions nationales, 1996.

Mény, Y. et Surel, Y., *Par le peuple, Pour le peuple. Le populisme et les démocraties*, Fayard, 2000.

Merkl, P. H. and Weinberg, L.(ed.), *Encounter with the Contemporary Radical Right*, Westview Press, 1988.

Miloz, P. *Les étrangers et le chômage en France*, Éditions nationales, 1991.

Minkenberg, M., "La nouvelle droite radicale, Ses électeurs et ses partisans: votes protestaires, Phénomène xènophobe ou modernisation losers?" dans Perrineau, P.(dirigé), *Les croisées de la société fermée*, Éditions de l'Aube, 2001.

Minkenberg, M. et Perrineau, P. "La droite radicale. Divisions et contrastes" dans Perrineau, P.(sous la direction de), *Le vote européen 2004-2004. De l'élargissement au référendum français*, Presses de la Fondation nationale des sciences politiques, 2005.

Monzat, R. et Camus, J.-Y., "La consolidation du Front national" dans Blaise, P. et Moreau, P.(sous la direction de), *Extrême droite et national-populisme en Europe de l'Ouest. Analyse par pays et approaches transversales*, CRISP, 2004.

Moreau, P., "L'Autriche n'est pas une nation de Nazis! Réflection sur l'association au pouvoir du FPO" dans P. Perrineau(dirigé par), *Les croisées de la société fermée*, Éditions de l'Aube, 2001.

Moreira Monteiro, G. T. *Le Front national et le suffrage universel*, Mémoire de DEA de sociologie politique (Université de Paris 1), 1986.

Mossuz-Lavau, J., *Que veut la gauche plurielle?*, Éditions Odile Jacob, 1998.

Mouriaux, R., Osmond, É. et Picquet, Ch., "La scission du Front national, Processus, Résultats, Perspectives", *Mauvais temps*, 1999.

Mouvement national républicain, *Européens d'accord, Français d'abord. Projet pour une Europe des nations*, Mouvement national républicain, 1999.

Nadaud, Ch., "Le vote Front national à Vénissieux: les mécanisme d'un enracinement" dans SOFRES, *L'état de l'opinion 1996*, Seuil, 1996.

Panafit, L., "Panorama des élections municipales", *Revue méditerranéenne d'Études politiques*, no.1, automne 1995.

Pedahzur, A. and Brichta, A., "The Institutionalization of Extreme Right-Wing Charismatic Parties: A Paradox?", *Party Politics*, Vol.8, No.1, 2002.

Perrineau, P., "Quel avenir pour le Front national", *Intervention*, No.15, 1986.

——, "L'image de la nation chez les électeurs du Front national", *La Pensée politique*, 1995a.

——, "La troisième force", *Le Nouvel Observateur*, 15-21 juin 1995b.

——, "Le FN en 1995: Une question de droite posée à la gauche" dans L. Viard, L.(éd.), *Aux populisme nationaliste*, Éditions de l'Aube, 1996.

——, *Le symptôme Le Pen. Radiographie des électeurs du Front national*, Fayard, 1997.

——, "La lente ascension électorale du Front national" dans Perrineau, P. et Ysmal, C.(éd.), *Le vote surprise*, Presses de sciences Po., 1998.

——, "The Conditions for the Re-emergence of an Extreme Right in France: the National Front, 1984-98." in E. J. Arnold, *The Developpment of the Radical Right in France. From Boulanger to Le Pen*, Macmillan Press, 2000.

——, "La surprise lepéniste et sa suite législative dans Perrineau, P.(dirigé), *Les croisées de la société fermée*, Éditions de la l'Aube, 2001a.

——, "L'Extrême droite en Europe: des crispations face à la 〈société ouverte 〉" dans Perrineau, P.(dirigé par), *Les croisées de la société fermée*, Éditions de la l'Aube, 2001b.

——, "La montée des droites extrémes en Europe, *Études*, No.3976, décember 2002.

——, "La surprise lepéniste et sa suite législative" dans Perrineau, P. et Ysmal, C.(éd.), *Le vote de tous les refus*, Presses de sciences Po., 2003.

——, "L'extrême droite populiste: comparaisons européennes" dans Taguieff, P.-A.(dirige par), *Le retour du populisme. Un défi pour les démocratie. Un défi pour les démocraties européennes*, Universalis, 2004.

——, "L'Extrême droite et les populisms en Europe", *Kansai University Review of Law and Politics*, No.26, March 2005a.

——, "L'extrême droite: Les reserves dormantes" dans Dolez, B.(sous la direction de), *Le vote rebelle. Les élections régionales de mars 2004*, Éditions Universitaires de Dijon, 2005b.

Perrineau, P. et Ysmal, C., *Le vote surprise. Les élections législatives des 25 mai et 1er juin 1997*, Presses de sciences Po., 1998.

Phillips, P. A., *Republican France. Divided Loyalties*, Greenwood Press, 1993.

Plenel, E. et Rollat, A., *L'effet Le Pen*, Éditions La Découverte et Journal Le Monde, 1984.

── , A., *La République menacée. Dix ans d'effet Le Pen*, Le Monde Éditions, 1992.

Poirier, Ph., "La disparité idéologique des nouvelles droites occidentales" dans Perineau, P.(dirigé), *Les croisées de la société fermée*, Éditions de l'Aube, 2001.

Ponceyri, R., "L'étrange défaite de la droite", *Revue politique et parlementaire*, No.989, Juillet-août 1997.

Portelli, J.-P., "Le débat sur la crise de la représentation politique", *Regard sur l'actualité*, No.209-210, Mars-avril 1995.

Rajsfus, M., *En gros et détail. Le Pen au quotidien 1987-1997*, Éditionas Paris Méditerranée, 1998.

Raoult, É., "Réussir l'intégration: du discours moralisateur au franc parler" dans Martin-Castelnau, D.(sous la direction de), *Combattre le Front national*, Éditions Vinci, 1995.

Renouvin, B., *Une tragédie bien française-Le Front national contre la nation*, Éditions Ramsay, 1997.

Robert, M., Petit manuel anti-FN, Éditions Golias, 1998.

Rojzman, Ch. et Le Goaziou, V., *Comment ne pas devenir électeur du Front national*, Desclée de Brouwer, 1998.

Rollat, A., *Les hommes de l'extrême droite*, 1985.

Roussel, R., *Le cas Le Pen*, Éditions J.-C. Lattès, 1985.

Roy, J.-Ph., *Le Front national en région Centre 1984-1992*, L'Harmattan, 1993.

de Saint Affrique, L. et Fredet, J.-G., *Dans l'ombre de Le Pen*, Hachette, 1998.

Sainteny, S., *L'introuvable écologisme français?*, Presse Universitaire de France, 2000.

Samson, M., *Le Front national aux affaires. Deux ans d'enquête sur la vie municipale à Toulon*, Calmann-Lévy, 1997.

Simmons, H. G., *The French National Front. The Extremist Challenge to Democracy*, Westview Press, 1996.

SOFRES, *L'État de l'opinion 1988*, Seuil, 1988.

Soudais, M., *Le Front national en face*, Flammarion, 1996.

Subileau, F., "Une participation en baisse depuis dix ans", *Revue politique et parlementaire*, No.993, marsvril 1998.

Surel, Y., "Populisme et démocratie" dans Taguieff, P.-A.(dirige par), *Le retour du populisme. Un défi pour les démocratie. Un défi pour les démocraties européennes*, Universalis, 2004.

Swyngedouw, M., "Les nouveau clivages dans la politique flamande. Étude empirique", *Revue française de science politique*, 5(45), 1995.

Taggart, P., *Populism*, Open University Press, 2000.

Taguieff, P.-A., "La démagogie à visage républicain", *Revue politique et parlementaire*, No.914, mars-avril 1985.

Taguieff, P.-A., "La Métaphysique de Jean-Marie Le Pen" dans Mayer, N. et Perrinau, P.(éd.), *Le Front national à découvert*, Presses de la Fondation national des sciences politiques, 1989.

— (sous la direction de), *Face au racisme*, Éditions La Découverte, 1991.

—, *Sur la Nouvelle Droite*, Descartes & Cie, 1994.

—, *La République menacée*, Les Éditions Téxtuel, 1996.

—, "Le populisme et la science politique. Du mirage conceptuel aux vrais problèmes", *Vingtième siècle*, No.56, Octobre-décembre 1997a.

—, "Persisitance et métamorphoses du nationalisme. Les limites de la mondialisation", *Le Banquet*, No.10, 1er semestre 1997b.

—, "Le populisme comme style politique" dans Taguieff, P.-A.(dirigé par), *Le retour du populisme. Un défi pour les démocratie. Un défi pour les démocraties européennes*, Universalis, 2004.

Taguieff, P.-A. et Tribalat, M., *Face au Front national. Arguments pour une contre-offensive*, Éditions La Découverte, 1998.

Taube, M., *On n'en a pas fini avec le Front national*, Éditions l'écart, 1998.

Ternisien, X., *L'Extrême droite et l'Église*, Éditions Brepols, 1997.

Todd, E., "Le Pen: la menace", *Le Nouvel Observateur*, 27 avril-3 mai 1995a.

—, "Aux origines du malaise politique français. Les classes sociales et leur représentation", *Débat*, No.83, Janvier-février 1995b.

Le Tréhondat, P., "FN-Mouvement national: Le Congrè de Marignane", *Mauvais temps*, 1999.

Velpen, V., *Les voila qui arrivent!*, EPO, 1993.

Viard, J., "Les Grandes peurs de l'ère planetaire" dans Viard, J.(sous la dir ection de), *Aux source du national-populisme*, Éditions de l'Aube, 1996.

—, *Pourquoi des travailleurs votent FN et comment les reconquerir*, Seuil, 1997.

Vincent, J.-M., "Pourquoi l'extrême droite.", *Les Temps moderne*, 41(465), 1985.

von Eeuwen, D., "Toulon, Orange, Marigane. Le Front national au pouvoir: Un maléfice méridional?" dans Viar, J. (éd.), *Aux sources du populisme nationaliste*, Éditions de l'Aube, 1996.

Wieviorka, M., "Les bases du national-populisme" *Le Débat*, Septembre-octobre 1990.

―, *La démocratie à l'épreuve. Nationalisme, populisme, ethnicité*. Éditions La Découverte, 1993.

Winock, M., "Populismes français", *Vintième siècle*, No.56, Octobre-décembre 1997.

Wolfreys, J., "Neither right nor left? Toward an integrated analysis of the Front national" in N. Atkin and F. Tallett (ed.), *The Right in France*, Touris Academic Studies, 1998.

Yamgnane, K., "Ne plus 《fabriquer》 de demi-Français" dans Martin-Castelnau, D. (éd.), *Combattre Le Front national*, Éditionas Vinci, 1995.

［新聞・雑誌］
Français d'abord
Le Canard enchaîné
L'Évenement du judi
Le Monde
Le Monde diplomatique
Libération
National Hebdo

おわりに

　国民戦線（FN）の研究を始めたのは1988年のことから，FNとのつき合いは約18年になる。1988年に2か月間，久しぶりにフランスに滞在した筆者は，国民戦線（FN）の大統領選挙での善戦を知った。当時は戦時中のヴィシー政権を研究対象としていた筆者であったが，その現象を理解したいという欲求を抑えがたく，本格的にFNの研究に着手することになった。それから，派手な分裂劇をはさんで現在まで，FNを主要な研究対象のひとつとしてきた。

　本書では，1990年代以降のナショナル・ポピュリズム路線が本格的に確立される時期のFNを実証的に分析し，そして，フランスのFN現象とは何かを考え，あわせて，ヨーロッパに拡大している新しい右翼現象を解釈する試みも行ってみた。これまでFN研究に携わってきて，現時点でのとりあえずの仮説としてそのような現象への解釈を提示してみたが，その結論が妥当であるかどうかは読者の判断にゆだねたいと思う。

　なお，本書は，以下の論文と書き下ろしの章から構成されている。本書に収録した各論文は，大幅に，もしくは多少の加筆・修正が施してある。

　　第1章　「世紀末のフランス極右―ルペンの見果てぬ夢（4・完）」『佐賀大学経済論集』第34巻第2号，2001年7月，第1・2節
　　第2章　「世紀末のフランス極右―ルペンの見果てぬ夢（1）」『佐賀大学経済論集』第31巻第3・4合併号，1998年11月
　　第3章　「世紀末のフランス極右―ルペンの見果てぬ夢（2）」『佐賀大学経済論集』第32巻第3号，1999年9月
　　第4章　「世紀末のフランス極右―ルペンの見果てぬ夢（3）」『佐賀大学経済論集』第33巻第2号，2000年7月，第1・2節
　　第5章　「世紀末のフランス極右―ルペンの見果てぬ夢（4・完）」『佐賀大学経済論集』第34巻第2号，2001年7月，第3節

　　　　「世紀末のフランス極右―ルペンの見果てぬ夢 (3)」『佐賀大学経済
　　　　論集』第33巻第2号，2000年7月，第3節
　第6章　書き下ろし
　第7章　「今。新たなナショナリズムの時代か？　グローバル時代における
　　　　新しい右翼の台頭」『アソシエ』No.16, 2005年
　第8章　日本比較政治学会　2005年度研究大会報告原稿
　終　章　書き下ろし

　筆者が本書を世に送り出すことができたのは，海外調査も含めて自由な研究環境を与えていただいた佐賀大学経済学部の同僚諸氏のおかげである。自由でストレス・ゼロの職場で（同僚にストレスを与えている可能性は高いが），楽しく研究と教育に時間を割けたことについては言葉に尽くせないほどの感謝を感じている。

　また，佐賀大学に赴任するまで関門海峡を渡ったことがないという筆者が，未知の地で自由に楽しく研究・教育活動に携わり，九州での生活を楽しく送ることができたのは，公私にわたって親しくおつき合いしていただいた九州の研究者諸氏のおかげである。九州大学の石川捷治先生や八谷まち子さん，鹿児島大学の平井一臣さんや木村朗さんをはじめ，ここではお名前をすべて紹介できないが，多くの研究者のみなさんとの研究会や学会などでの交流が，筆者の研究と教育のエネルギーとなってきたことに感謝したい。

　そして，山口定先生と山口門下の先輩・後輩諸氏にも，これまでお世話になってきたことに関して，この場でお礼を言っておきたい。大学院の博士課程在籍中も研究者の道に進む自信がもてずに高校の教師になることを考えていた筆者が，研究者になる決意を固めていったのは，山口定先生や高橋進（龍谷大学）・坪郷実両先輩の研究者としての真摯な姿勢に影響されてのことである。山口門下の後輩諸氏も含めて，現在でも続いている研究会での自由闊達な議論から多くのことを学び，議論することの楽しさをいつも味わわせていただいている。

　最後に，今回も，法律文化社編集部の田靡さんには非常にお世話になった。

田靡さんとは，筆者が編著者の一人である『実践の政治学』『現代政治のパースペクティブ』でお世話になって，本書で3冊目のおつき合いである。フランスの新しい右翼についての専門書を出版したいという厚かましい願いを聞き届けてくださって，このような素敵な本として世に送り出してくださったことに感謝したい。このような論文集を出版することが，現在の出版事情においてはいかに困難なことかは筆者も重々承知しているだけに，感謝の念に耐えない。なお，本書は，佐賀大学経済学会の出版助成をいただいて佐賀大学経済学会叢書第15号として出版していただくことを最後に申し添えて，経済学会のみなさんにもお礼を申し上げたい。

       2006年9月26日
       パリのポン・ヌフ通りのアパルトマンにて
            畑山　敏夫

事項索引

あ行

アウトサイダー ……………………………… 10
異議申し立て政党 ……… 2, 3, 6, 7, 10, 11, 23, 139
イタリア社会運動（MSI）……………… ii, 1, 28, 29
移民問題 ……………… 4, 5, 7, 8, 10, 11, 33, 36, 88, 163, 166, 169, 173, 177, 188, 190, 196
EU統合 ……………………………… 164, 165
ヴィシー政権 ………………………………… 32
右翼
　——権威主義 ……………… 103, 117, 195
　——権威主義政党 …………………… 10, 11
　新しい——（新——）…… 30, 67, 73, 75, 80, 87, 89, 90, 93, 107, 125, 138, 173, 182, 184〜190, 194, 195, 198〜200
　新しい——政党…… 1, 23, 139, 161, 163, 165〜169, 171, 172, 175〜180, 189, 199
　権威主義的—— ………………………… 2
　新——派 … 2, 13, 14, 19, 39, 69, 76, 85, 89, 123
　ラディカル・ポピュリスト—— ……………… 1
エスノセントリズム ………………………… 159
　エスノセントリック（自民族中心主義的）
　　…………………………………… 57, 58
FN
　・パリ市交通公団（FN-RATP）
　　………………… 84, 100, 101, 120
　——・ルノー ……………………… 110
　——・郵政労組 …………………… 100
　——・リヨン公共交通労組 …………… 100

か行

科学評議会（CS）…………………… 85, 90
学生革新（RÉ）……………………………… 84
革命
　——的投票 ……………………… 22, 28
　——的ナショナリスト（派）… 4, 22, 33, 134
　カトリック伝統主義派…… 32, 40, 42, 74, 75, 77, 91, 125
管理職総同盟（CGC）……………… 97, 98, 119

議会活動グループ（GAP）…………… 86, 87
共和国連合（RPR）…… 23, 27, 28, 33, 46, 64, 70, 71, 124
共和主義
　——行動委員会（CAR）…………… 70〜72
　——国民運動（MNR）…… 135, 138, 140〜142, 144
　——戦線 ……………………………… 63
共和党（ドイツ）………………………… 1, 181
近代的企業と自由（EML）…………………… 96
区別化戦略 ………………………… 7, 10, 22
クラブ・ド・ロルロージュ（CDH）…… 69, 70, 72, 84, 86, 90, 120, 124
グローバリズム…… 12, 18, 39, 89, 98, 109, 110, 114, 120
反—— 13, 14, 23, 109, 112, 118, 138, 178, 185
グローバル化 ……………………… 19, 56
グローバル資本主義 …………………… 185
経済的自由主義 ………………………… 11
警察連帯（SP）…………………… 99, 120
現場活動（AC）………………………… 97
コアビタシオン ………………………… 59
公務員全国連盟 ………………………… 100
国民教育運動（MEN）……………… 84, 100
国民教育連盟（FEN）……………… 101, 119
国民共同体 ………………… 16, 17, 38, 171
国民出版社 ……………………… 84, 88, 90
国民戦線
　警察——（FNP）……………………… 99
　借家人——（FNL）…………………… 105
　青年——（FNJ）…………… 25, 84, 117
国民的反対派戦線 ……………………… 33
国民同盟 …………………………… 34, 175
コスモポリタン主義 …………………… 41
護民官 ………………… 12, 107, 155, 169, 197
　——的役割 ……………………… 6, 8, 106

さ行

左翼

——ルペニズム ……………… 37, 53, 103
自国民優先…… 16〜18, 23, 28, 34, 37〜39, 41,
　61, 72, 88, 89, 92, 107〜109, 115, 120, 121,
　163, 169〜171, 173, 178
失業問題 …………………………… 43, 46
自民族中心主義 ……………………… 162
社会問題局 (DAS) ………………… 106
借家人全国アンタント (ENL) ………… 106
ジャンヌ・ダルク祭 …… 24, 25, 34, 104, 144
集団・統一・防衛 (GUD) ……………… 84
自由党 (オーストリア) …… 1, 34, 163, 175,
　181, 190
主権主義者 ………………… 64, 118, 168
新自由主義…… 7, 14, 69, 72, 103, 113〜118,
　121, 169, 170, 184, 185
人種主義
　差異論的—— ……… 69, 85, 92, 173
　生物学的—— ……………………… 8
　反フランス的—— ……………… 38, 89
新勢力党 ……………………… 73, 134
新秩序 …………………………… 3, 4, 73
スティルボワ派 ……………………… 74
政治的代表制の危機 ……… 43, 154, 166
青年の雇用のための研究協会 ……… 105
全国研修研究所 (IFN) …… 82, 83, 88, 90, 92
全国書記局 ……………………… 81, 82
全国代表幹事 ………… 67, 98, 116, 125, 132
全国代表部 …………………… 9, 81, 82, 130
相違への権利 ……………………… 69, 85
ソリダリスト ……………………… 74, 76, 91

た 行

脱近代的近代主義 ………… 183, 185, 198
脱産業社会 ………………………… 5, 30
脱物質主義 ……………………… 185, 201
賃金労働者全国サークル (CNTS) …… 101
デカダンス ………………………… 35
適応戦略 ………………… 7, 9, 10, 22
ドイツ民族同盟 …………………… 1, 181
閉じた社会 …………… 167, 168, 182, 186

な 行

『ナシオナル・エブド』……… 42, 105, 133, 137
ナショナリズム
　新しい—— ……………… 161, 162
　個別不安型—— ……………… 200
　排外主義的—— ………………… 5, 8, 9
　排除の—— ……………………… 171
ナショナル・アイデンティティ …… 4, 8, 11,
　14, 18, 25, 37, 39, 85, 109, 117, 121, 164〜
　167, 170, 171, 173, 196, 201
ナショナル・ポピュリズム ……… 2, 3, 9, 11, 12,
　14, 18, 19, 22, 24, 25, 37, 40, 67, 117, 178,
　189, 194, 195
ネオ・コーポラティズム ………………… 181
農民自営全国センター (CNIP) ……… 33

は 行

白人優位主義 ……………………… 8
パティキュラリズム (特殊主義) ……… 16
反共産主義 …………………… 4, 16
反失業戦線 ………………………… 105
秘密軍事組織 (OAS) ……………… 31, 130
ピム・フォルタイン・リスト ……………… 163
福祉ショーヴィニズム …… 163, 170, 173, 174,
　178, 190
プシャード運動 ………………… 5, 12, 31
普通の政党化 ……………… 9, 10, 67, 137
ブティックとアトリエの同盟 …… 53, 151, 152,
　159
普遍主義 ………………… 39, 188, 199, 201
　反—— …………………… 156, 180
フラームス・ブロック (ベルギー) ……… 1, 175
フランス・キリスト教労働連盟 (CFTC)
　…………………………… 97〜99, 101, 119
フランスと欧州独立のための結集 ……… 64
『フランスのために――FNのプログラム』… 113
フランスのための運動 …… 45, 64, 157
『フランスのルネッサンスのための300の手段』
　………………………………… 89
フランス民主主義労働同盟 (CFDT)
　…………………………………… 101, 119
フランス民主連合 (UDF) …… 23, 27, 28, 33, 70
フランス連帯 ……………………… 104, 105
『プレザン』 …………… 75, 87, 92, 111, 137
プロレタリア化 ……………… 53, 104, 116, 181
北部同盟 (イタリア) ……………… 181
保護安全局 ……………………… 133

保護者国家 ……………………………… 170, 186
保護主義 ………………………………………… 13
　新しい―― …………………… 17, 110, 169, 170
ポピュリスト戦線 …………………… 18, 20, 25
ポピュリズム ………… 9, 10, 13, 14, 17, 33, 201

ま　行

負け組
　近代化の―― ……………………… 186, 190
マーストリヒト条約…… 27, 45, 52, 56, 61, 97,
　　110, 165
民　衆
　――的共和制 ……………………………… 17
　――同盟 ………………………………… 134
　――なき民主主義 ……………………… 194
名望家
　――路線 ………………………………… 33
　保守――派 ……………………………… 75

恵まれないフランス人支援全国同盟 ……… 105
恵まれないフランス人全国サークル ……… 105
メグレ派 …… 75, 77, 79, 82, 84, 85, 90, 130〜137

や　行

ユーロクラット ……………………………… 16
ヨーロッパ統合 ……………… 58, 163, 168, 186
ヨーロッパ文明調査研究集団 (GRECE)
　　………………………………… 68〜72, 87, 90

ら　行

『リダンティテ』………………………… 87, 90
『ル・フランセ』………………………… 87, 93
ルペン世代 ………………………………… 157
労働者の力 (FO) ……………… 97, 98, 101, 119
労働者ルペニズム …………………………… 37
労働総同盟 (CGT) ……………… 101, 119,

人名索引

あ行

アントニー・B（Antony Bernard）……75, 78, 80, 91, 92, 99
イングルハート・R（Inglehart Ronald）…201
ヴィアル・P（Vial Pierre）……………77
オランドル・R（Holeindre Roger）……3, 26, 74, 78, 91, 119
オリヴィエ・Ph（Olivier Philippe）……77, 81, 84, 132

か行

キッチェルト・H（Kitschelt Herbert）……201
グラムシ・A（Gramsci Antonio）………85
ゴルニッシュ・B（Gollunisch Bruno）……28, 30, 77, 79, 80, 91, 119, 130, 156

さ行

サルコジ・N（Sarkozy Nicola）…………188
シモンピエリ・D（Simonpieri Daniel）……78, 133
シュヴェヌマン・J‐P（Chevènement Jean-Pierre）………………147
ジュペ・A（Juppé Alain）………61, 70, 101
ジョスパン・L（Jospin Lionel）……27, 46, 55, 61, 143, 148, 152, 159, 197
シラク・J（Chirac Jacques）……26, 27, 42, 46, 53, 55, 59, 61, 65, 125, 143, 151, 152, 158, 159
スティルボワ・J‐P（Stirbois Jean-Pierre）……4, 9, 14, 22, 28, 30, 40, 67, 73, 75〜77, 80, 81, 105, 125, 126, 130, 134
スティルボワ・M‐F（Stirbois Marie-France）……26, 28, 30, 76〜78, 91, 92, 119, 129, 130

た行

タギエフ・P‐A（Taguieff Pierre-André）………………37, 90, 121, 189
タピ・B（Tapis Bernard）…………25, 45

ティクシエ＝ヴィニャンクール・J‐L（Tixier-Vignancour Jean-Louis）………31, 74, 124
デュプラ・F（Duprat François）………3, 74
ド・ブノワ・A（de Benoist Alain）…………68
ドヴィリエ・Ph（de Villier Philippe）……45, 64, 157
ドゴール・Ch（de Gaule Charles）…32, 65, 117

は行

バール・R（Barre Raymond）……………70
ハイダー・J（Haider Jörg）……………34, 177
パスクワ・Ch（Pasqua Charles）……45, 64, 140, 172
バラデュール・E（Balladur Edouard）……46, 53, 60
バリエ・D（Bariller Damien）…77, 78, 82, 84
バルデ・J‐C（Bardet Jean-Claude）……70, 71, 125, 132
ファビウス・L（Fabius Laurent）…………17
フォルタイン・P（Fortuyn Pim）…………34
ブロー・Y（Blot Yvan）……69, 70, 78, 81, 89〜91, 124, 130, 142
ペリノー・P（Perrineau Pascal）………20, 179
ボンパール・J（Bompard Jacques）………143

ま行

マイエル・N（Mayer Nonna）……………177
マドラン・A（Madelin Alain）…………27, 70
マレシャル・S（Maréchal Samuel）……25, 28, 78, 80, 101, 117, 121, 129, 142, 156, 157
ミッテラン・F（Mitterand François）…4, 55
ミロズ・P（Miloz Pierre）………………86
メグレ・B（Mégret Bruno）……9, 22〜26, 28, 29, 39〜41, 63, 67, 69〜72, 78, 81, 88, 89, 91, 97, 98, 107, 113, 116, 119〜121, 123〜135, 137, 139〜141, 143

ら行

ラング・C（Lang Carl）……27, 46, 77, 78, 106,

129, 132, 157
ルヴォー・J‐P (Reveau Jean-Pierre) …… 74, 78, 91
ルガル・J‐Y (Le Gallou Jean-Yves) …… 28, 37, 69, 78, 81, 85, 89, 91, 111, 120, 125, 132, 137
ルペン・M (Le Pen Marine) …… 156, 158, 191
ルペン・M‐C (Le Pen Marie-Caroline) … 158
ロカール・M (Rocard Michel) ………… 70

■著者紹介

畑山　敏夫（はたやま　としお）

1953年生まれ。大阪府出身。
大阪市立大学法学研究科後期博士課程単位取得退学。
佐賀大学教養部講師・助教授・教授を経て，
現在，佐賀大学経済学部教授。
専門はフランス現代政治（研究テーマはフランスの新しい右翼政党や緑の党の研究，「政治的代表制の危機」など）。
著書に『フランス極右の新展開―ナショナル・ポピュリズムと新右翼』（単著，国際書院，1997年），『現代政治のパースペクティヴ』（共著，法律文化社，2004年），『比較福祉社会』（共著，早稲田大学出版部，2006年）ほか。

2007年4月28日　初版第1刷発行

現代フランスの新しい右翼
―ルペンの見果てぬ夢―

著　者　畑　山　敏　夫
発行者　秋　山　　泰

発行所　㈱　法律文化社

〒603-8053　京都市北区上賀茂岩ヶ垣内町71
電話 075(791)7131　　FAX 075(721)8400
URL: http://www.hou-bun.co.jp/

©2007　Toshio Hatayama　Printed in Japan
印刷：㈱太洋社／製本：㈱オービービー
装幀　前田俊平
ISBN 978-4-589-03013-9

畑山敏夫・丸山　仁編著
現代政治のパースペクティブ
―欧州の経験に学ぶ―

A5判・240頁・2835円

戦後社会が突きつける課題に挑戦し，新しい政治の方向性を切り開いてきた欧州政治を素材に，政治学の可能性を探る。福祉国家や民主主義，脱産業主義の政治などをテーマに複雑な政治の力学を整理し，21世紀のオルタナティブを示す。

畑山敏夫・平井一臣編〔HBB〕
新・実践の政治学

四六判・240頁・2625円

市民の実践を土台として新しい政治のあり方を展望する。市民が「政治に近づき，変え，つくる」という基本をふまえ，制度面と市民の側からの2部構成でグローバル時代の政治をつくりだす実践方法を提案する。

中谷　猛著
近代フランスの自由とナショナリズム

A5判・366頁・3570円

フランスの自由主義の特徴とは何か。大革命以降の多様な自由主義の実相に迫り，それと相即不離なナショナリズム（「祖国愛」という政治的情熱）の変容の考察を試みる。国民感情を思想史のレベルから照射する。

森本哲郎著
戦争と革命の間で
―20世紀システムの幕開けとフランス社会主義―

A5判・282頁・5880円

19世紀システムから20世紀システムへの移行・転換の政治史的意味を，第一次世界大戦とその直後のフランス社会主義者・ロシア社会主義者の対応を軸に考察。20世紀における社会主義の意味を探究する。

廣澤孝之著
フランス「福祉国家」体制の形成

A5判・242頁・4935円

社会保障に関しては独自の道を歩んできたフランス。共和政国家の統合原理のなかに福祉の領域をどう取り込むかという，19世紀以来の議論の歴史的展開をふり返り，フランス福祉国家の構造的特性の一断面を解明する。

都留民子著
フランスの貧困と社会保護
―参入最低限所得（RMI）への途とその経験―

A5判・240頁・4725円

Ⅰ部で貧困問題から排除問題への推移をたどり，Ⅱ部で貧困・排除に抗する社会諸施策の1つであるRMI制度を丹念に考察。その実像を明らかにし，課題を見出し実行するフランスから日本の社会保護制度のあり方を問う。（オンデマンド本）

―― 法律文化社 ――

表示価格は定価（税込価格）です